전통연희 시리즈 **9**

전통연희의 재창조를 꿈꾸다

사진실

태학사

사진실

1965년 대전 출생으로 서울대 국문과를 졸업하고, 같은 대학원에서 석·박사학위를 받았다. 중앙대 예술대학 전통예술학부 교수 및 음악극연구소 소장을 역임했다. 버클리대학 한국학센터 객원연구원과 하버드 옌칭연구소 방문학자를 지냈다. 대통령 직속 미래기획위원회 위원으로 활동했으며, 공연기획사 '꿈꾸는 산대'를 설립했다. 민속문화와 궁정문화를 아울러 연극사 및 공연문화 연구에 몰두해 왔으며, 공연기획자 및 창작자로 전통 연희를 재창조하는 일에도 관심을 기울여 왔다.

전통연희의 재창조를 꿈꾸다

초판 1쇄 인쇄 | 2017년 3월 10일
초판 1쇄 발행 | 2017년 3월 17일

지은이 | 사진실
펴낸이 | 지현구
펴낸곳 | 태학사
등 록 | 제406-2006-00008호
주 소 | 경기도 파주시 광인사길 223
전 화 | 마케팅부 (031)955-7580~82 편집부 (031)955-7585~89
전 송 | (031)955-0910
전자우편 | thaehak4@chol.com
홈페이지 | www.thaehaksa.com

값은 뒤표지에 있습니다.

ISBN 978-89-5966-885-4 94680
ISBN 978-89-5966-876-2 (세트)

'전통연희 시리즈'를 출간하며

사진실 교수는 신선들이 산다는 봉래산(蓬萊山)에 가 있다. 그곳에 가기 전 사진실 교수는 봉래산을 닮은 공연문화의 거대한 산대(山臺)를 지어, 그 위에 공연예술사의 뿌리 깊은 나무를 심고, 전통연희 재창조라는 눈부신 꽃을 기기묘묘하게 피워냈다. 봉래산에 먼저 간 사진실 교수가 지금은 어떤 화려한 산대를 꾸미고 신선광대들을 불러 모아 한판 신나는 악(樂)·희(戲)·극(劇)을 꿈꾸고 연출하고 있을지, 훗날 그곳에 가볼 일이다.

본 전통연희 시리즈는 고(故) 사진실 교수의 연구 성과를 총 9권으로 나눠 집대성한 것이다. 공자는 50세에 '하늘의 명을 깨달아 알게 되었다'(知天命)고 했다. 학문의 도정(道程)에 비유하자면, 어디에도 유혹되지 않으며 자신이 궁구하여 왔던 학문의 도정에 마침내 이름표를 붙이는 나이가 50세에 해당할 것이다. 사진실 교수가 명운(命運)을 달리한 것은, 바로 그런 '지천명'의 나이에 들어선 직후였다.

그런데 사진실 교수는 자신의 예정된 명운보다 천명을 먼저 깨달았던 것임에 틀림없다. 공연문화의 지속과 변화를 밝힌 저서들과 전통연희에 대한 치밀한 연구 논문, 또 그것을 현대적으로 어떻게 재현하고 창조할 것인가에 대한 각종 평론과 아이디어로 이미 50세 이전에 확고하게 자신의 학문적 천명을 제시하고 실천했기 때문이다.

사진실 교수에게 '지천명'은 신체적 나이가 아니었던 것이다. 사진실 교수가 실행한 그 학문적 천명이 공연문화를 연구하는 후학들과 전통연희의 재창조를 꿈꾸는 예술인들에게 얼마나 새롭고 넓으며 환한 길을 열어주었는지는 부연할 필요가 없을 듯하다. 사진실 교수의 전통연희 저작집 발간을 학계나 공연예술계에서 목마르게 기다려 온 것도 어찌 보면 당연한 일이다.

그럼에도 한 뛰어난 연구자가 생전에 남겨 놓은 각종 연구물을 원저자의 의도에 걸맞게 구성하는 것은 결코 쉽지 않았다. 사진실 교수의 학문적 장도(長途)가 워낙 깊고 넓어 그 어느 것도 빠뜨리지 않은 채 충분히 반영하여 집대성한다는 자체가 여간 부담스러운 일이 아니었기 때문이다.

무엇보다 사진실 교수는 전통연희에 관한 한 전문연구자이면서 전문실천가로 살아가는 삶을 자신의 학문적 천명으로 정하였던 까닭에 그 업적들을 섞이지 않게 오롯이 선별해내는 것도 난제였다. 전통연희에 관한 학문적 성과를 체계적으로 정리해 보여주면서도, 아울러 전통연희를 현대화하려는 실천적 의도까지를 저작집에 담아내야 했던 것이다. 그러다보니 저작집 간에 내용상 다소 중첩되는 부분이 있을 수밖에 없었다. 그러나 전체 저작집을 구성하고 있는 9권 각각은 책 제목이 표방하고 있는 대로, 낱권으로서의 완성도를 갖추었음은 물론이다. 9권 각각에 대한 간략한 설명을 제시하면 다음과 같다.

제1권 『한국연극사 연구』와 제2권 『공연문화의 전통 樂·戲·劇』은 생전에 간행되었던 책이다. 제1권은 조선시대의 화극(話劇)을 다룬 석사논문과 조선시대 서울지역의 연극을 다룬 박사논문을 핵심 내용으로 하여, 우리의 연극을 통시적으로 조망하고자 한 책이다. 제2권은 악(樂)·희(戲)·극(劇)의 갈래 구분을 통해 한국의 연극사를 혁신적 방법론으로 분석·체계화한 것으로, 사진실 교수의 대표 저서이다. 이후의 연구논문과 아이디어는 이 책의 방법론에 기반하고 있다고 해도 과언이 아니다. 악·희·극이야말로 한국 연극의 지속·발전·변용의 과정에서 핵심 요소를 차지하고 있다고 보았기 때문이다.

제3권『조선시대 공연공간과 공간미학』은 전통연희가 연행되는 공간과 그러한 공간을 통해 표출되는 미학의 성격을 중점적으로 해명하려고 한 책이다. 제4권『전통연희의 전승과 성장』은 고려시대부터 조선시대에 걸쳐 전통연희가 어떻게 전승되어 왔고 성장해 갔는가를 통시적으로 조망한 책이다. 제5권『전통연희의 전승과 근대극』은 조선후기와 근대에 초점을 두고 전통연희가 지속되고 변용되는 측면을 고찰한 책이다. 제6권『봉래산 솟았으니 해와 달이 한가롭네-왕실의 연희축제-』는 한국학중앙연구원의 지원을 받아 '왕실문화총서' 중의 하나로 소개될 예정이었으나 발간되지 못했다. 왕실에서 행해진 전통연희를 대중들에게 쉽게 소개할 목적으로 만들어진 교양서 성격의 책이다.

제7권『융합형 공연제작실습 교육을 위한 전통연희 매뉴얼』은 예술현장에서 전통연희와 관련된 문화콘텐츠를 개발할 수 있게 하는 수업을 염두에 두고 만들어진 책이고, 제8권『융합형 교육을 위한 공연문화유산답사 매뉴얼』은 학부생을 대상으로 한 수업에서 전통연희의 이론적 기초를 제공할 목적으로 만들어진 책이다. 제9권『전통연희의 재창조를 꿈꾸다』는 전통연희를 현대적으로 재창조하기 위한 아이디어를 소개하고 있는 책이다.

본 전통연희 시리즈를 기획한 시점은 사진실 교수가 작고한 후 3개월 정도 지나서였다. 사진실 교수의 부군(夫君)의 부탁도 있었지만, 존경하는 선배의 연구 업적과 아이디어가 그냥 묻히는 게 안타까워 자청했다고 보는 게 옳을 것이다. 그 과정에 함께 동참하여 자료를 정리해 준 이유진

문학박사, 최어진 서울대 국문과 조교에게 고마운 마음을 전한다. 또한 교정에 참여해 주신, 사진실 교수의 동생 사성구 선생님께도 고마운 마음을 전한다. 사진실 교수의 아들 주효성 군도 최종교정에 참여하여 큰 도움이 되었다. 아울러 출판계의 불황에도 불구하고 흔쾌히 본 저작집 발간을 승낙해 주신 태학사 지현구 사장, 편집과 교정에 힘써주신 최형필 이사께도 고마운 마음을 전한다. 부군인 주형철 형님이 늘 말해온 대로, 사진실 교수가 이 저작집을 정말 마음에 들어 했으면 좋겠다. 아무쪼록 이 저작집을 발판으로 삼아, 사진실 교수가 꿈꾸었던 학문적 여정을 뒤이을 연구자를 기대해 본다.

2017년 3월 17일

최원오 (광주교대 국어교육과 교수)

목차

'전통연희 시리즈'를 출간하며 / 3

제1부 _ 전통연희라는 보물창고를 열다

제1장 궁궐의 뜰에서 코미디를 즐기다 ……………………………… 11
　1. 왕의 남자, 공길과 장생의 광대놀음 ……………………………… 11
　2. 서울 배우 귀석, 몸을 굽혀 뜻을 펴다 …………………………… 24
　3. 전라도에서 왔소이다! 외방재인 박남의 한양출세기 ………… 33
　4. 용(龍)의 웃음, 광대놀음을 사랑한 세조 임금 ………………… 42

제2장 광화문 네거리에 산대놀이를 허(許)하라 ………………… 55
　1. 기상천외 연출가 연산군의 삼신산 퍼포먼스 ………………… 55
　2. 꽃피는 산대, 꿈꾸는 산대 ………………………………………… 66
　3. 산대의 만능 엔터테이너, 바람 같은 사내 달문 ……………… 77

제3장 강(江)이라는 극장에 띄운 무대와 객석, 선유놀음 ……… 87
　1. 중세 도시축제, 평양감사 선유놀음 …………………………… 87
　2. 조각배에 올라탄 신선, 서울 풍류객 심용 …………………… 97
　3. 〈배따라기곡〉에서 〈선유락〉까지 …………………………… 106

제4장 열린 유흥문화의 그 동지들: 조선후기 연희사회사 ················ 118
  1. 마지막 노래는 나와 함께, 기생 추월이야기 ····················· 118
  2. 왈자들의 풍류 전성시대, 김무숙과 〈게우사〉 ···················· 129
  3. 이가 빠진 합죽이 재담꾼, 오물음 김중진 ······················ 141
  4. 극장무대에 오른 마지막 궁중광대, 재담소리 명인 박춘재 ······ 152
  5. 1865년의 기억, 마지막 중세축제와 〈기완별록〉 ················· 163

제2부 _ 창조인문학의 새날을 열다

제1장 인문학 잠긴 문을 한손으로 밀치도다 ······················· 179
  1. 〈왕의 남자〉의 필연을 위한 '서울학 인프라' ·················· 179
  2. 창조인문학, 그 법고창신(法古創新)의 행복한 모험 ············· 194

제2장 전통의 창조적 복원을 꿈꾸다 ······························· 206
  1. 하늘로 열린 초월 공간, 왕실극장 연경당 복원 프로젝트 ········ 206
  2. 곤륜산이 지나간다, 왕실 축제 복원 프로젝트 ················· 229

제3장 작가적 상상의 통쾌함: 창작과 기획 ························· 272
  1. 〈한양낭군 길들이기〉 ····································· 272
  2. 무용극 〈하늘비나리〉 ····································· 319
  3. 창조적 주체로서의 인문학자: 무대에 올린 공연기획 작품들과
     공연을 평하는 글들 ······································ 326
  4. 미완의 작품들 ··· 347

발문 : '전통연희 시리즈' 출간을 기리며 ·························· 358

제1부 전통연희라는 보물창고를 열다[1]

----

1 출처: 2007년 4월 7일부터 7월 15일까지 국악방송(서울)에서 방송했던 원고이다. 일요일 오후 9시부터 10시까지 1시간 동안 '한국문화시리즈 전통연희'라는 제목으로 방송되었다. 본래는 강이천의 〈남성관희자〉 및 〈한경사〉, 송만재의 〈관우희〉 및 〈유가 문희연〉, 송흥록과 모흥갑, 신광수의 〈관극절구〉, 이세춘과 김천택, 안민영, 신채호와 진채선, 판소리 8명창 등도 다루려고 계획했으나, 15회까지만 진행하였다.

제1장 궁궐의 뜰에서 코미디를 즐기다

1. 왕의 남자, 공길과 장생의 광대놀음

안녕하세요, 사진실입니다. 국악특강 한국문화시리즈 전통연희를 통해서 여러분께 인사드리게 되었습니다.

전통연희는 상당히 범위가 넓지요. 줄타기, 탈춤과 같은 민속연희를 비롯해서 처용무, 소학지희와 같은 궁중연희에 이르기까지 다양한 공연 양식들이 전통연희에 속합니다.

이러한 수많은 전통연희 종목을 하나씩 소개하고 설명 드리는 것도 의미가 있겠지만 저는 전통연희를 담당했던 배우와 관객에 집중하고자 합니다. 당대 공연예술의 행동 주체인 배우와 관객을 중심으로 전통연희의 문화사를 한번 펼쳐보겠습니다. 오늘 이 시간의 주인공은 영화 〈왕의 남자〉에 등장했던 공길과 장생입니다.

소학지희, 웃음과 풍자로 세상을 일깨우다

〈왕의 남자〉에서는 공길과 장생이 연산군 앞에서 광대놀음을 합니다. 임금을 웃기기도 하고 신하들의 비리를 풍자하기도 하지요. 영화 속의 내용은 충분히 있을 법한 상상력의 소산입니다. 개연성 있는 허구라고 하지요. 광대들이 궁궐에 들어가 임금 앞에서 여러 가지 놀이를 공연하는 것은 연산군 때 일어난 특별한 사건이 아니라 궁정 공연문화의 오랜 전통이었습니다.

궁중의 광대놀음은 실제 일어났던 시사적(時事的)인 사건을 소재로 삼아 웃음과 풍자를 전달하는 연극을 말하는데, 학계에서는 '소학지희(笑謔之戱)' 또는 배우희로 알려져 있습니다. 소학지희란 이름은 이 연극이 웃음과 풍자를 담고 있다는 사실을 강조한 것이라면 배우희란 이름은 배우들의 놀이라는 사실을 강조한 것이라 하겠지요.

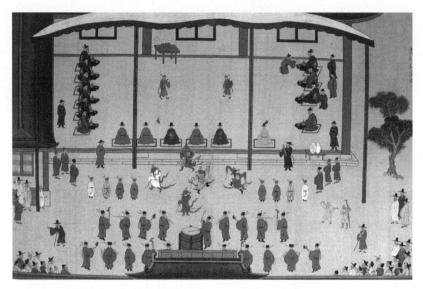

그림 1 궁중에서 펼쳐진 광대놀음의 모습

요즈음 '배우'라 하면 영화배우나 연극배우 등을 떠올리게 되지요. 매우 현대적인 직업군이라는 인식과 함께 말입니다. '배우'라는 용어와 예능은 아주 오랜 기원을 갖고 있습니다. 전통적으로 배우의 예능은 '골계(滑稽)'가 핵심이 되었습니다. 『사기(史記)』의 「골계열전(滑稽列傳)」에 의하면 언어를 사용하여 익살을 부리는데 그 안에서 지혜와 꾀가 쏟아져 나오는 것을 골계라고 했습니다.

골계를 장기로 하는 배우의 기원은 「골계열전(滑稽列傳)」에 나오는 우맹(優孟)의 고사와 연결됩니다. 우맹은 초나라 장왕(莊王) 때의 궁정배우로 임금의 곁에서 웃음과 풍자를 전하는 어릿광대였지요. 우맹은 재상을 지낸 손숙오(孫叔傲)의 아들이 가난하게 사는 것을 알고는, 손숙오로 분장하고 임금 앞에서 연기를 하여 왕을 깨우치게 했고 그 아들에게 살 방도를 열어주게 했습니다. 우맹의 재주는 언어를 희롱하는 골계의 차원을 넘어서 분장과 의상을 갖추고 연기하는 연극 공연에 이르고 있습니다. 궁정의 배우들은 세상 돌아가는 이치를 알고 그것을 은유와 풍자로 표현할 줄 아는 지식인이었습니다.

그림 2 중국 명나라 궁중 광대놀음의 모습

광대는 광대답고, 임금은 임금다워야! 공길의 〈늙은 선비 놀이〉

역사상에 실재하는 공길 역시 궁정배우로서 연산군 앞에서 배우희를 펼쳐보이곤 했습니다. 〈연산군일기〉 11년의 기록에 의하면 공길은 임금 앞에서 〈늙은 선비의 놀이[老儒戲]〉를 하였다가 벌을 받은 일이 있습니다.

늙은 선비의 분장을 하고 놀이를 통하여 웃음과 풍자를 전달했다고 할 수 있는데요, 극중 늙은 선비의 입을 빌어 그는 이렇게 말했습니다. "전하는 요순(堯舜) 같은 임금이요 저는 고요(皐陶) 같은 신하입니다. 요순은 언제나 있지는 않지만 고요는 언제나 있습니다."

잘 아시다시피 요순 임금, 즉 요임금과 순임금으로 태평성대를 상징하는 성군들입니다. 고요는 요순 시절에 관료를 지낸 현명하고 충성스런 신하로 알려져 있습니다. 처음에 늙은 선비는 연산군을 요순임금에, 자신을 고요에 비유하여 임금을 한껏 추어주는 듯하다가 다시 말을 바꾸어 요순 같은 성군은 아무 때나 있는 임금이 아니지만 고요 같이 어진 신하는 어느 때나 나타나기 마련이라고 말합니다. 연산군 같은 폭군의 통치 아래서도 자신과 같은 현신이 있다는 사실을 말한 것이지요.

또한 공길은 늙은 선비의 입을 빌어 이렇게 말했습니다. "임금은 임금답고 신하는 신하답고 아비는 아비답고 자식은 자식다워야 합니다. 임금이 임금답지 않고 신하가 신하답지 않으니 비록 곡식이 있은들 먹을 수가 있겠습니까?"

"군군신신부부자자(君君臣臣父父子子)"는 논어에 나오는 구절로, 나라가 잘 되는 방도를 묻는 제나라 경공의 질문에 공자가 답변한 말입니다. 연산군 당시의 현실은 그렇지 못했지요. 영화 〈왕의 남자〉에서 묘사되었듯이 연산군의 생모인 폐비 윤씨를 둘러싸고 조정이 어지러웠고 군권과 신권이 서로 갈등하고 있었습니다.

늙은 선비는, 임금이 임금답지 않고 신하가 신하답지 않아 밥이 넘어가지 않는다는 말로 당대의 현실을 다시 꼬집었던 거지요. 연산군은 극중 늙은 선비의 말이 불경하다는 죄를 물어 공길을 곤장 치게 하고 먼 지방으로 귀양을 보냈습니다.

백성의 땀과 피눈물을 노래한 광대
연산군 때 공길과 함께 활동한 배우로 공결이란 사람이 있습니다. 모두 공씨 성을 가진 것으로 보아 형제이거나 부자지간이 아닌가 생각되기도 합니다. 어떤 분은 공길과 공결을 동일 인물로 보기도 합니다.

공결 역시 임금 앞에서 배우희를 하다가 현실을 풍자하는 내용을 담았다가 곤장을 맞고 쫓겨났다는 기록이 있습니다. 공결은 배우희를 하면서 당나라 사람 이신(李紳)이 지은 〈민농시(憫農詩)〉를 읊었습니다. 농민을 불쌍히 여긴다는 뜻의 민농시는 이렇습니다.

벼를 김매는데 오정(午正)이 되니

벼 포기 아래로 땀이 떨어지누나.

그 누가 알아주랴, 소반 위의 쌀밥이

한 알 두 알 모두가 고통인 것을.

또한 그는 〈대학〉에 나오는 삼강령(三綱領) 팔조목(八條目) 등의 말을 논하면서 나라를 다스리는 임금의 도리를 설파하였습니다. 삼강령이란 밝은 덕을 밝힌다는 뜻의 '명명덕(明明德)', 백성을 새롭게 한다는 뜻의 '신민(新民)', 지극한 선행에서 멈춘다는 뜻의 지어지선(止於至善)을 가리킵니다.

팔조목은 이러한 삼강령을 실현하기 위한 구체적인 실천 방안이라 할 수 있을 텐데요, 격물(格物), 치지(致知), 성의(誠意), 정심(正心), 수신(修身), 제가(齊家), 치국(治國), 평천하(平天下)를 말합니다. 사물의 이치를 바로 아는 데서 시작하여 마음과 몸을 닦고 집안을 다독인 후에 나라를 다스리고 천하를 평정할 수 있다는 내용이지요.

나라를 다스리는 자의 마음과 몸가짐을 거론한 공결의 놀이에 화가 난 연산군은 놀이가 끝난 후 신하를 시켜서 공결이 문자를 아는지 글을 몇 책이나 읽었는지 질문을 합니다. 공결은 책을 읽어 익힌 것이 아니라 전해 들어 알고 있는 내용이라 답변을 했습니다. 전해 들어 알게 된 경전 내용을 놀이에 포함시켜 웃음과 풍자를 전달한 재주가 상당한 수준이라고 할 수 있지요.

어쨌든 연산군은 공결을 의금부에 내려 보내 곤장을 치게 하고 역졸(驛卒)에 소속시키게 했습니다. 당시 신하들은 이러한 임금의 처사를 반대했죠. 공결은 배우로서 단지 놀이하는 것을 알 뿐인데 어찌 선비의 예절로써 책망하겠는가 하는 겁니다.

궁궐의 광대놀음은 관객에게 웃음을 주는 것이 기본이지만 시사와 세태의 풍자를 담아내야 한다는 원칙을 갖고 있었습니다. 임금이 구중(九重) 궁궐에 깊숙이 살아서 민간의 일과 민심을 세세히 알 수 없으므로 배우들로 하여금 그러한 내용을 소재로 놀이를 하게 한 것입니다.

『명종실록』에 명시된 내용에 따르면 배우의 놀이를 통하여 정치의 득실과 풍속의 미악(美惡)을 알고자 했다는 것입니다. 광대들은 평소에 시사적인 사건이나 흥미로운 세태 등을 눈여겨 두었다가 임금의 잔치에 나아갈 기회가 되면 연극으로 꾸며 공연했다고 생각됩니다.

정치? 그저 손을 바꿔 하는 일, 〈도목정사놀이〉

『지양만록』이라는 책에 관료들의 비리를 풍자한 배우희의 내용이 나옵니다. 명종 때의 일인데 하루는 임금이 마음이 답답하고 우울해 하자 신하들이 임금을 위하여 광대들을 불러들였답니다.

광대들이 온갖 놀이를 해도 임금이 웃지 않자, 배우들이 요청하여 이조판서와 병조판서의 도목정사(都目政事)를 놀이로 보이겠다고 하였습니다. 도목정사란 관리를 등용할 때 적당한 벼슬자리를 정해주는 일을 말합니다. 이조판서와 병조판서가 도목 장부에 해당자의 이름을 써서 임금에게 올리고 임금의 낙점을 받는 과정으로 진행됩니다.

공연이 시작되자 여러 명의 배우들이 나와 도목정사를 처리하는 듯 수군대며 분주한 모습을 보입니다. 문과의 벼슬자리를 담당한 이조판서와 무과의 벼슬자리를 담당한 병조판서가 주축이 되었겠지요. 이때 도목 장부를 들척이며 이조판서가 병조판서에게 말을 건넵니다.

문과 쪽이든 무과 쪽이든 재주가 없는 조카가 있는데 숙부가 이조판서씩이나 되어 조카에게 벼슬자리 하나 해주지 못하는 게 늘 불편했다는 말과 함께 병조 관할 하에 있는 사산감역관(四山監役官)이라는 벼슬을 청탁하게 됩니다. 조선시대는 한양 주변의 산을 네 구역으로 나누어 관리하였는데 사산감역관을 두어 산을 순찰하는 업무를 맡겼다고 합니다. 산을 돌아다니며 숲을 보호하는 일이니 중앙 정부의 눈에 띄지 않는 한가한 직책이라고 할 수 있겠지요.

얘기를 들은 병조판서는 눈을 껌벅이며 잠시 생각하는 듯하더니 흔쾌히 수락하였습니다. 관객의 입장에서 보면 병조판서가 너무 쉽게 청탁을 들어준다고 생각할 순간, 아니나 다를까, 병조판서가 이조판서에게 비슷한 청탁을 들고 나왔습니다. 병조판서에게는 재주와 인물됨이 모자라 벼슬길에 오르지 못하는 셋째사위가 있었던 것입니다.

그는 이조판서에게 이조가 관할하는 선공감역관(繕工監役官)의 자리를 부탁하였습니다. 선공감역관은 토목과 영선의 일을 맡아보았던 선공감의 종9품 말직이니 역시 한가한 직책이지요. 이미 조카의 일을 부탁해 놓은 입장이고 보니 이조판서는 병조판서의 청탁을 들어줄 수밖에 없었을 겁니다.

문제의 이조판서와 병조판서는 도목 장부에 상대방의 조카와 사위 이름을 적어 올렸고 급기야는 임금의 낙점을 받는 데 이릅니다. 이조판서와 병조판서의 음모가 성공을 거둔 것이지요. 극중의 병조판서는 자신들의 비리를 두고 '서로 손을 바꿔 하는 일'이라고 결론을 내립니다. 상대방 일을 서로 대신해 준 것이니 누가 눈치 챌 리도 없고 한쪽이 다른 한쪽을 일러바칠 염려도 없다는 얘깁니다.

아무도 모르게 일을 성사시켰다고 믿으며 비밀스러운 웃음을 주고받는 주인공들, 그러나 공연 현장의 관객들은 그들의 음모를 지켜보고 있었지요. 어리석은 주인공들의 음모와 실수를 지켜보며 관객은 웃음을 보이게 됩니다. 내내 침울해 있던 임금도 드디어 웃음을 터뜨렸다고 합니다.

한문 기록으로만 남아 있는 〈도목정사놀이〉의 웃음 창출 방식은 현전하는 전통연희를 바탕으로 추정할 수 있습니다. 현재 전승되는 탈춤에서 보듯이 이조판서와 병조판서의 모습은 탐욕스럽고 우스꽝스런 모습으로 과장되었을 것입니다. 이조판서와 병조판서로 분장한 배우들의 문답은 재담으로 진행되어 웃음을 배가시켰으리라 생각됩니다.

말 안장을 산 탐관오리

조선시대 임금은 배우희를 보고 즐기는 데 그치지 않고 풍자의 뜻을 기꺼이 받아들였습니다. 때로는 그릇된 세태를 바로잡고 부정한 인물을 벌주기도 하였죠. 어숙권(魚叔權)의 『패관잡기(稗官雜記)』에 그러한 사례가 나타납니다.

중종(中宗) 때 정평부사(定平府使)였던 구세장(具世璋)은 탐욕스럽기가 끝이 없었다고 합니다. 잘 만든 말안장을 거저 얻고 싶어서, 하루는 말안장 파는 사람을 관가의 뜰에다 끌어다놓고 직접 값을 흥정했답니다. 사또의 체면에 뺏을 수는 없고 하니 싸다느니 비싸다느니 하며 트집을 한참 잡았던 모양입니다. 실랑이를 벌이던 사또는 결국 관가의 공금으로 말안장을 샀다는 겁니다. 정평부사 구세장의 탐욕은 세간에 널리 알려졌고 연말에 임금 앞에서 배우희를 공연할 때 광대들이 이 사건을 놀이로 꾸미게 되었습니다.

웃음과 풍자를 전달하는 배우희 공연이라는 사실을 염두에 두고 당시의 공연 현장을 상상해 볼 수 있을 것 같네요. 극중인물은 탐욕스러운 사또 한 명, 말안장을 파는 사람, 사또의 명령을 수행하는 아전과 몇 명의 사령 등이었을 겁니다. 말안장을 파는 사람은 가죽 제품을 만들어 파는 천민 갖바치였겠지요.

극중장소는 사또가 업무를 보는 동헌의 뜰입니다. 사또는 잔뜩 위엄을 차리고 동헌에 앉아 있고 아전과 사령이 그 주변에 늘어서 있습니다. 이내 사또는 아전을 불러 말안장 파는 사람을 대령하게 합니다. 죄인처럼 사령에게 끌려온 갖바치는 뜰에 엎드려 있습니다. 사또는 갖바치의 말안장을 거저 얻어낼 요량으로 이것저것 흠을 잡으면서 위협하기도 하고 어르기도 합니다.

그러나 갖바치 역시 만만치 않은 인물이어서 사또의 말끝마다 재치 있는 말대꾸로 응수합니다. 궁지에 몰렸으나 기지에 찬 말대답으로 위기를 모면해 가는 갖바치의 늠름한 모습이 떠오릅니다. 실제 사건이야 심각하게 진행되었을지라도 궁중의 배우희 공연에서는 웃음을 유발시키기 위하여 희극적으로 재구성되었다고 할 수 있습니다. 사또가 자기 꾀만 믿다가 되레 골탕을 먹는 인물이라면 갓바치는 상전을 골려먹는 영리한 하인에 해당하지요. 둘 다 희극적 인물의 전형이라고 할 수 있습니다.

사또는 갓바치의 말대꾸에 휘말려 스스로 자기의 허위를 드러내게 되었을 것이고 말싸움은 갓바치의 승리로 끝나게 됩니다. 갓바치의 기지를 당해내지 못한 사또는 결국 말안장 값을 지불할 수밖에 없었는데, 여기에 다시 한 번 탐관오리의 면모가 더해지게 됩니다. 사사로이 쓸 말안장 값을 치르면서 관가의 공금을 사용한 것이죠. 엎친 데 덮친 격으로 다시 부정행위를 저지르는 사또를 보고 몇몇 관객은 웃음을 흘릴 수도 있었습니다. 〈도목정사놀이〉처럼 한바탕 웃음으로 끝날 수도 있었겠지요.

그러나 이날 임금은 웃음보다는 풍자를 심각하게 받아들였던 것 같습니다. 백성을 괴롭히고 나라의 돈을 횡령하는 탐관오리를 그대로 둘 수가 없었던 것입니다. 궁중의 배우희가 실제 일어난 사건을 다룬다는 관극 관습에 익숙한 임금은 공연이 끝나고 누구의 사건인지 물어보았고 정평부사의 말안장 사건을 알게 됩니다. 그리고는 정평부사를 잡아들여 죄를 다스렸습니다.

이 내용을 기록한 어숙권이 말한 대로 배우와 같은 하층민들도 탐관오리를 규탄하고 공박할 수 있었던 것입니다.

호랑이 같은 의금부가 광대를 관리한 까닭

역대 임금들은 배우희를 통하여 민심을 파악하는 관습을 이어왔습니다. 놀이를 즐기는 동시에 민심을 파악할 수 있었으니 일거양득의 효과를 거두었다고 할 수 있겠지요. 배우희의 내용이 정사에 반영될 수 있었으니 사건의 진실을 담아야 하는 배우들의 책임이 컸다고 생각됩니다.

임금 역시 배우희를 볼 때는 웃음과 풍자를 균형 있게 받아들여야 하는 관극 태도가 중요하였을 겁니다. 공길이나 공결처럼 임금 자신에 대한 풍자를 감행한다 하더라도 따끔한 충고를 감수할 줄 아는 태도가 필요한 것이지요. 연산군은 궁중 배우희의 관극에 대한 약속을 깨뜨렸던 겁니다.

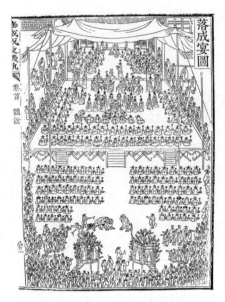

그림 3 낙성연도

배우희를 담당한 배우들은 중앙관청의 관노(官奴)이거나 세력가의 사노(私奴) 신분으로 서울 사대문 안에 거주하였습니다. 궁궐에서 공연할 때는 의금부의 관리를 받았습니다. 조선시대 의금부는 과거 정부의 안전기획부나 중앙정보부 등과 같은 기구입니다. 드라마나 영화를 보면 중죄인을 데려다가 심문하고 고문하는 기관으로 나오는데 궁중 배우희의 일을 맡아 하였다니 언뜻 이해가 되지 않을 수도 있습니다. 그러나 궁궐에 천민 광대들을 데려다 한판 놀이를 벌이는 일이니 임금의 신변 보호를 위하여 의금부가 개입하지 않을 수 없었겠지요. 또한 이런 행사는 공식적인 국가의 행사가 아니라 임금과 소수 측근들이 참석하는 왕실 내부의 행사였으므로 외부에 알려지지 않게 신뢰할 만한 조직 계통이 필요하였던 겁니다.

궁정에서 활동한 배우들은 임금이나 상층 지식인과 재치문답을 나눌 수 있을 정도로 지식을 갖추고 있었습니다. 공결의 사례에서 드러난 것처럼 직접 글을 읽지 않고 전해 들어 지식을 쌓았다 할지라도 그 내용을 현실의 세태와 연결할 수 있는 통찰력을 갖추었다고 봅니다. 따라서 조선시대 궁정의 배우들은 배우희의 작가이며 연출가이고 연기자였다고 할 수 있습니다. 이들은 계층적 특성상 민간인들과 광범위하게 접촉하면서 배우희의 소재를 발굴하였을 겁니다.

풍자와 오락, 그 사이에서 줄을 타다

배우희는 민심과 여론을 임금에게 직접 전달하는 통로가 되었다고 할 수 있습니다. 배우들은 때로 직접 임금을 풍자하여 조롱하기도 했습니다. 공길은 연극 〈이〉에서 야망에 눈이 멀어 광대정신을 저버린 인물로, 영화 〈왕의 남자〉에서 소녀 같은 감수성을 지닌 인물로 나오지만 실제 현실에서는 임금을 상대로 직접적인 풍자를 감행한 용기 있는 배우였던 것입니다.

그러나 궁정배우들은 임금의 친척이나 상층 관료 등의 세력가와 연결되어 있었기에 정치적으로 이용될 수 있었습니다. 영화 〈왕의 남자〉에서 내관이 폐비 윤씨의 죽음을 둘러싼 왕실의 음모를 담은 내용을 광대들에게 건네주는 설정은 충분히 개연성이 있는 거지요.

정치의 득실이나 풍속이 미악을 전달하기 위한 가장 정확한 수단은 신하들의 상소문이었겠지요. 배우희를 통하여 정치의 잘잘못과 민심을 읽고자 했다고는 하지만 배우희는 어디까지나 놀이일 뿐, 쉽사리 정치적인 명분을 저버리고 오락에 치우칠 수 있었습니다. 궁중의 배우희가 본래의 명분을 잃고 음란한 기교만 다툰다는 빈축이 자주 일어났지요. 임금에 따라서는 배우희의 정치적 풍자보다는 오락적 웃음을 탐닉하기도 하였을 겁니다.

신선이 된 배우, 장생

임금 앞에서 배우희를 공연하며 정치적 풍자를 감행한 지식인으로서의 면모도 좋지만, 진정한 광대는 길 위에서 세상을 보는 자유로운 영혼의 소유자가 아니었을까요. 〈홍길동전〉의 작자인 허균이 쓴 〈장생전(蔣生傳)〉의 주인공 장생이 바로 그러한 인물입니다. 영화 〈왕의 남자〉의 원작인 연극 〈이〉가 창작될 때 공길의 동료 장생의 모델이 되기도 했지요.

여담입니다만, 연극 〈이〉는 제 수업의 리포트에서 출발했습니다. 세속적인 야망과 사랑에 얽힌 광대 이야기가 중심이 되었기에 자유로운 광대

정신의 소유자이며 공길의 정신적 지주가 될 인물로서 〈장생전〉의 주인공 장생을 추천했었지요.

〈장생전〉에 의하면, 장생은 호남 지방을 떠돌다가 1589년경 서울에 올라와 활동했습니다. 추우나 더우나 늘 자줏빛 비단옷을 입고 다니며 재주를 팔아 걸식을 일삼았다고 하지요. 그는 우스갯소리와 노래를 능통했으며 흉내 내기의 달인이었습니다.

그가 흉내 내는 대상은 눈먼 점쟁이, 술 취한 무당, 게으른 선비, 소박맞은 여편네 등 다양한 인물 군상들로부터 퉁소, 피리, 비파 등의 악기, 닭 울음이나 개짖는 소리까지 다양했다고 합니다. 장생은 얼마나 인기가 있었던지 매일 서너 말 되는 양식을 얻어왔답니다. 그렇게 얻어온 양식 가운데 몇 되만 먹고 나머지는 뭇 거지아이들에게 나누어 주었다고 하지요. 의협심이 있는 그의 면모가 드러납니다.

장생은 동작과 표정, 언어를 흉내 내는 데서 그치지 않고 일인극의 연기자였으리라 봅니다. '게으른 선비, 소박맞은 여편네, 늙은 젖어미' 등은 인물의 내력과 특정한 사건이 곁들여지지 않고는 표현하기 어려운 인물들이기 때문이죠. 이들은 장생이 연출해낸 일인극의 극중인물이었을 가능성이 높습니다.

장생은 임진왜란이 일어난 1592년 술을 실컷 먹고 노래하며 춤추다가 서울 종로의 수표교 위에 쓰러져 죽었습니다. 그의 시체는 하룻밤 사이에 온데간데없이 사라져 버렸습니다. 그러나 5년 뒤 장생의 친구 홍세희가 살아있는 그를 만나게 됩니다. 임진왜란에 참전 중인 홍세희 앞에 나타나 위기에서 구해주었다는 내용입니다.

이 글을 쓴 허균 역시 장생과 교유하였다고 하며 그를 신선(神仙)의 부류로 평가하였습니다. 장생은 인생을 달관한 거리의 예술가였습니다. 그에게서 느껴지는 자유로운 영혼이, 권력에 굴하지 않는 광대의 예술정신과 통합니다. 하늘과 땅이 맞닿아 있는 먼 지평선을 향해 길을 가고 있는 광대의 모습이 떠오릅니다.

지금까지 국악특강 한국문화 시리즈 전통연희, 진행에 사진실이었습니다. 안녕히 계십시오.

2. 서울 배우 귀석, 몸을 굽혀 뜻을 펴다

안녕하세요, 사진실입니다. 이번 시간에는 명종 때 배우였던 귀석이라는 인물을 중심으로 이야기를 풀어나가고자 합니다.

임금 앞에 나아가 정치의 득실이나 민간의 풍속을 놀이로 보였던 일군의 배우들을 경중우인(京中優人)이라고 합니다. 서울에 사는 배우란 뜻으로 경거우인이라고도 불렀죠.

사대문 안에 살던 배우, 경중우인

조선시대 한양은 도성을 경계로 도심부와 성저십리(城底十里)로 나뉘어져 있었다고 합니다. 일반 평민들은 서울의 사대문 안쪽인 도심부에 사는 일이 불가능했죠. 그런데 경중우인들은 서울의 사대문 안에 거주했다고 합니다.

세조 때 배우였던 최을송이라는 사람의 집에 도적이 들어 재산을 빼앗겼는데 모두 털어갔다고 합니다. 영순군 보가 세조에게 이 사실을 알렸고 세조는 사대문을 모두 닫고 도적을 색출하라는 명을 내렸습니다. 도적을 잡기 위해 사대문을 닫으라고 한 내용에서 최을송의 집이 사대문 안에 있다는 사실을 알 수 있습니다. 경중우인 최을송이 상당한 부를 축적했다는 사실도 알 수 있지요. 그는 세종의 손자이며 세조의 조카인 영순군과 밀접한 관계가 있었던 것 같습니다.

귀석의 〈진상놀이〉, 최고실세 정치인을 고발하다

명종 선조 연간의 문신이었던 유몽인의 『어우야담』에 경중우인 귀석의 이야기 두 편이 나옵니다.

첫 번째 이야기의 서두는 이렇게 시작됩니다.

공헌대왕(恭憲大王)이 대비전(大妃殿)을 위하여 대궐 내에서 진풍정(進豊呈)을 펼쳤다. 서울의 배우인 귀석(貴石)이 배희(俳戱)를 잘하여 진풍정에 나아갔다.

공헌대왕은 명종 임금의 시호(諡號)입니다. 명종 때 대비전은 문정왕후입니다. 명종의 어머니인 문정왕후는 명종이 12살의 어린 나이에 임금의 자리에 오르자 혹독한 수렴청정을 한 인물로 알려져 있습니다. 진풍정이란 왕실에서 아랫사람이 윗사람에게 올리는 잔치를 말합니다. 배희는 지난 시간에 말씀드렸던 배우희입니다. 명종 임금이 문정왕후를 위하여 진풍정을 올릴 때 서울의 배우인 귀석이 잔치석상에 나아가 배우희를 공연했다는 내용입니다.

귀석은 공연에 앞서 풀을 묶어 꾸러미 네 개를 만들어 소품으로 사용하였는데 큰 것이 두 개, 중간 것이 하나, 작은 것이 하나였습니다. 꾸러미는 누군가에게 바치는 물건이고 크기가 클수록 값어치가 있다는 설정이겠죠.

귀석은 무대에 등장해서 자신이 고을 수령이라고 소개하고 놀이를 시작합니다. 서사적인 내용을 담고 있는 연극의 경우 사건의 발단과 전개를 거쳐 자연스럽게 극중인물의 정체가 드러나게 되죠. 그러나 배우희 등 전통연희는 극적 사건을 단번에 집약하여 보여주기 때문에 처음에 등장하는 극중인물의 정체 확인 방식이 발달했습니다. 무대에 등장한 극중인물이 누구인지 관객에 전달하는 첫 번째 방식이 바로 극중인물의 자기소개라고 할 수 있지요.

민속연희인 탈춤에서도 극중인물의 자기소개 방식을 찾을 수 있습니다. 봉산탈춤 팔목중 과장을 보면 둘째 목중이 등장해서 이렇게 자신을 소개합니다.

"산중에 무력일하야 철가는 줄 몰랐더니, 꽃피어 춘절이요 잎 돋아 하절이

라. 오동낙엽에 추절이요 저 건너 창송녹죽에 백설이 펄펄 휘날리니 이 아니 동절이냐. 나도 본시 팔도강산 오입쟁이로 산간에 묻혔더니 풍류소리 반겨 듣고 염불에 뜻이 없어 이러한 좋은 풍류정을 만났으니 어디 한번 놀고 가려던!"

이 대사를 통해서 관객은 둘째 목중의 정체를 알게 됩니다. 그는 본래 이름난 오입쟁이였는데 출가하여 승려가 된 뒤 산속에서 불도를 닦다가 풍류 소리를 듣고 흥을 못 이겨 풍류정에 나온 것이죠.

극중인물이 두 명 이상 함께 등장하는 경우는 서로의 문답을 통하여 정체 확인이 이루어집니다. 〈양주별산대놀이〉의 옴중과 목중은 서로의 외모를 묘사하는 데서 시작하여 상대방의 정체를 확인해나갑니다. 극중인물 간의 정체 확인 방식이지만 실제로는 관객에게 그들이 누구인가를 알려주는 거지요. 봉산탈춤 미얄할미 과장에서는 할미와 악사의 문답을 통하여 할미의 정체가 드러나게 됩니다.

그림 4 선화당 연회의 모습

다시 귀석의 이야기로 돌아가 보겠습니다. 자기 스스로 고을의 수령이라고 소개한 귀석은 사또가 동헌에 앉듯이 앉아 진상하는 일을 맡은 아전을 부릅니다. 다른 배우 하나가 또한 자기 스스로 아전이라 말하고는 무릎으로 기어서 사또 앞으로 나옵니다. 사또의 부름에 무릎으로 기어 나온다는 설정은 과장된 표현이고 웃음을 유발하기 위한 동작 연기라고 할 수 있죠. 수령은 아전에게 큰 꾸러미를 주면서 낮은 목소리로 이조판서에게 주라고 합니다. 또 다른 큰 꾸러미는 병조판서에게 주라고 하지요. 중간 꾸러미는 대사헌에게 주라고 합니다. 마지막으로 작은 꾸러미는 누구에게 주었을까요? 그것은 임금에게 올리는 진상품이었습니다.

지방의 수령이 임금에게 진상품을 올리는 것은 공식적인 업무에 해당합니다. 그러나 이조판서와 병조판서, 대사헌에게 올리는 물건은 뇌물인 겁니다. 이조판서와 병조판서는 문과와 무과의 벼슬자리를 좌지우지하는 주요 직책입니다. 대사헌은 관료들에 대한 감찰 업무를 맡았던 사헌부의 장관이니 지방 수령이 중앙 관직으로 올라가는 데 지대한 영향력을 행사할 수 있었겠지요. 수령은 좋은 관직을 얻기 위해 뇌물에 신경 쓰면서 정작 임금에게 올리는 진상품은 소홀했습니다. 귀석은 뇌물로 매관매직을 하는 현실을 풍자했던 겁니다.

귀석이 활동했던 명종 때는 명종의 어머니 문정왕후의 동생인 윤원형이 득세하고 있었습니다. 윤원형은 이조판서를 거쳐 영의정의 자리에까지 올랐는데 뇌물을 받아 관직을 팔고 중죄인을 사면하는 등 청탁과 뇌물 사건으로 악명이 높습니다. 귀석의 〈진상놀이〉는 마치 윤원형의 비리를 풍자하는 듯합니다.

윤원형은 문정왕후가 죽고 나서야 관직에서 쫓겨나 귀양을 가는 등 몰락의 길을 걷게 되는데요, 귀석의 〈진상놀이〉는 명종의 문정왕후를 위하여 거행한 진풍정에서 공연되었다고 하니 윤원형이 여전히 득세를 하고 있는 상황이었을 겁니다. 임금의 외척과 연관된 비리를 임금 앞에서 폭로하여 정치의 잘잘못을 바르게 전달한 용기가 돋보입니다.

궁정배우의 본분을 다한 귀석의 용기 있는 행동이 인구에 회자되어 결국 유몽인의 『어우야담』에 실리게 되었던 겁니다. 유몽인은 문정왕후가 죽고 윤원형이 몰락하게 되는 1565년에 겨우 일곱 살이었으니 귀석의 〈진상놀이〉 사건이 벌어진 후 한 세대가 흘러서야 그 이야기를 듣게 되었겠지요.

주인의 벼슬길을 연 귀석의 공연, 〈종실양반놀이〉

『어우야담』에 전하는 귀석의 두 번째 이야기의 서두는 귀석이가 종실의 종이라고 소개합니다. 첫 번째 이야기에서는 귀석이 서울의 배우라고 했고 바로 이어진 두 번째 이야기에서는 그가 임금의 친척인 종실의 종이라고 말합니다. 처음에 이 자료를 접했을 때는 무언가 착오가 있다고 생각했습니다.

그런데 서울의 배우, 즉 경중우인의 존재가 드러나면서 그 의문이 풀렸습니다. 천민 배우가 서울 사대문 안에서 생활하기 위해서는 신분적으로 그럴만한 자리에 있어야한다는 거지요. 귀석은 종실의 집에 예속된 종이었기에 서울에서 살면서 배우의 활동을 할 수 있었다는 겁니다.

고려시대의 귀족이나 조선시대의 사대부가 개인적으로 집안에 노래하는 종인 가비(歌婢)를 두었던 것과 유사한 형태라고 할 수 있습니다. 조선시대의 가비는 사가(私家)에서 노래와 춤을 연습시켜 양성하거나 이전에 관기(官妓)였던 사람을 받아들여 집에 두었다고 하는데, 귀석은 앞의 경우에 해당합니다.

귀석의 주인인 종실은 궁정의 행사에 빠지지 않고 참여하는 존재이므로 개인적으로 배우를 기르고 있다가 진풍정(進豊呈) 등의 기회가 있을 때 임금 앞에 내보내어 자신의 예술적 감각이나 사회적 안목을 과시하였을 겁니다. 앞에서 언급한 배우 최을송과 영순군에서도 그러한 관계를 확인할 수 있습니다. 미천한 배우의 집에 강도가 든 일을 임금의 조카인 영순군이 직접 세조에게 알리고 세조가 명을 내려 도둑을 찾게 하였으므로,

영순군이 최을송의 배후에서 그의 생계와 활동을 보장하고 있었던 사실을 알 수 있습니다.

경중우인은 그들의 예능에 따라 두 부류로 나눌 수 있는데, 전통적인 배우의 예능을 갖춘 부류와 그 외의 곡예나 묘기를 부리는 부류입니다. 전자는 골계를 주로 하는 입담, 표정이나 동작을 통한 연기, 노래와 춤을 겸비하고 있었습니다. 임금이나 왕족 등 최고위층에 의하여 양성되는 부류는 주로 이러한 예능을 갖추었다고 할 수 있지요. 가까이 두고 수시로 완상하기에 적합한 예능이기 때문입니다.

경중우인이 되는 다른 경로는 지방의 재인 가운데 뛰어난 재주를 가진 사람을 발탁하는 방식입니다. 지방의 재인인 외방재인에 대해서는 다음 시간에 말씀드리기로 하겠습

그림 5 대청 안쪽의 무대와 객석

니다. 서울로 올라온 외방재인들 역시 권세가에 의탁하여 살면서 상층의 오락에 봉사하는 주변 집단이 되었다고 할 수 있습니다. 지방에서 올라와 장악원에 소속된 기녀들을 종실이나 양반 사대부가에 의탁하게 했던 양상을 바탕으로 그렇게 유추할 수가 있지요. 기녀들의 존재 양상 역시 다른 시간을 마련하여 소상하게 말씀드리겠습니다.

경중우인은 종실이나 양반 사대부의 사노로서만 존재한 것이 아니라 의금부나 성균관과 같은 기관에 속한 관노의 신분이기도 했습니다. 지난 시간에 말씀드렸듯이 재인 광대들을 궁궐로 끌어들여 임금 앞에서 광대놀음을 벌이는 일을 의금부에서 주관했습니다. 외방재인을 서울에 살게

하는 방법 가운데 관련 기관에 소속시켜 관노나 말직에 적을 두는 경우가 있었으리라 추정합니다. 성균관의 노비인 반인들이 경중우인으로 활동했다는 논의도 있습니다. 세력가나 중앙관청 등은 경중우인들을 경제적으로 지원하고 후원하는 동시에 경중우인들의 예술 활동에 그들의 정치적 입장을 반영시킨 것으로 보입니다.

귀석의 배우희에 대한 두 번째 기록은 주인인 종실의 정치적 입장과 연관되어 있습니다. 조선전기에는 세도정치를 방지하기 위해서 임금의 친척인 종실들에게 실제 관직을 제수하지 않았습니다. 귀석의 주인인 종실양반은 문과나 무과의 재주를 시험하는 행사라든지 여러 왕릉이며 전각에 제사지내는 일에 참여하느라 겨를이 없었답니다. 품계는 높았으나 실제 관직이 없었던 까닭에 녹봉도 많이 받지 못하고 노비를 많이 거느리지 못하여 품위 유지가 어려웠던 것 같습니다.

이런 불만을 자신의 종인 귀석에게 전했던지 귀석이 진풍정 때에 임금 앞에 나아가 종실양반이 길을 가다 재상을 만나 겪게 되는 갈등 상황을 놀이로 꾸몄습니다. 귀석은 여러 배우들과 미리 약속을 하고 공연을 시작했습니다.

배우 한 명이 귀석의 주인인 종실양반이 되어 비루먹은 말을 타고 갑니다. 실제 말이 아니라 배우가 말의 탈을 뒤집어썼겠지요. 귀석은 극중에서도 종실의 종이 되어 말고삐를 쥐고 갑니다. 한 명은 재상이 되어 아주 멋진 준마를 탔고 가마꾼들이 길을 옹위하며 갑니다.

재상의 행차를 앞장서 가던 병졸이 "물렀거라!"를 외치며 행인들을 좌우로 갈라서게 하는데 종실은 그대로 길 가운데를 가다가 재상의 병졸들에게 걸려들었습니다. 행색은 초라하지만 종실 역시 지체 있는 양반의 행차인지라 주인 대신 말고삐를 쥔 귀석을 잡아다가 매질을 했습니다. 주인을 잘못 인도했다는 죄지요.

귀석이 큰 소리로 하소연하며 자기 주인인 종실의 처지를 털어놓게 됩니다.

소인의 주인은 시예하는 데 참여하는 종실로서 관직이 대감에 비하여 낮지 않는데 녹봉도 받지 못하고 거느리는 종도 없이 왕릉이며 전각에 제관으로 뽑혀 한가한 날이 없으니 오히려 시예(試藝)가 되기 전보다 못합니다. 소인에게 무슨 죄가 있습니까?

그 말을 들은 재상이 경탄하여 귀석이를 놓아주었다는 결말로 놀이는 끝납니다. 귀석의 배우희를 통하여 자신의 정치적 입장을 피력한 종실양반은 결국 실제 관직을 얻게 됩니다.

귀신을 부려 골계꾼을 놀려 먹은 임금

천민 광대 출신뿐 아니라 실제 관직을 가진 관리 가운데서 배우로 양성되는 경우가 있었습니다. 세조 때 안효례는 서리 출신으로 풍수학을 업으로 하였는데 중앙 관청에 등용되었다가 임금의 총애를 받는 배우가 되었습니다.

세조실록에 의하면 안효례는 처음에 풍수학을 업으로 하다가 무과에 급제했는데 사람됨이 기만적이어서 모르는 것도 아는 것처럼 우기고 말끝마다 농담을 섞었다고 합니다. 임금은 잔치를 할 때나 한가한 때에 안효례를 불러 다른 신하와 더불어 논쟁을 벌이게 했는데 그는 억지로 말을 끌어다 맞추어 자기주장을 관철시켰다고 합니다.

안효례의 장기가 바로 골계입니다. 사기 골계열전에 나오는 말대로 '말 잘하고 재빠른 사람이 그른 것을 옳다고 말하고 옳은 것을 그르다고 하여 같고 다른 것을 혼란시키는' 골계의 입담에 뛰어났던 거죠. 안효례는 천민 배우가 아니었고 벼슬이 당상관까지 올랐지만 때때로 그가 입궐하는 이유는 임금의 불편한 심기를 풀어 웃게 만들기 위해서였습니다.

관직이 있는 벼슬아치로서 임금의 배우가 된 안효례의 사례는 고려 말 충혜왕 때 영태라는 사람의 사례와 같습니다. 영태는 장사랑(將仕郎)이라는 무반의 관직이 있었으나 그가 하는 일은 배우의 일이었다고 합니다.

임금은 영태를 곁에 두어 어릿광대로 부리면서 그의 골계를 즐겼고 때로는 난처한 상황에 빠뜨려 그를 골탕 먹였습니다.

세조 임금도 안효례를 골탕 먹여 오락으로 삼은 일화를 남기고 있습니다. 안효례가 귀신이 두렵지 않다고 호언장담하자 세조가 밤에 사람들을 시켜 귀신으로 변장하고 안효례를 기습하게 하여 놀라게 했다는 이야깁니다.

지금까지 국악특강 한국문화 시리즈 전통연희, 진행에 사진실이었습니다. 안녕히 계십시오.

3. 전라도에서 왔소이다! 외방재인 박남의 한양출세기

안녕하세요, 사진실입니다. 이번 시간에는 전라도 재인인 박남을 중심으로 외방재인의 존재 양상과 예능 활동에 대해 이야기하겠습니다.

외방재인, 변방에 웃음 짓는 광대여

경기도를 비롯하여 지방의 모든 재인을 외방재인(外方才人)이라고 하였습니다. 외방재인은 그 기원이 외부의 종족에서 왔다고도 하고 농사를 짓지 않는 대신 도적질을 하거나 예능을 팔아 구걸을 하는 등 부정적인 행태를 보였던 것으로 알려졌습니다. 이러한 부정적인 존재 양상 때문에 조정에서는 끊임없는 정책을 통하여 민간에 정착시키고자 하였지요. 재인들을 민간에 정착시키기 위하여 평민과의 통혼(通婚)을 장려하였고 논밭을 주어 농사를 짓게 하거나 군적에 올려 모자라는 군역을 보충하고자 하였습니다.

군적에 오른 외방재인들은 주로 주군을 곁에서 보호하는 시위패에 속하였습니다. 초기의 시위패는 토착적인 인력을 기반으로 이루어졌고 지역의 군대 지휘관인 절제사 등과 직접적 관계를 통하여 그들의 사병 조직이 되는 경우가 많았다고 합니다.

외방재인은 권력자의 사병 조직으로 편입될 뿐 아니라 반역 모의에 휩쓸리게 되는 경우도 많았습니다. 『정종실록』의 기사에는 재인 수백 명을 거느리고 있다는 소문 때문에 반역 모의로 추궁당한 사람의 이야기가 나옵니다. 이 경우는 무고로 끝났으나 실제로 재인들이 중앙의 의금부에 반역죄로 추국당하는 경우가 많았습니다. 재인들의 생업 자체가 자유롭고 집단을 이루어 활동하기 때문에 당시 사람들에게 반사회적인 존재로 인식된 것 같습니다.

외방재인들이 민간에 정착되거나 군역에 편입되었다고 해서 재인의 예능을 버리고 완전히 전업했다고 볼 수는 없습니다. 향촌 사회에서도 재인을 필요로 하는 경우가 있었고 지방의 관아를 중심으로 악기 연주, 연희 등 오락의 수요가 생겨나기 때문이지요.

역대 임금들은 '강무(講武)'라는 명목으로 지방의 명산에 내려가 사냥을 즐겼으며 그때마다 재인과 백정을 징발하였는데 그들은 주로 몰이꾼으로 활용되었습니다. 재인들은 악기를 시끄럽게 두드려 짐승을 몰았을 겁니다. 사냥의 행사를 다채롭게 하기 위하여 각종 놀이를 연출했을 가능성도 있습니다.

전쟁터에서도 재인들은 재주를 부렸다고 합니다. 왜구의 침입으로 군수가 포로가 되는 다급한 상황에서 재인 4, 5백 명을 선발해 놀이를 연출하여 적군의 주의를 끌고 아군의 공격을 승리로 이끌었다는 기록이 전합니다.

장졸의 사기를 진작하기 위해서도 시위패에 속한 재인의 활동이 필요합니다. 전쟁터에서 적군이 물러가자 즉석에서 군악을 일으키고 광대놀음을 펼쳤다는 기록이 이러한 사정을 말해줍니다. 이렇게 재인들은 군대에 소속되어 복무하는 동안에도 자신들의 예능활동을 유지할 수 있었다고 하겠습니다.

재인들의 호적은 3년에 한 번씩, 심한 경우는 봄, 가을로 일 년에 두 번씩 조사하여 정리되었습니다. 인근으로 여행을 갈 때는 행장이 필요하였는데 행장이 보증하는 여행 기간이 정해져 있었습니다. 성종 무렵에는 3일 걸리는 곳을 15일 이상 왕래하는 재인들에게 행장을 발급하고, 그 외에 가까운 곳을 짧은 기간 여행할 때는 마을 우두머리에게 고하여 출입을 허락하게 하였습니다.

나라에서는 이러한 호적 정책을 통해 재인들의 유랑과 걸식을 방지하여 사회적 혼란을 줄이고자 하였습니다. 지방 관아에서는 재인들의 동향을 파악하고 있다가 국가적인 행사인 나례 등을 거행할 때 중앙 정부의 수요에 부응할 수 있었습니다.

국가적인 행사인 나례는 임금이나 중국 사신의 행차를 환영하기 위하여 행차가 지나는 연도에서 거행한 재인 광대들의 공연 오락 행사를 말합니다. 본래 나례는 귀신을 쫓는 구나 의식을 말하지만 오락적인 변천 과정을 거쳐 용어와 개념이 확장되었습니다. 나례의 변천 양상에 대해서는 다른 시간을 통해 소상하게 말씀드리겠습니다.

궁궐 밖에 나가 의식을 거행하고 돌아오는 임금의 행차를 환영하는 나례는 나라의 경사를 만방에 과시하는 목적을 지니고 있었습니다. 화려하고 성대한 행사를 위해서는 전국 각지의 외방재인들을 불러올려야 했지요. 국가에서는 나례도감이라는 임시 기구를 두어 외방재인들을 동원하는 등 나례의 일을 주관하게 했습니다. 나례도감은 좌변과 우변으로 나뉘는데 의금부가 좌변 나례도감을 맡고 군기시(軍器寺)가 우변 나례도감을 맡습니다. 나례도감이 좌우로 나뉘어 있는 것은 임금의 행차가 지나는 대로의 좌우 양쪽에서 나례를 벌이기 때문이죠.

1626년(인조 4)에 간행된 〈나례청등록〉은 좌변 나례도감인 의금부가 나례를 거행하면서 주고받은 문서들을 베껴 모아 놓은 책입니다. 〈나례청등록〉에 의하면 좌변과 우변 나례도감을 맡은 의금부와 군기시는 각자 독립적인 조직을 통해서 외방재인을 동원하고 무대 설비와 공연 종목 등을 주관하였습니다. 지방 관아에 요청하여 재인을 불러올리는 과정에서 좌우변이 바뀌어 나례도감 간의 분쟁이 일어나기도 했습니다.

문희연의 슈퍼스타 박남

〈나례청등록〉의 말미에는 당시 좌변 나례도감에서 불러올린 외방재인의 명단이 수록되어 있습니다. 아비의 업을 물려받아 아비 대신 나례도감의 명단에 오르기도 하고 기존 재인의 신고로 새로운 재인이 추가되기도 했습니다. 나례도감에서 특정한 재인을 지정하여 추가하는 경우도 있었습니다.

명단 가운데 전라도 김제의 재인 박남의 이름이 있습니다. 1626년 나례 때 박남은 외방재인으로서 서울에 상송되었던 겁니다. 외방재인으로서 국가적인 나례에 참여하는 일 자체가 큰 영예가 되었으며 재인의 상품 가치가 높아질 수 있었습니다. 그런데 다른 기록에는 박남이 서울에서 활동하여 당대의 재상들과 연관된 일화를 남기고 있습니다. 외방재인들은 전례에 따라 정해진 나례도감으로 반복하여 상송되었기 때문에 나례도감의 인적 조직과 친밀한 관계를 맺을 수 있었다고 생각합니다. 박남은 좌변 나례도감에 속한 재인으로 거듭되는 상송과 공연 과정에서 발탁되어 서울에서 활동하게 되었을 겁니다.

이이명(李頤命, 1658~1723)의 『소재집(疎齋集)』에 당시 좌의정이었던 김상헌과 얽힌 박남의 일화가 전합니다. 김상헌(1570~1652)은 평생토록 말수가 적었고 잘 웃지 않았다고 합니다. 그는 병자호란 당시 청나라와 계속 싸우자는 주전론(主戰論)을 주장한 것으로 알려져 있습니다. 그 때문에 청나라에 압송되었다가 6년 만에 풀려나게 되는데 귀국 직후인 1645년(인조 23)에 좌의정에 제수됩니다.

어떤 집안에 과거 급제자가 있어 문희연(聞喜宴)을 베풀었는데 마침 김상헌이 참석하게 되었답니다. 문희연이란 "기쁜 소식을 듣고 여는 잔치"의 뜻으로 과거 급제자를 낸 집에서 벌이는 축하 잔치입니다. 이름

그림 6 보계 위에 마련된 급제자들의 객석

난 배우들을 불러 놀이도 하고 덕담(德談)도 하게 하여 경사를 널리 알리고자 했습니다. 문희연을 연 집에서 이름난 배우인 박남을 불러놓고는 김상헌을 한번이라도 웃게 할 수 있다면 큰 상을 주겠노라고 약속을 했습니다.

처음에 박남이 여러 가지 놀이를 보였는데 김상헌은 돌아보지도 않았다는 거죠. 그러자 박남이 종이 한 장을 상소문 같이 둘둘 말아서는 두

손으로 받들고 천천히 걸어 나가 말했습니다. "생원 이귀가 상소를 바쳤습니다." 그리고는 꿇어앉아 종이를 펼치고 읽었습니다. "생원 신 이귀는 성황성공 돈수돈수……" 즉석에서 종이를 말아 만들어낸 가짜 상소문에 상소 내용이 적혔을 리 없으니 박남은 이귀의 흉내를 내가며 가짜 상소문을 마저 읽었을 겁니다. 요즘 말하는 '개인기'이며 일종의 정치 패러디라고 할 수 있지요.

자리에 앉아 있던 사람이 모두 배를 쥐고 웃었으며 김상헌 자신도 부지불식간에 웃고 말았다는 이야깁니다. 이 일화는 김상헌이 재상 자리에 있던 당시의 이야기니 1645년 이후의 일입니다. 정치 패러디의 주인공이었던 이귀는 이미 죽고 없는 상황이었지만 상소문과 관련된 그의 일화는 세간에 널리 알려졌던 모양입니다.

이귀는 인조반정의 공신으로 젊은 유생 시절부터 상소문을 자주 썼다고 합니다. 언젠가는 이귀가 자신의 첩에게 노래를 부르게 하였는데 첩은 언제나 "오늘이 오늘이소서~" 하는 노래를 불렀다고 합니다. 듣다 못한 이귀가 "너의 그 오늘이 오늘이소서는 그만 둘 때도 되었는데!"라고 하자 첩은 대뜸 "나으리의 성황성공 돈수돈수는 어떻구요." 라고 대꾸하였다는 이야기도 전합니다. 이귀는 말년에 탄핵을 받아 관직에서 물러나는데 그 즈음 『인조실록』의 기사에는 젊은 관료들이 이귀의 무분별하고 무책임한 상소 때문에 젊은 관료들이 싫어하고 괴로워하고 있다는 내용이 나타납니다.

현종 때 재상을 지냈던 홍명하(洪命夏, 1607~1667) 역시 박남과 관련하여 일화를 남기고 있습니다. 어떤 선비 집안에 과거 급제자가 있어 역시 문희연(聞喜宴)을 열었는데, 홍명하를 비롯하여 여러 재상들이 참석하였다고 합니다. 홍명하는 1663년(현종 4)에 우의정이 되었다가 좌의정을 거쳐 1665년(현종 6)에 영의정이 되었다고 하니 1663년에서 1665년 사이에 일어난 일입니다

문희연을 연 주인집에서 배우를 불러왔는데 재주가 신통치 않았습니

다. 주인집에서 손님으로 온 여러 재상들에게 고하기를, 시정의 부잣집 자제가 무과에 급제하여 이름난 배우 박남을 데려갔는데 재상들의 한마디면 데려올 수 있을 것이라고 했습니다. 좌중에 있던 재상 한 명이 하인을 시켜 박남을 데려오게 했습니다. 만약 박남을 보내주지 않을 경우 그 집의 아비와 아들을 끌어오라고까지 했습니다. 이쪽은 재상과 교유하는 선비의 집안이고 저쪽은 무인의 집안이니 권세로 누르려 한 것이지요.

그때 홍명하가 나서서 말하기를 세력만 믿고 배우를 잡아오게 하니 이는 광해군 때 재상들이 패가망신한 꼴과 같다고 했습니다. 다른 재상이 얼굴을 붉히고 사과했다고 합니다. 일화를 전해들은 사람들은 홍명하가 남이 하기 어려운 말을 한 것과, 재상이 허물을 고치기에 인색하지 않은 것을 칭찬했다

그림 7 입체무대에서 공연하는 재인들

는 얘기지요. 박남은 그들의 대화 속에서만 등장하지만 서울에서 얼마나 이름난 배우였는지를 잘 보여줍니다. 〈나례청등록〉에 이름이 올랐던 1626년에서 40년 가까이 지나도록 박남의 재주는 빛을 잃지 않았던 겁니다.

앞서 말씀드린 두 가지 일화는 모두 박남이 문희연에서 활동한 내용이었습니다. 과거 급제자를 위한 축하 행사로서 문희연에 선발되는 것은 배우들의 영예이기도 했고 좋은 배우를 선점하는 것은 문희연을 여는 가문의 기쁨이기도 했습니다. 그렇기 때문에 선비들이 과거를 보는 과거 철이면 외방재인들도 함께 상경하여 급제자의 간택을 기다렸다는 거지요.

박남, 유학자를 골리고 술을 얻다

박남이 과거 철을 당하여 상경하는 길에 배우의 골계로 유학자를 놀려먹은 일화가 전합니다. 과거를 보러 가는 선비들과 섞여 서울로 가던 도중 주막에 이르렀는데 이름난 유학자인 한천 이공이 사는 마을이 가까웠다고 합니다. 주막에 모인 선비들이 입을 모아 한천의 학문을 칭송하는데 박남이 말참견을 하여 내기를 하게 됩니다. 박남은 자신이 말장난으로 한천을 골리겠다면서 그러지 못하면 벌을 받겠고 성공하면 술을 받아달라고 했지요.

한천을 찾아간 박남은 점잖게 예를 갖추고 나서 질문을 했답니다. "논어 무우장의 관동 수가 몇 명인지요?" 세상이 자신들을 알아주면 어떤 일을 하겠느냐는 공자의 질문에 제자 증석이 이렇게 대답하지요. "어떤 늦은 봄에 봄옷이 다 되면 관자 5, 6명과 동자 6, 7인과 어울려 기수에서 목욕하고 무우(舞雩)에서 바람을 쐬고 노래를 읊조리며 돌아올 것입니다."

관을 쓴 성인 대여섯 명과 아디 예닐곱 명과 더불어 어울리겠다는 말인데요, 너무 뻔한 질문에 한천은 무슨 딴 뜻이 있는지 반문하게 됩니다. 박남은 심각하게 이의를 제기하였고, 고견을 묻는 한천의 요청에 관자는 30명이고 동자는 42명이라고 대답합니다. 5, 6과 6, 7을 곱한 것이죠. 한천은 아무 말 못하고 당하고 말았습니다. 숨어서 지켜보던 사람들이 배를 잡고 웃었다고 합니다.

임금의 친위부대가 된 광대들

국가적인 나례나 문희연 말고 외방재인은 중앙 관청의 직책을 얻어 서울로 올라갈 수 있었습니다. 앞서 말씀드렸듯이 임금의 사냥에 몰이꾼으로 동원되었다가 무사의 재능을 발휘하여 임금의 시위군사로 발탁되었던 거지요. 임금의 사냥은 주로 경기 지역의 산에서 행해졌으나 황해도나 전라도까지 원정을 가는 경우가 있었는데 해당 지역의 재인과 백정이 동원되었으므로 어느 지역의 재인에게나 무반 관직에 오를 기회가 주어졌다고 할 수 있습니다. 세조 때 황해도 서흥의 재인인 한복련은 호랑이를 잡아 바쳐 겸사복이라는 기관에 들어가게 됩니다.

겸사복, 내금위, 우림위는 금군(禁軍)이라고 불렸던 임금의 친위부대로서 영조 때에 용호영(龍虎營)으로 통합됩니다. 용호영은 군악대를 갖추고 있어 당대의 음악인들과 밀접한 연관을 맺고 있었습니다. 뿐만 아니라 용호영의 구성원인 하급 무관들이 주축이 되어 왈자 집단을 형성하게 되는데 이들은 조선후기 서울의 유흥 오락 문화를 장악하게 됩니다. 겸사복, 내금위, 우림위, 용호영 등 금군(禁軍)에 소속된 재인 출신 무관들은 왈자 집단과 재인 집단이 친밀한 관계를 유지하는 데 일조했다고 할 수 있습니다.

나례도감의 일을 맡았던 의금부와 군기시의 하급 군병들도 왈자 집단의 주요 구성원이 되었습니다. 특히 의금부는 경중우인들의 배우희를 주관하였고 외방재인을 동원하는 나례도감의 일도 맡아 보았기 때문에 재인 배우들에게 큰 영향력을 행사하였을 것으로 보입니다.

나례도감의 총수는 의금부 판사였지만 무대를 만들거나 재인을 동원하는 실무는 당하관 이하의 책임 아래 이루어졌습니다. 당하관인 실무 책임자들은 나례의 준비와 관련된 상급 또는 하급 관청의 실무자와 접촉하여 필요한 물품과 인력을 확보하게 됩니다. 각 기관의 서리나 의금부의 나장 등이 당하관의 명령을 받아 실무를 처리하게 되는데, 나례도감의 조직 체계에서 말단으로 내려올수록 나례에 동원되는 장인이나 재인에게 가장 큰 실력을 행사했을 가능성이 충분합니다.

경중우인이나 외방재인이 서울을 근거로 놀이를 팔기 위해서는 서울 지역을 순찰하고 치안을 담당했던 의금부의 말단 관리들의 비호가 필수적이었을 것입니다. 재인들은 왕실 내부 행사와 국가적인 행사로 치러지는 나례를 통하여 의금부의 말단 관리나 나장들과 친연 관계를 맺을 수 있었으므로 그러한 비공식적인 거래가 가능한 일이었다고 하겠습니다.

외방재인은 놀이를 팔아먹고 사는 습성으로 인하여 사람들이 많이 모여 사는 서울로 진출하려 하였습니다. 나례를 위해서 서울로 올라온 외방 재인들 가운데는 다시 본 고장으로 돌아가지 않고 서울에서 떠돌거나 서울 근교에 머무는 사례가 많았던 것 같습니다.

조선전기 조정의 외방재인에 관한 논의에는 서울에 머무는 외방재인을 색출하여 원적지(原籍地)로 돌려보내야 한다는 의견이 빈번하게 나타납니다. 외방재인은 국가적인 행사인 나례를 번화하게 치르기 위하여 필요한 존재이면서도 국가의 질서와 치안을 위협하는 문제적인 집단이었던 것입니다.

지금까지 전라도 김제의 재인 박남을 중심으로 외방재인의 활동에 대해 말씀드렸습니다. 국악특강 한국문화 시리즈 전통연희, 진행에 사진실이었습니다. 안녕히 계십시오.

4. 용(龍)의 웃음, 광대놀음을 사랑한 세조 임금

안녕하세요? 사진실입니다.

조선시대 배우 공길, 공결, 장생, 귀석, 박남 등은 몸을 굽혀 뜻을 세운 기억할 만한 광대였습니다. 역사적인 위인의 반열에 오를 수는 없어도 전통문화에 관심을 가진 여러분의 마음속에 새겨지길 기대해봅니다.

오늘 이 시간에는 배우들의 광대놀음을 즐긴 관객으로서 세조 임금을 중심으로 이야기를 풀고자 합니다. 잘 아시다시피 세조는 세종대왕의 둘째 아들이었는데 형인 문종이 죽자 조카인 단종을 물리치고 임금의 자리를 찬탈했지요. 그러나 학술이나 문화, 종교적인 방면에서는 많은 업적을 남기기도 했습니다. 궁중의 소학지희를 애호하고 후원한 자취도 많이 남기고 있지요.

벽사진경의 궁중 난장놀이

새해를 앞둔 세밑이 되면 조선시대 궁궐에서는 벽사진경(辟邪進慶)의 통과의례를 위한 여러 가지 행사를 벌이곤 했습니다. 세조 10년(1464) 연말의 기록에는 그때의 상황이 잘 드러나 있습니다. 내전에서 미리 연말의 일정을 마련해 공표하기를, "24일에 해가 바뀌니 종친으로 하여금 격봉(擊棒)하게 하고 26일에 관나(觀儺), 27일에 풍정(豊呈), 28일에 관나(觀儺)와 축역(逐疫), 29일에 격봉(擊棒), 소연(小宴), 관화(觀火)를 거행한다."고 했습니다.

풍정과 소연은 궁중의 잔치로서 연말에만 있는 행사가 아니지만 격봉, 관나, 축역, 관화는 궁중의 세밑 풍경으로 주목할 만합니다. '격봉'은 봉희(棒戲)라고도 하며 격구(擊毬)라고도 합니다. 말을 타고 달리며 공을 쳐넣는 마상 격구(馬上擊毬)하고는 달리 궁궐의 뜰을 걸어 다니며 시합하는 가벼운 운동 경기라고 합니다.

격봉은 좌우편으로 나뉘어 실시하는데, 봉(棒)으로 공을 쳐서 와아(窩

兒)라고 하는 구멍에 넣으면 점수가 올라갑니다. 봉은 소가죽과 대나무를 사용하여 숟가락 모양으로 만들며 구는 나무나 마노 따위로 달걀 만하게 만듭니다. 와아는 땅을 주발만큼 우묵하게 판 구멍인데 평지에도 만들지만 섬돌 위에도 만들고 전각(殿閣)의 건물 사이에도 만들어 난이도를 달리 한다고 하지요. 공이 와아에 들어가기까지 봉을 친 횟수, 구와 구의 부딪힘 등에 따라 점수가 계산됩니다.

격봉은 연중행사로 거행될 수 있었지만, 임금 이하 종실과 측근 신하들이 모여 친목을 다지는 세밀 행사로서 특별한 의의를 지녔습니다. 종친과 신하들이 함께 격봉 시합을 하도록 하고 임금은 구경하는 것이 일반적이었으나 임금이 직접 경기에 참여하는 경우도 있었지요. 세종은 아버지인 태상왕과 겨우내 격봉을 즐긴 적이 있었으며, 세밀에는 종친과 함께 밤늦도록 격봉 시합을 하기도 했습니다. 격봉을 하는 때는 기녀와 악공들이 나와 음악을 연주했으며 승자에게는 상을 내려주었습니다. 평상시에는 차별과 질서가 엄격한 군신간이지만 세밀에는 함께 어울려 시합을 하고 내기를 하는 파격적인 한바탕 축제가 마련되었던 겁니다.

'축역(逐疫)'은 나례(儺禮) 또는 구나(驅儺)라고도 하는데 귀신을 쫓는

의식으로, 고려 때 중국에서 전래된 것으로 알려져 있으며 조선후기까지 전승됐습니다. 조선전기 구나의 모습은 성현(成俔)의 『용재총화(慵齋叢話)』에서 확인할 수 있지요. 구나(驅儺)의 일은 관상감(觀象監)이 주관하여 섣달그믐 전날 밤에 창덕궁과 창경궁의 뜰에서 거행했습니다. 관상감은 천문이나 지리 등의 일을 맡아 하던 관청입니다.

기록에 의하면 악공 한 명이 창사(唱師)가 되어 붉은 옷에 가면을 쓰며, 네 사람

그림 9 벽사진경의 가면 방상시 탈

이 가면과 곰 가죽을 둘러쓰고 방상시가 됩니다. 방상시 가면은 황금색 눈 네 개를 가진 아주 큰 가면이지요. 그밖에 지군(持軍) 5명, 판관(判官) 5명, 조왕신 4명, 소매(小梅) 몇 사람, 십이지신(十二支神) 등이 모두 가면을 쓰고 등장합니다. 아이들 수십 명을 선발하여 붉은 옷을 입히고 붉은 두건과 가면을 씌워 진자(侲子)로 삼는데, 창사가 큰 소리로 위협하여 이들을 몰아냅니다. 귀신을 쫓는 모의적인 주술적인 행위를 통해서 사악한 기운을 몰아내는 의식을 거행하는 겁니다. 새해를 맞이하기 위해 궁궐을 정화시킨다는 의미를 지니는 것이지요.

신성한 의식을 거행한 뒤에는 언제나 여러 가지 놀이를 벌이곤 했습니다. 제사의식이 동티가 나는 것을 막기 위해 잡귀들을 위한 난장놀이를 벌인다는 설정이지요. 이러한 난장놀이는 잡귀가 아닌 사람을 즐겁게 하는 오락행사가 되었을 겁니다. 수십 명의 인물들이 가면을 쓰고 등장하는 장면 역시 신성한 의식일 뿐 아니라 연극적인 볼거리로 수용될 수 있었습니다.

그러다 보니 귀신을 쫓는 의식이라는 뜻의 '나례'라는 용어는 가면을 쓰고 연기를 하거나 노래를 부르고 춤을 추는 공연 오락 행사의 의미까지 포괄하게 됐습니다. 연말에 궁궐의 뜰에 광대들을 불러들여 여러 가지 광대놀음을 벌이게 한 행사도 나례라고 했고 임금의 행차가 지나는 큰길가에서 전국 팔도의 재인 광대들을 모아 화려한 볼거리를 연출한 행사도 나례라고 했습니다.

궁궐 뜰 광대놀음, 관나

궁궐 뜰에서 거행한 광대놀음은 임금이 좌정하고 관람하는 행사라는 뜻을 살려 '볼 관자'를 써서 특별히 '관나(觀儺)'라고 불렀습니다. 처음에는 그냥 '나례를 본다'고 하는 표현이던 것이 점차 고유명사로 굳어진 경우지 요. 관나의 공연 상황은 성현의 시 「관나(觀儺)」에 잘 묘사되어 있습니다.

궁궐이라 화사한 봄 채붕(綵棚)은 일렁이고
화려한 옷 차려입은 재주꾼들 종횡으로 난무하네.
농환(弄丸)놀이 공교롭다 의료(宜僚)의 솜씨 같고
줄 타는 그 모습 정작 제비같이 가볍구나.
네 벽 두른 작은 방엔 꼭두각시 감추어 있고
백 척 솟대 위에선 술동이와 술잔을 들고 춤추네.
임금님은 배우들의 놀이를 즐기는 것이 아니라네.
오로지 뭇 신하와 더불어 태평성대를 즐기시렴이지.

관나의 행사는 경복궁의 사정전이나 창덕궁의 선정전 등 궁궐의 편전 이나 경회루 등 후원 공간에서 거행됩니다. 임금의 좌석은 전각의 처마 밑에 마련되기도 하고 건물의 기단인 월대와 정문을 잇는 월랑에 마련되 기도 합니다. 이 행사에는 왕실의 비빈 등이 함께 참여했는데 전각의 협 실에 발을 치고 관람했습니다. 여성들을 위한 특별관람석을 마련한 거지 요. 왕실과 조정의 남자들도 함께 참여하는 잔치고 민간의 광대들이 출연 하는 행사인지라 얼굴을 드러낼 수 없었던 겁니다.

궁궐 마당에 일렁이던 채붕은 화려한 채색 비단으로 장식한 가설 구조 물로 광대놀음의 무대배경으로 쓰이거나 인형놀이 등의 무대로 활용되었 다고 여겨집니다. 채붕을 세우는 것만으로도 궁궐 뜰이 온통 화려함으로 채워진 가운데 화려한 색색의 의상을 갖춘 광대와 기생들이 난무하는 모 습을 상상할 수 있습니다. 시의 내용에 의하면 여러 개의 공을 돌리며 던 지고 받는 농환(弄丸), 제비 같이 가벼운 몸놀림으로 허공을 가르는 줄타 기, 포장 안에 숨었다가 어느새 나타나 재주를 부리는 인형놀음, 백 척 간

두 위에서 술동이와 술잔을 들고 춤추는 솟대놀이 등의 광대놀음이 베풀어졌습니다.

시에 구체적으로 드러나 있지는 않지만 관나의 행사에서 중심이 됐던 레퍼토리는 바로 궁중의 소학지희, 즉 배우희였다고 할 수 있습니다. 관나는 민간의 광대들을 궁궐 내부로 불러들여 노는 행사인 만큼 폐지 논란도 끊이지 않았는데요, 그럴 때마다 제기되는 반론은 두 가지 명분을 바탕으로 합니다.

첫째는 관나의 떠들썩한 난장놀이를 통하여 벽사진경(辟邪進慶)을 추구한다는 것이고 둘째는 민간 풍속의 미악(美惡)과 정치의 득실(得失)을 알고자 한다는 겁니다. 임금이 구중궁궐 깊숙이 살아 세속의 일을 알기 어려우니 배우들의 놀이를 통해서 알고자 한다고 누차 언급하고 있습니다. 이러한 명분을 가장 잘 드러낼 수 있는 공연종목이 바로 배우희였습니다. 줄타기나 솟대놀이도 재담을 통해서 민간의 풍속을 알릴 수 있지만 구체적인 극적 상황은 연출하기가 어렵습니다. 앞선 시간에 말씀드렸던 공길이나 공결의 배우희는 바로 관나의 행사에서 공연되었던 겁니다.

민간 풍속의 미악과 정치의 득실을 알고자 한다는 목적이 다만 명분이

그림 10 〈봉사도〉에 그려진 광대놀음

아니라 실질적인 정치적 효용이 있었습니다. 그런 만큼 궁중배우들의 책임도 컸지만 조정에서도 공식적인 절차를 거쳐 공연내용을 취사선택하곤 했습니다. 관나를 거행하기에 앞서 의금부에서는 나례단자 또는 나희단자라 부르는 문서를 올려 행사에 공연할 내용을 미리 알립니다. 임금은 나례단자에 올라온 항목을 수정하기도 했고 원하는 항목을 추가하도록 명하기도 했습니다.

나례단자의 항목은 대체로 '농사짓는 형상', '수령이 굶주린 백성을 구제하는 형상', '유생 급제의 형상' 등으로 구분되었는데 구체적인 연출 방식까지 거론하는 임금도 있었습니다. 중종은 궁중의 배우희를 정사에 적극 반영한 임금인데요, 나희단자의 내용을 비준하면서 '나라의 빚을 거둬들이고 나누어 주는 형상'을 첨가하도록 명하기도 했습니다. 그래서였던지 무당에게 부과된 세포가 지나치게 많고 무세포를 거둬들이는 과정에서 관리들의 횡포가 심했던 세태를 배우들이 놀이로 꾸며 공연했습니다. 결과 중종이 무세포를 없애주었지요.

앞서 말씀드린 시 〈관나〉의 마지막 구절에 의하면 임금은 이러한 광대놀음 자체를 즐기는 것이 아니라 신하와 함께 태평성대를 즐기고자 함이라고 주변 시선에 대한 변명과 경계도 잊지 않고 있지요. 실제로 관나의 행사는 임금 이하 종친과 신하들이 모처럼 격식 없는 편안한 친목 도모 행사이기도 했습니다. 한 해의 정사를 무사히 마친 노고를 서로 위로하고 치하하는 의미도 있었지요.

임금이 보는 앞에서 종친과 신하들은 윤목희(輪木戲)라는 놀이로 내기를 해서 상을 받거나 벌주를 마시기도 했습니다. 윤목희는 12면체로 이루어진 주사위라고 할 텐데요 면마다 동물의 모습이 새겨졌다고 합니다. 동물 가운데 사자가 으뜸이었는데 사자를 세 번 잡으면 이겼다고 하네요. 임금은 또한 종친과 신하들에게 '관나'라는 제목의 시를 짓게 해서 상을 주었다는 기록도 있는데요, 성현의 시 〈관나〉도 그런 계기로 지어진 것 같습니다.

불놀이, 관화

세조 10년 연말 행사에서는 '관화(觀火)'도 있었지요. 관화는 말 그대로 불놀이를 구경하는 행사입니다. 관화에 대한 기록 역시 성현의 『용재총화』를 참조할 수 있는데요, 관화는 군기시(軍器寺)에서 주관하는데 궁궐의 후원에 미리 기구를 설치하였다가 장대한 볼거리를 연출하였다고 합니다. 타들어가는 불의 속성 및 기계 장치, 폭죽 등을 사용하여 연쇄적으로 불이 붙어 화포가 터지는 불놀이의 장관을 만들어내었습니다.

수많은 불화살이 유성처럼 꼬리를 끌며 하늘을 밝히기도 하고, 장대와 밧줄, 등롱(燈籠) 등을 연결하여 빙빙 도는 불꽃의 수레바퀴가 연출되기도 하였습니다. 만수비(萬壽碑)를 등에 업은 거북 모형의 입에서 불이 뿜어 나오기도 하고 만수비 속에 불을 넣어 글자를 드러내기도 하였다고 하지요. 장대 위에 그림 족자를 매달아 놓았다가 불이 끈을 태우며 올라가면 족자가 펼쳐져 글자가 나타나기도 하였습니다.

긴 수풀을 만들고 꽃잎과 포도의 모양을 새겨 놓는데, 불을 붙여 수풀을 온통 태우면 불꽃의 형상이 붉은 꽃봉오리와 푸른 나뭇잎의 아래로 늘어진 쥐방울 열매처럼 보이기도 하였다고 합니다. 광대가 폭죽이 장착된 목판을 지게 하고 불을 댕겨 폭죽이 터지는 가운데 놀게 하는 불놀이도 있었습니다.

관화의 행사에는 때로 화산대 또는 화산붕이라고 하는 산모양의 장치를 가설하여 불놀이의 무대로 삼았습니다. 세조 때는 경복궁 후원이나 숭문당의 뜰에 화산붕을 설치하곤 했습니다. 관화의 행사 역시 화려한 볼거리가 중심이 되기 때문에 폐지 논란이 일었습니다. 불꽃놀이를 위해서는 화약이 많이 필요한데 적을 물리치는 데 사용할 화약을 많이 쓰는 것이 낭비라는 것이지요.

관화의 명분 역시 벽사진경의 의식과 관련되었습니다. 관화의 행사를 특별히 세밑 연말에 거행하는 것은 천지를 뒤엎는 화포 소리와 붉은 불꽃이 사악한 기운을 물리칠 수 있다고 믿었기 때문입니다. 때로는 화포와 폭죽을 터뜨리는 놀이를 통해 군대의 업무를 익힌다는 명분을 내세우기도 했지요.

세조 10년(1464) 세밑에는 관나와 축역, 격봉과 관화의 행사가 예정대로 거행되었습니다. 28일 임금은 중궁(中宮)과 함께 경복궁의 편전인 사정전(思政殿)에 나아가 관나의 행사에 참여하였습니다. 왕세자 이하 종친과 재상, 승지 등이 입시하고 술자리를 베풀었지요. 배우들의 여러 가지 놀이가 함께 공연되었으며 밤 9시부터 축역(逐疫) 의식이 거행되었습니다. 이날 배우들은 놀이를 통하여 탐욕스럽거나 청빈한 관리들의 형상이나 세간의 비루하고 세세한 사건들을 보여주었다고 합니다.

다음날인 29일 임금은 경복궁의 침전인 강녕전(康寧殿)에 나아가 술자리를 베풀고 종친과 재신들로 하여금 격봉 시합을 하게 하였습니다. 그날 저녁에는 중궁과 충순당(忠順堂)에 나아가 관화의 행사에 참여하였습니다. 백악산과 후원에서 일시에 화포를 쏘니 소리가 천지를 울렸다고 합니다.

영감은 언제 당상관이 되었소? 세조를 웃긴 〈당상관 놀이〉

세조 14년 당시 관나의 행사에서 공연된 연극 한 편이 전합니다. 세조 당시에는 너무나 쉽게 당상관이 되는 것이 폐단이 되었던 모양입니다. 적은 공만 세워도 당상관 자리를 내주다 보니 그 지위에 걸맞은 의복이며 하인 등을 갖춰주지 못하여 당상관의 품위가 유지될 수 없었다는 거지요. 자격 미달의 당상관이 수두룩하게 양산되는 현실을 풍자하고자 배우들 수십 명이 나섰습니다.

그들은 모두 당상관의 복색을 갖추고 궁궐의 뜰에 입장하여 서로 나와 서로 희롱하는 모습을 보입니다. 차린 복색이며 거느린 하인들의 수가 각각 천차만별인 가운데, 당상관이라고 하기에는 모양새가 천박한 한 사람이 눈에 띄었겠지요. 누군가가 그 사람에게 물었습니다. "영감은 언제 당상관이 되었길래 복색이 이렇소?" 창피한 줄도 모르고 그 사람은 "나는 경진년에 무과시험에 급제하고 신사년 겨울에 양전경차관(量田敬差官)이 되었다가 정해년 가을에 이시애를 붙잡아서 마침내 당상관에 이르렀소." 라고 대답했답니다. 스스로 밝힌 내력 속에 자신이 자격 미달인 당상관이라는 사실을 폭로하게 된 거지요. 듣는 사람 치고 웃지 않는 사람이 없었다고 하는데요, 세조는 이때부터 당상관을 임명하는 기준을 강화했다고 합니다.

임금이 매긴 배우의 개런티

한 기록에서는 나이 들도록 임금 곁에서 광대놀음을 한 배우에 대한 세조의 배려가 나타납니다. 관나의 행사가 끝난 후 나이가 많은 한동량과 백동 두 배우에게 벼슬을 내렸던 겁니다. 벼슬을 내린 것은 일회적인 공연에 대한 보상일 수 없지요. 수차례 거듭되는 공연을 통하여, 왕실의 관객인 임금과 그 오락적 요구에 복무하는 배우가 친연 관계를 맺은 결과라고 하겠습니다.

연산군 때의 특수한 경우일 수 있지만 임금은 배우의 예능 연마와 전수 문제에까지 관심을 가지고 있었습니다. 벼슬을 내리거나 평소의 예능 연마에 관심을 갖는 행위 등은 배우들의 안정적인 일상을 보장하는 요인이 되었다고 할 수 있습니다.

궁정의 관객 집단인 만큼 배우에 대한 공연의 보상도 상당한 수준이었습니다. 연산군은 내기를 통하여 표범 가죽 등의 물건으로 배우들에게 보상하였습니다. 임금에게 받은 표범가죽이라면 민간에서의 교환 가치는 상당하였을 것이니 이러한 보상은 경중우인의 부를 축적하는 데 크게 기여했을 것입니다.

언제나 진귀한 물건을 내리지는 않았지만, 통상적으로 재주에 따라 차등 있게 물건을 하사한다는 기록이 많이 나타납니다. 세조는 관나에 참여한 배우들에게 베 50필을 내려주곤 했습니다. 『경국대전(經國大典)』에 의하면 외거노비 한명이 면포 1필을 세금으로 납부하였던 사실에 비추어 볼 때 상당한 수준의 대우였음을 알 수 있습니다.

공연의 보상은 물론 일상적인 생계를 의탁하고 있는 배우들은 관객 집단의 요구에 맞추어 예능 활동을 하여야 했습니다. 임금 등 상층문화의 관객 집단이 지속적인 후원으로 배우를 양성하거나 그 활동을 보장해주는 경우, 다른 관객 집단과 다른 공연 공간에 대해서는 배타적인 권리를 주장하게 되는 것입니다.

지금까지 세조 임금을 중심으로 관나와 관화 등 궁정 공연문화에서 나타난 관객의 양상에 대해서 말씀드렸습니다. 국악특강 한국문화 시리즈 전통연희, 진행에 사진실이었습니다. 안녕히 계십시오.

코미디와 대통령[1]

정치의 득실과 풍속의 미악

옛날 임금들은 궁궐의 뜰에 배우들을 불러들여 코미디를 즐겼다. 당시의 표현을 빌자면 이 코미디는 우희(優戱) 또는 소학지희(笑謔之戱)라고 불렀다. 소학지희는 단순히 웃음만을 전달한 것이 아니라 현실을 풍자하는 진지함을 담고 있었다. 명종이 경복궁의 충순당(忠順堂)에 나아가 소학지희를 구경하였을 때, 사관(史官)은 실록에 이렇게 적었다.

> 사신(史臣)은 이른다. "임금이 구중(九重)에 깊숙이 살아서 정치의 득실과 풍속의 미악을 들을 수 없다. 따라서 비록 배우의 말이나 어떤 것은 경계하고 풍자하는 뜻이 있어 채용하지 않을 수 없는 것이다. 이것이 바로 나례(儺禮)를 베푸는 까닭이다. 요즘 들어 본 뜻을 잃고 단지 기이한 재주와 음란한 기교로 마음과 눈을 지나치게 동요시키니 베풀지 않는 것이 낫을 것 같다. …(생략)…" 史臣曰, "人君深居九重, 政治之得失·風俗之美惡, 有不可得以聞, 則雖俳優之言, 或有規諷之意, 而亦無不採用之事焉, 此儺禮之所以設也. 末世失其本意, 徒以奇技淫巧, 侈蕩心目, 不若不設之爲愈也. ……"

『명종실록』 27권, 16년 12월 29일(갑신)의 기록이다. 임금이 구중궁궐에 살기 때문에 정치의 득실이나 풍속의 미악을 알 수 없기 때문에 배우의 놀이를 통하여 그 내용을 임금에게 알린다고 하였다. 배우들은 부정행위를 고발하고 세태를 풍자하는 내용을 담아 소학지희를 연출하였던 것이다. 임금은 소학지희를 보고 즐기는 데 그치지 않고 풍자의 뜻을 기꺼이 받아들였으며 때로는 그릇된 세태를 바로잡고 부정한 인물을 벌주었다. 소학지희에 나오는 부정한 인물이 실제로 누구인가를 찾아내어 죄를 다스렸던 것이다.

소학지희가 날카로운 풍자를 담았다할지라도 웃음을 선사하는 코미디였던 까닭에 임금이 그것을 즐긴다는 사실은 많은 논란을 불러왔다. 그러나 소학지희에 대한 비판적 담론은 상층 관료들의 편견에서 나온 것일 수도 있다. 소학지희는 정치의 득실과 풍속의 미악을 담기 위하여 주로 관료들의 비리와 착취를 소재로 하였다. 배우들의 계층적 특성상 그들은 하층민들과 광범위하게 접촉하면서 소학지희의 소재를 발굴하였을 것이다. 소학지희는 하층민의 여론이 임금에게 직접 전달될 수 있는 통로가 되었다고 할 수 있다. 따라서 상층 관료들은 소학지희의 오락성을 빌미로 비판적인 입장을 견지하였다고 여겨진다.

임금이 즐긴 코미디의 세 가지 미덕

당대의 비난이야 어떻든지, 궁궐의 뜰에서 임금이 즐긴 코미디는 세 가지 미덕을 갖추고 있었다. 난장놀이로서 잡귀를 물리치는 제의성을 지녔고 현실을 풍자하는 정치성을 지녔으며 근엄한 임금을 웃기는 오락성을 지녔던 것이다. 제의성, 정치성, 오락성은 현실과 밀착되어 있다. 코미디 말고 어떤 예술 장르가 이러한 현실적인 미덕을 동시에 지닐 수 있을까.

요즘의 우리는 TV와 연극 무대에서 많은 코미디를 본다. 코미디가 아닌 연극이나 TV 프로그램에서도 웃음이 넘쳐나는 걸 본다. 모든 대중문화가 코미디를 추구하지만 진정한 코미디는 찾아보기 어렵다. 배우의 일그러뜨린 얼굴과 엽기적인 모습은 웃음을 주지만 공허하다. 실수와 말장난은 코미디의 수단이지 목적이 아니다. 웃다보니 날카로운 풍자가 살아나고 그 풍자를 되씹으며 현실 인식의 지평을 높일 수 있는 그런 코미디는 없는가. 복잡한 현실의 문제를 명쾌하게 풀어주고 한바탕 웃음마저 선사할 현대판 소학지희를 기대할 수는 없는가.

모든 코미디에 정치 풍자를 담으라는 말은 아니다. 살기 어려웠던 그때 그 시절을 우스꽝스럽게 되살려도 좋다. 상상 속의 아프리카 추장이 기괴한 소리를 질러도 좋고 이국적인 이름의 수녀들이 수다를 떨어도 좋다. 그러나 그릇된 현실을 비판하고 미래를 전망할 수 있는 작품들도 몇은 있어야 하지 않을까. 그래서 소학지희가 그랬듯이, 요즘의 정치가들과 대통령에게 날카로운 풍자를 전해주었으면 좋겠다. 과거의 비리를 들추는 것도 좋지만 과감하게 현재의 비리와 그릇된 세태를 공격하여야 한다. 그러나 코미디는 코미디일 뿐 국가정보원이나 감사원의 보고서가 아니라는 사실도 분명히 해두자. 예술적인 독립성을 유지해야 한다는 말이다. 연극 작품으로서 플롯을 갖추어 현실보다 더욱 현실적인 허구를 만들어내야 한다. 코미디의 배우와 연출자들은 풍자와 웃음 모두에 책임을 져야 한다.

그렇게 된다면 대통령은 평소에 코미디 프로그램을 부지런히 볼일이다. 구중 깊숙한 청와대에서 놓칠 수 있는 정치의 득실과 풍속의 미악을 발견할 수 있을 테니. 연말에 꽤 괜찮은 코미디 연극을 보러 가는 것도 좋겠다. 묵은해를 보내는 난장놀이를 겸하여 민심을 파악하고 오랜만에 폭소를 터뜨리게 될 것이다. 웃으면 복이 온다고 하였는데 웃음의 여유를 즐길 수 있어야 나랏일도 잘 풀리지 않을까.

---

1 이 글은 필자가 미국 버클리대 한국학센터 객원연구원 시절, 『한겨레21』에 기고한 것이다. 원 제목은 '궁정의 틀에서 코미디를 즐긴 임금'이다.

제2장 광화문 네거리에 산대놀이를 허(許)하라

1. 기상천외 연출가 연산군의 삼신산 퍼포먼스

안녕하세요, 사진실입니다.

이번 시간에는 연산군을 중심으로 이야기를 풀어나가려고 합니다. 연산군은 역사상 폭군으로 알려져 있죠. 1494년 19살의 나이로 왕위에 올라 4년 뒤인 1498년(연산군 4)에 무오사화, 다시 6년 뒤인 1504년(연산군 10)에 갑자사화를 일으키면서 수많은 선비와 가솔들을 처형했습니다.

〈연산군일기〉의 기록을 들여다보면 연산군의 난폭함은 정말 상상하는 것조차 두려울 정도입니다. 연희예술에 대한 연산군의 집착과 횡포 또한 대단했습니다. 그런 집착과 횡포를 기록하다 보니 당대 연희예술에 대한 여러 가지 사실들이 전하게 된 거지요. 연산군 역시 연희예술의 주체인 관객이며 후원자였으니 그의 행동반경을 중심으로 당대 연희예술의 실상을 살펴보도록 하겠습니다.

처용가면에 붉은 얼굴을 가린 폭군

민간에서 불러들인 배우들의 놀이를 보는 관나의 행사나 불꽃놀이를 구경하는 관화의 행사 모두 나쁜 기운을 쫓고 경사를 맞이한다는 벽사진경의 의미를 지니고 있었습니다.

궁중에서는 연말에 '관처용'이라는 행사를 두어 따로 처용무를 관람하기도 했습니다. 처용무는 신라 헌강왕 때부터 전해지는 처용의 설화를 가무극으로 꾸민 작품입니다. 잘 아시다시피 처용설화는 이렇지요.

헌강왕이 개운포에 원행을 나갔는데 갑자기 구름과 안개가 자욱해져서 길을 잃었답니다. 일관에게 묻자 동해 용왕의 조화라고 했고 헌강왕은 용왕을 위해 절을 지어주겠다는 약속을 했습니다. 그러자 구름이 걷히면서 동해 용왕과 일곱 아들이 나와 춤을 추었고 아들 중 하나가 헌강왕을 따라와 정사를 도왔는데 그가 바로 처용이지요.

처용은 급간이라는 벼슬자리에 올랐고 아름다운 부인도 맞이했습니다. 그러던 어느 날 밤 역신이 아내를 범한 사실을 알게 되는데, 그는 매우 관용적인 노래 〈처용가〉를 불러 역신을 감복시켰다는 이야깁니다.

동경 밝은 달에 밤새도록 노니다가
들어와 자리를 보니 다리가 넷이로다.
두 개는 내 것인데 두 개는 누구의 것인가,
본디 내 것인데 빼앗아가니 어쩌리오.

그림 11 마당에서 춤추는 다섯 처용

노래를 들은 역신은 처용에게 용서를 구하고 앞으로 처용의 그림만 봐도 문 안에 들어가지 않겠다고 했답니다. 그때부터 사람들이 처용의 형상을 문에 붙여 나쁜 기운을 물리치고 경사를 맞아들이고자 했다는 거지요. 〈처용무〉는 『고려사』 「악지」에 신라의 속악으로 전합니다. 처음에는 한 명의 처용이 등장하는 독무였던 것이 조선 세종 때 다섯 명의 처용이 등장하는 〈오방처용무〉로 구성되었다고 합니다. 성종 때의 『악학궤범』에 의하면 학무와 연화대를 합쳐 〈학연화대처용무합설〉로 공연된 사실을 알 수 있습니다.

연산군은 궁중의 정재 종목 가운데 처용무에 지나친 애착을 보였습니다. 처용무는 벽사진경의 의미를 담고 있기 때문에 연말 '관처용' 행사에만 공연되었는데, 연산군은 진풍정이나 회례연과 같은 궁중의 공식 연향에 처용무를 추도록 명을 내립니다. 지금 남아있는 의궤나 기록화를 보면 궁중 연향의 마지막 순서로 처용무가 빠짐없이 등장하지요. 연산군 때부터 정착된 관습인 듯합니다.

처용무는 세종 때부터 남자 재인들이 추도록 하였는데 연산군은 기녀들의 공연종목으로 육성하게 됩니다. 그는 처용무의 가면이나 의상, 동작 등에 관심을 갖는가 하면 가면에 금은 장식을 해서 처용무라는 이름을 풍두무로 바꿔 부르기도 했습니다. 직접 처용의 탈을 쓰고 춤추며 노래했다고도 합니다.

특히 생모인 폐비 윤씨의 죽음에 대해 알게 된 이후에는 처용탈을 쓰고 할머니인 소혜왕후를 조롱하거나 위협하는 등의 횡포를 부리기도 했습니다. 기녀 수 십 명을 데리고 왕후 앞에 나아가 직접 처용탈을 쓰고 춤추고 뛰놀며 왕후한테 놀이 값인 전두를 요구하기도 했고 처용탈을 쓰고 칼을 휘두르며 다가가 왕후를 놀라게 했다는 것이지요. 할머니와 손자의 관계로는 있을 수 없는 일을 감행하기 위해 가면이 필요했던 거지요. 처용무는 궁중의 연희예술 가운데 유일하게 얼굴에 쓰는 가면을 사용합니다.

독한 향락의 꽃들, 흥청

연산군의 횡포와 향락에는 '흥청'이라고 불린 기녀집단이 함께 했습니다. 연산군은 갑자사화 이후에 기녀의 제도를 대폭 강화해서 전국적으로 천명이 넘는 기녀들을 뽑아 들였는데 재주에 따라 흥청과 운평으로 나누었습니다. 연산군은 직접 이들 이름을 지어주었는데요, 흥청이란 간사하고 더러운 것을 깨끗이 씻으라는 뜻이고, 운평은 태평한 운수를 만났다는 뜻이라고 규정했습니다. 운평 중에 재주가 돋보인 기녀는 흥청이 될 수 있었다고 하는데 평상시에는 두 집단이 서로 교류할 수 없도록 철저히 차단했다고 합니다.

연산군은 흥청의 의복은 물론 화장이나 몸치장에 이르기까지 관여했고 흥청을 위한 새 이름을 지어주거나 새로운 노래를 하사하기도 했습니다. 장악원에서는 거의 매일 흥청과 운평의 재주를 시험해서 상벌을 주었는데, 여러 차례 불통한 기녀의 경우는 그 부모까지 논죄의 대상이 되었다고 합니다.

어쨌거나 흥청이 되면 기녀 본인은 물론 부모나 동기간까지 호사를 누릴 수 있었다는데요 그 폐단이 엄청나게 컸다고 합니다. 심하게는, 흥청이 원하는 집은 그 소유가 양반사대부라 할지라도 빼앗아주었다고 하지요. '흥청'이라는 글자가 새겨진 문패가 걸리면 흥청인 누군가가 그 집을 접수하겠다는 의사 표시가 되었다는데, 집 주인들은 집을 빼앗기는 것을 막기 위해서 뇌물을 바칠 수밖에 없었다고 하지요. 이러한 관례를 악용한 사기 범죄도 있었다고 합니다.

연산군은 취홍원이라는 기관을 따로 두어 흥청들을 궁궐 안에 머무르게 했고 수시로 경복궁 후원이나 경회루에서 연향을 벌여 노래하고 춤추게 했습니다. 경회루 연향에서는 특별한 무대를 가설해서 흥청의 노래와 춤을 돋보이게 했습니다.

경회루 연못가, 파천황적 행위예술가

〈연산군일기〉 12년 3월의 기록에 의하면 경회루 연못가에 만세산(萬歲山)을 만들고, 산 위에 월궁(月宮)을 짓고 채색 비단을 오려 꽃을 만들어 온갖 꽃이 산중에 난만한 모습을 꾸몄습니다. 또한 채색비단으로 연꽃과 산호수를 만들어 연못 가운데 심었습니다. 임금은 연못 위에 용의 형상을 꾸민 '황용주'를 띄워 타고 다니면서 만세산을 구경했다고 합니다. 경회루 아래에는 붉은 비단 장막을 치고서 흥청과 운평 3천여 명을 모아 연주하고 노래하게 했답니다. 그로부터 20일 뒤에는 만세산 위에 봉래궁(蓬萊宮) · 일궁(日宮) · 월궁(月宮) 등을 만들어 금은 비단으로 꾸미고 흥청들이 그 안에서 음악을 연주하기도 했답니다.

다시 나흘 뒤에는 연산군이 미복으로 잠행하여 경회루에 가서 만세산에 관등(觀燈)을 배설하고 잔치를 끝낸 다음, 승정원으로 하여금 들어와 보게 했다는데요, 청란(靑鸞), 자봉(紫鳳)과 같은 신비한 새들, 연화(蓮花), 모란 등의 화초, 월나라 서시가 살았다는 고소대(姑蘇臺), 신선들이 사는 봉래산(蓬萊山), 까마귀가 새겨진 해, 옥토끼가 새겨진 달의 형상을 한 등을 좌우로 나누어 달아 천태만상으로 기교를 다했답니다. 금은보석으로 꾸며 등을 만드는데 1만 냥이나 들였으며 만세산 아래 달고 왕은 황룡주에 올라 구경했다지요. 부용꽃으로 만든 향을 수백다발이나 태우고 밀랍으로 만든 횃불 1천 자루를 늘어세워 밤을 낮처럼 밝힌 가운데 흥청 수백 명이 늘어 앉아 풍악을 연주했다고 합니다.

다시 십 여일 후에는 만세산 주변에 영충산과 진사산을 만들었다는데요, 충성스런 신하를 맞이한다는 뜻의 영충산에는 군자가 뜻을 얻어 조정에 이름을 날리며 노래와 춤으로 잔치를 즐기는 모습을 표현하였고, 사악한 신하를 진압한다는 뜻의 진사산에서는 소인이 먼 지방으로 귀양 가서 초가집에서 궁하게 살며 굶주려 쓰러져 있고, 처자가 매달려 울부짖는 모양을 표현했다고 합니다. 그리고는 만세산과 영충산, 진사산을 시제로 걸어 스스로도 시를 짓고 신하들에게도 짓게 했습니다. 임금 자신에게 충성하는 신하와 불충하는 신하의 말로를 극명하게 대립시켜 무소불위의 왕권을 과시했다고 하겠지요.

장생불사의 노스탤지어, 삼신산

만세산, 영충산, 진사산의 세 산은 삼신산의 신화를 본떠 만들었습니다. 『사기(史記)』「봉선서(封禪書)」와 『열자(列子)』「탕문(湯門)」편 등에 의하면 바다를 떠다니는 다섯 개의 신성한 산인 오신산이 있었는데 흘러 흘러 서쪽 끝으로 가버릴 것을 염려한 천제가 커다란 자라를 시켜 지고 다니게 하였답니다. 그런데 용백국(龍伯國)이란 나라의 거인이 자라를 잡아먹어 원교(員嶠)와 대여(大興)는 바다

그림 12 교방가요의 공연에 쓰인 침향산

멀리 흘러가 버리고 봉래(蓬萊), 방장(方丈), 영주(瀛洲)의 삼신산만 남았다고 하지요. 자라가 지고 다닌다고 해서 자라 '오(鰲)'자를 써서 오산(鰲山)이라고도 부릅니다.

신화의 근원지인 중국 내륙을 중심으로 할 때 동쪽 해상에 있는 장생불사의 낙원이 삼신산이라면 서쪽 내륙에 있는 장생불사의 낙원이 곤륜산입니다. 곤륜산에는 서왕모가 살며 삼천년 만에 한번 열리는 복숭아를 가지고 인간의 수명장수를 주관한다고 전해집니다. 두 산은 동아시아 문화에서 장생불사를 상징하는 '신성한 산'의 두 축을 이루어왔습니다.

삼신산이나 곤륜산을 향한 열망은 중국의 제왕들과 관련하여 많은 이

야기를 남겼습니다. 그 가운데 대표적인 인물이 진시황(秦始皇)과 한 무제(漢武帝)입니다. 『사기』「봉선서」에 의하면 중국 제나라, 연나라 이후 많은 왕들이 동쪽 바다로 사람을 보내 봉래산의 불사약을 구하고자 했으며 진시황 역시 서복(徐福) 등 방사에게 명하여 동남동녀 수천 명을 이끌고 봉래산의 불사약을 구해오도록 했습니다. 진시황은 직접 해상을 순유하기도 하며 봉래산의 불사약을 얻고자 했지만 결국 순행 도중 죽게 됩니다.

한 무제 역시 봉래산의 신선을 만나기 위하여 방사들을 파견했고 명당을 지어 신선이 되기 위한 봉선(封禪) 의식을 거행했습니다. 역시 『사기』「봉선서」에 의하면 한 무제는 건장궁(建章宮)을 축조하면서 북쪽에 태액지(太液池)라고 하는 큰 연못을 조성했는데, 그 안에 봉래, 방장, 영주 등의 섬을 만들어 바다 가운데 있는 신성한 산을 상징했다고 합니다. 바다에 떠다니는 삼신산을 상징한 연못 속의 인공 섬은 동아시아 조경 문화의 전통으로 직결될 뿐 아니라 '신성한 산'을 만들어 연행하는 연희예술의 모태가 되었다고 할 수 있습니다.

바다를 상징하는 연못 안에 삼신산을 상징하는 인공 섬을 만들어 놓는 전통은 백제 때의 궁남지(宮南池)나 신라 때의 안압지(雁鴨池)에서 확인할 수 있습니다. 경회루 역시 연못 안에 경회루 건물 부분을 포함한 세 개의 섬이 구축되어 있지요. 연산군은 조경으로 마련한 삼신산의 형상에 만족하지 않고 연희예술로서 삼신산의 신화를 구현했고 이를 정치적으로 이용했던 겁니다.

연산군의 만세산, 진사산, 영충산은 경회루 연못가에 세우기도 했지만 연못 안에 만들어 띄우기도 했습니다. 기록에 의하면 관청이나 사가에서 쓰는 배를 가져다가 가로로 묶고 그 위에 판자를 깔아 평평하게 한 다음 세 산을 만들어 세웠습니다. 한 무제가 세운 태액지의 삼신산을 전승한 것이면서, 자라가 지고서 바다를 떠다닌다는 삼신산 신화의 내용을 더욱 충실하게 반영한 겁니다. 흥청 여원을 잃고 시름에 잠긴 연산군에게 신하가 올린 애도의 시에 한 무제의 건장궁이며 태액지, 봉래산 등의 고사가 나오는 것으로 보아 연산군의 삼신산이 한 무제의 전통을 이었다는 사실을 엿볼 수 있습니다.

극단적인 향락과 횡포의 도구로 쓰이지만 않았던들 연산군의 삼신산 퍼포먼스는 경회루를 무대로 한 연희예술 축제로 부활할 수 있었을 텐데 아쉽습니다. 연산군의 무대 연출 기법이 높이 평가되어 언젠가 경회루 연못에 삼신산 퍼포먼스가 재현되는 날을 기대해 봅니다.

초월적 불멸과 세속적 불멸의 사이

태액지에 만들어 놓은 신성한 산에서 한 무제는 신선이 되기 위한 자기 수련의 의식을 거행했습니다. 그는 방사 이소군(李少君)의 주장을 받아들여 황제(皇帝)의 예를 따라 연금술과 봉선의식을 거행하고 불사의 경지에 들고자 했습니다. 한 무제의 자기 수련 과정은 궁궐 내부에서 비밀스런 의식으로 진행됐습니다. 그는 삼신산의 신화를 실제로 믿고 장생불사를 향한 욕망을 꿈꿨던 겁니다.

한 무제는 동쪽 바다의 삼신산뿐만 아니라, 서왕모가 사는 곤륜산을 찾고자 했습니다. 『사기』「대완열전(大宛列傳)」과 『한서(漢書)』「예악지(禮樂志)」등에 의하면, 한 무제는 장건(張騫) 등을 서역으로 보내 하늘의 말인 천마(天馬)를 구하고자 했습니다. 장건이 가져와 바친 한혈마(汗血馬)를 두고 〈천마가(天馬歌)〉라는 시를 지어 남기기도 했습니다. 〈천마가〉는 천마의 위용에 대한 찬미와 더불어 천마를 타고 곤륜산에 가고자 하는 갈망을 드러내고 있지요.

장건이 개척했다고 알려진 실크로드는 처음부터 서역과의 무역을 목적으로 마련된 것이 아닌 거지요. 실크로드는 장생불사를 향한 한 무제의 갈망을 실현하기 위하여 곤륜산을 찾아 나선 정벌대가 개척한 길이었던 겁니다.

봉래산과 곤륜산을 통하여 진시황과 한 무제가 도달하고자 했던 장생불사의 경지는 신화에 등장하는 신선들의 경지와는 다르다고 할 수 있습니다. 신선들이 사는 봉래산이나 곤륜산은 인간 세상과 단절된 다른 세상입니다. 인간 세상에 연속되어 있는 듯이 보이지만 특별한 수련 과정을 거치지 않고는 도달할 수 없는 초월적인 세계인 것이지요.

그러나 진시황과 한 무제는 인간 세상을 떠난 초월적인 세계에서 장생불사를 꿈꾼 것이 아닙니다. 오히려 세속적인 부귀영화를 극대화하기 위한 열망으로 신선의 불사약을 구하려고 한 것이죠. 선계의 신선들이 '초월적인 불멸(otherworldly immortality)'의 경지에 있다면 제왕들은 '세속적인 불멸(worldly immortality)'의 경지를 열망하였다고 할 수 있습니다. 세속적인 장생불사의 경지는 현실 속에서 제왕의 지위와 권력을 공고히 하고 강화하려는 통치 행위와 연관됩니다.

신성한 산, 제단에서 공연무대가 되다

앞서 말씀드린 한 무제의 행적을 통해서 바다 위 삼신산을 상징한 조형물을 세운 사례를 보았습니다. 그런데 한나라 때 장형(張衡, 78~139)의 〈서경부(西京賦)〉에 이르면, '신성한 산'이 연희예술의 형태로 공연된 사실을 확인할 수 있습니다. 〈서경부〉는 서한(西漢) 때 상림원(上林苑) 평악관(平樂觀)에서 벌어진 잡희의 공연 장면을 묘사하고 있습니다.

시에 묘사된 공연 내용에서 '신성한 산'은 두 번 등장하는데 들쑥날쑥한 봉우리에 신기한 나무[神木]와 신령스런 풀[靈草]이 나며 붉은 과일이 주렁주렁 열리는 신성한 산의 모습으로 표현되었습니다. 신성한 산은 신앙적인 조형물로서만 존재하는 것이 아니라 신선이 춤추고 노래하며 표범, 곰, 호랑이, 용이 춤추고 악기를 연주하는 오락적인 볼거리를 제공합니다. 신선과 동물들의 여러 가지 모습은 신성한 산의 조형물 위에 잡상으로 만들었거나 분장을 하거나 탈을 쓴 광대들의 연기로 표현되었을 겁니다.

한 무제가 세운 건장궁 태액지의 삼신산은 장생불사의 신앙과 욕망을 실현하기 위한 제단이었다면 상림원 평악관의 신성한 산은 잔치에 참석한 사람들의 오락을 위한 조형물이었습니다. 똑같이 '신성한 산'을 인공적

그림 13 동물 가면을 사용한 탈춤, 〈선암사감로탱〉

으로 만들었지만 주술 의식에서 예술 양식으로 전환된 양상을 확인할 수
있는 거지요. '신성한 산'의 주술 의식에서는 임금이 행동 주체가 되지만
'신성한 산'의 예술 양식에서는 임금이 관객이 됩니다. 산의 조형물을 무
대로 혹은 무대배경으로 사용하여 놀이꾼들의 노래와 춤이 공연되기 때
문입니다.

  '신성한 산'의 퍼포먼스가 비밀스런 주술의식에서 공개적인 연희예술로
옮겨간 변화는 거대한 산의 모형이 지니는 우주산(宇宙山)의 이미지에 공
연예술의 선동성이 결합되어 나타났다고 생각합니다. 회화나 조경으로
표현된 삼신산은 개인적인 장생불사의 욕망을 담을 뿐이지만, 거대한 조
형물을 만들어 화려한 볼거리로 연행된 삼신산은 집단적인 공감을 이끌
어낼 수 있습니다.

  또한 주술의식에서 연희예술로 이어지는 중심점의 변화는 불사 신화에
대한 믿음이 퇴색하는 추이와 맞물려 있습니다. 인간 개체의 불멸에 대한
환상이 거두어지면서 왕조나 국가 등 공동체의 불멸에 대한 열망을 담게

되었겠지요. 결국 '신성한 산'의 상징은 장생불사를 향한 개인적인 욕망에서 왕조의 영속성을 과시하는 정치적인 이념으로 확장되었다고 할 수 있습니다.

조선시대의 궁정 행사 가운데 임금의 행차를 환영하기 위해 광화문 앞 큰 길에 '신성한 산'을 형상화한 산대를 세우는 전통이 있었습니다. 바로 왕조의 영속성을 과시하는 정치성을 띤 연희예술의 사례입니다.

국악특강 한국문화 시리즈 전통연희, 진행에 사진실이었습니다. 안녕히 계십시오.

2. 꽃피는 산대, 꿈꾸는 산대

안녕하세요, 사진실입니다. 이 시간에는 광화문 앞 큰 길에 세운 삼신산, 즉 산대 나례의 전통에 대해서 말씀드리겠습니다.

산대 나례는 '산대를 세워 거행하는 나례'라는 말입니다. 나례는 앞선 시간에 말씀드렸지요, 본래는 귀신을 쫓는 의식인데 광대놀음을 가리키는 말로 의미가 확장되었습니다. 임금과 왕실 사람들, 측근 신하들이 궁궐의 마당에서 광대놀음을 구경하며 친목을 도모하는 행사도 '나례'라고 불렀지요. 관람 목적으로 거행된 나례라는 뜻을 살려 '관나(觀儺)'라는 이름이 정착되기도 했습니다. 광화문 앞처럼 대로상에서 거행하는 광대놀음도 나례라고 불렀습니다.

그림 14 중국의 산대인 오산희대

춘하추동 간절한 염원의 꼭짓점, 산대

산대는 동아시아의 신화에 등장하는 삼신산이나 곤륜산과 같은 신성한 산을 상징해서 만든 공연 도구 또는 설비를 말합니다. 연산군이 경회루 연못에 조성한 만세산, 영충산, 진사산도 산대라고 할 수 있습니다. 조선시대에는 임금이나 중국 사신의 행차를 환영하기 위해서 광화문 앞 대로 변에 산대를 세우고 나례를 거행했습니다. 장생불사를 상징하는 삼신산과 곤륜산을 가설함으로써 임금의 만수무강을 빌고 왕조의 영속성을 기원했던 겁니다.

광화문 앞 대로와 같이 지상에 고정해서 세운 커다란 산대를 대산대라고 불렀습니다. 바퀴를 달아 끌고 다닌 산대를 예산대, 가마나 상여처럼 만들어 많은 사람들이 어깨로 지고 다닌 산대를 헌가산대라고 했습니다. 연산군의 산대는 물 위에 배를 띄워 만들었으니 수상 산대라고 할 수 있겠지요. 예산대나 헌가산대는 대산대와 달리 이동할 수 있었기 때문에 행차를 전도하거나 뒤따르면서 화려한 볼거리를 연출할 수 있었습니다.

선조 때의 사례를 보면 광화문 앞 좌우변에 각각 봄, 여름, 가을, 겨울을 상징하는 4개의 산대를 세웠다고 합니다. 4계절로 변하는 아름다운 산의 모습을 만든 것이지요. 산대 하나를 만들기 위하여 90척 높이의 대나무가 세 개씩, 80척 높이의 대나무가 여섯 개씩 들어가고 수많은 기둥 나무가 필요하다고 했습니다. 기둥 나무로 중심을 세우고 유연한 대나무인 상죽과 차죽으로 산의 외형을 만들었던 것 같습니다. 외형을 만든 다음에는 장인을 동원하여 기암괴석과 기화요초를 장식했을 겁니다. 대산대는 광화문 앞에 고정해서 가설했다가 행사가 끝나면 해체했습니다. 쓸 만한 물품들은 재활용하기도 했지만 대부분은 반복 사용할 수 있는 것이 아니었기 때문에 많은 인력과 물력이 소모됐습니다.

전하, 90척 산대는 너무 과하나이다

전국에서 목재 등의 물자를 징발하고 재인 및 장인들을 동원하는 일은 나례도감에서 맡아 했습니다. 산대를 만드는 일이 가장 중요한 업무였으므로 나례도감은 산대도감이라고도 불렸지요. 나례도감은 좌우변으로 나뉘어져 있었는데 의금부가 좌변 나례도감을 군기시가 우변 나례도감을 맡았습니다. 의금부는 평소에 왕실의 공연 오락 행사인 관나를 담당했고 군기시는 불꽃놀이 관람 행사인 관화를 담당했기 때문에 자연스럽게 산대 나례의 일을 주관하게 되었겠지요.

『조선왕조실록』에 의하면 산대를 만드는 역군으로 좌우변 각각 1,500명에서 1,800명의 군인이 징발되었다고 합니다. 좌우변 나례도감에서 경쟁적으로 성대한 산대를 만들다 보니 자꾸 높아져 90척에 이르기도 했고 결국 높이를 60척으로 제한하자는 상소가 오르기도 했습니다. 산대를 만들다가 떨어져 다칠 위험을 방지하기 위해 호랑이 잡는 그물을 치는 배려를 하기도 했답니다.

인형극 〈산대잡상놀이〉를 아시나요

산대는 신성한 산을 상징하는 까닭에 신성한 산에 있음직한 불로초, 불사약, 기화요초 등을 장식하고 신선들의 모습을 잡상으로 만들어 설치했습니다. 잡상이란 여러 가지 사물의 모습을 본떠 만든 형상이라는 뜻으로 붙인 이름이지요. 연산군이 만세산이라고 명명한 산대의 경우 봉래궁, 일궁, 월궁 등의 궁전도 만들고 월나라 서시가 살았다는 고소대도 만들어놓았습니다.

산대 잡상의 모습은 〈봉사도〉화첩에 그려진 예산대를 통해서 확인할 수 있습니다. 〈봉사도〉는 영조 1년(1725) 청나라 사신 아극돈이 다녀가면서 우리나라의 풍속과 풍경 등을 담아 간행한 화첩인데 중국사신을 맞이하는 여러 가지 의식과 잔치의 모습이 담겨 있어 그 방면 연구의 귀중한 자료가 됩니다. 다만 중국인의 시선으로

그림 15 〈봉사도〉에 보이는 산대의 바위동굴과 인물잡상들

포착된 그림이기 때문에 역사적인 사실로 받아들이기 위해서는 객관성을 입증하는 절차가 필요하겠지요.

〈봉사도〉의 산대를 보면 기암괴석으로 이루어진 산에는 절간이며 누정과 같이 산에 있음직한 건물들이 세워져 있고 소나무가 장식되어 있습니다. 바위 사이에는 동굴처럼 몇 개의 빈 공간이 마련되어 있는데 한쪽에는 분홍저고리에 다홍치마를 입고 춤추는 여인이 있고 다른 쪽에는 삿갓을 쓰고 낚싯대를 들고 있는 남자가 있습니다. 이들보다 위쪽에는 원숭이가 나무에 매달려 있는 모습도 나타납니다.

산대 위의 인물과 짐승은 실제가 아니라 잡상입니다. 산대 위에 잡상을 설치한 기록은 여러 곳에서 발견됩니다. 『중종실록』에 의하면 중국사신을 맞이하기 위하여 세운 산대에 공자의 잡상을 설치했다가 조정의 논란이 일었습니다. 예의가 있는 국가로서 성인의 형상을 잡희 속에 만들어 설치해서 체면을 떨어뜨렸다는 것입니다. 이 사건으로 산대를 만드는 일을 주관한 의금부 낭관 등이 처벌을 받았습니다.

다시 연산군의 삼신산 퍼포먼스에서 영충산과 진사산의 잡상들을 떠올려보면 산대 잡상은 어떠한 극적 장면을 연출해서 보여주었다는 사실을 알 수 있습니다. 관객이 산대 잡상의 의미를 파악하기 위해서는 표정과 동작으로 인물의 성격을 표현하고 인물간의 관계를 보여주어야 하기 때문이지요. 산대 위의 잡상들은 전형성을 띠는 상황이나 세간에 잘 알려진 이야기의 한 장면을 재현하였다고 할 수 있습니다.

〈봉사도〉의 잡상 가운데 낚시꾼은 위수(渭水)에 곧은 낚시를 드리고 세월을 낚았다는 강태공일 가능성이 큽니다. 강태공이 낚시하는 모습은 조선시대 민화에도 자주 등장하지요. 잘 알려진 이야기를 시각적으로 재현한다는 측면에서 산대 잡상 놀이는 민화의 원리와 상통합니다. 실제로 산대의 잡상을 꾸미는 데 있어 당대에 널리 유통된 민화의 장면이 유용하게 쓰였을 겁니다.

그림 16 산대 위의 강태공　　　　　　　**그림 17** 민화 속의 강태공

　강태공 이야기는 설화로도 널리 퍼져 있고 중국소설을 번안한 〈강태공
전〉도 유통되었습니다. 낚시를 드리우는 강태공의 잡상을 보고 관객들은
그와 관련된 여러 가지 이야기들을 떠올리게 될 겁니다. 구미호로 변신한
달기(妲己)를 물리치는 이야기나 낚시를 일삼다가 부인과 갈등이 생기는
이야기가 특히 세간의 관심을 끌었지요. 그렇다면 〈봉사도〉에서 강태공
의 근처에 있는 여인은 달기일 가능성도 있고 강태공의 부인일 가능성도
있습니다. 물론 또 다른 이야기 속에 등장하는 여인일 수도 있습니다. 기
암괴석 사이의 빈 공간마다 다른 이야기의 장면들을 표현할 수 있기 때문
이지요.

　적어도 대산대에서는 산골짜기의 구비마다 각기 다른 이야기의 장면들
을 연출하였을 겁니다. 같은 이야기에 나오는 여러 장면을 순서대로 늘어
놓는 방식도 고려해 볼 수 있습니다. 대산대는 사람들이 걸어 올라가 잡
상을 만져보고 구경할 수 있었습니다. 『중종실록』 34년 2월 6일 기사에는
평양에서 중국사신이 산대에 올라가 잡상을 구경했다는 기록이 있습니

다. 『인종실록』 1년 5월 11일의 기사에는 산대가 무너지는 바람에 그 위에 올라가 구경하던 사람들 가운데 수십 명이 죽었다는 기록이 있습니다.

중종에서 인종으로 왕위 계승이 이루어지는 시점이라 중국 사신이 보름 간격으로 오게 됐는데 광화문 앞 산대를 그대로 두었다가 뒤에 오는 사신을 위해서 사용하려 했던 것 같습니다. 그 사이 비가 많이 내린데다 적절한 통제가 이루어지지 않아 민간 백성들이 한꺼번에 산대에 올라가 구경을 했고 산대의 한 모퉁이가 무너지는 바람에 인명 피해가 난 겁니다.

산대 위에 설치된 잡상은 조작하여 움직이는 인형이었을 가능성이 큽니다. 『정조실록』 22년 2월 19일 기사에 의하면 우리나라 사신이 중국의 궁정 연회에서 오산을 구경한 내용이 나오는데 오산의 인형은 기관 조작으로 움직인다고 했습니다. 자라가 지고 다닌다는 뜻을 담고 있는 오산은 바로 삼신산을 말하지요. 우리나라에서도 산대를 오산이라 부르기도 했습니다.

기암괴석과 기화요초로 봉래산 모양을 꾸몄다고 하는데, 그 안에는 기관을 설치하여 밖에서 노끈만 잡아당기면 신선과 미녀가 골짜기에서 나오고 아름다운 깃발과 덮개 장식이 하늘에서 내려왔다고 합니다. 이때의 신선과 미인도 옛 이야기 속에 등장하는 인물이었을 겁니다.

〈봉사도〉의 여인과 강태공도 잡상 내부에 기관을 설치하여 움직이도록 고안되었다고 할 수 있습니다. 노끈을 잡아당기면 인물이 기암괴석 사이로 나타나거나 단순한 동작, 예컨대 여인이 팔을 움직여 춤을 추거나 강태공이 낚싯대를 들었다 내렸다 하는 동작 따위를 반복하게 할 수 있었을 겁니다. 특히 길 위를 이동해가는 예산대의 경우 바퀴의 회전 동력을 수평이나 수직 동력으로 바꾸어 인형을 움직이게 할 수 있습니다.

왕의 귀환, 태평성대 환궁 퍼레이드

조선시대 임금을 위한 산대 나례는 환궁 의식의 한 절차로 진행됩니다. 환궁 의식은 임금이나 왕비가 궁궐 밖에 나갔다가 돌아올 때 거행한 환영의식을 말합니다. 조상의 신주를 종묘에 안치하는 부묘(祔廟) 의식 등 국가적인 주요 의식을 거행하고 궁궐로 돌아올 때 어가 행렬이 지나는 길가에서 거행했습니다.

『세종실록』에 의하면 부묘 때의 환궁 의식은 대개 다섯 가지 절차로 진행됩니다. 제일 먼저 종묘의 동구 밖에서는 의금부와 군기감이 주관하여 좌우 양쪽에서 나례를 거행합니다. 여기서 나례는 물론 귀신 쫓는 의식이 아닌 광대놀음을 말합니다. 두 번째 절차로 종루의 서쪽 거리에서 성균관 유생들의 가요헌축이 이루어집니다. 가요헌축이란 그날 거행된 의식을 축하하고 임금의 만수무강을 비는 노래를 적은 두루마리를 올리는 행사입니다.

세 번째 절차로 혜정교의 동쪽에서 교방의 기녀와 악공들의 가요헌축이 이루어집니다. 장악원 소속의 기녀와 악공들은 예술인이기 때문에 가요를 바침과 동시에 노래와 춤으로 화려한 볼거리를 연출하게 됩니다. 기녀와 악공들이 가요를 바치는 절차는 〈교방가요〉라 하여 『악학궤범』에 실려 있습니다. 길 가운데 임금의 가마를 내려놓을 화전벽(花甎碧)을 깔고 가요를 적은 두루마리를 함에 넣어 탁자 위에 올려놓습니다. 공연 도구로는 침향산 지당을 사용합니다.

침향산 지당은 예산대의 일종인데 지당판 위에 침향산을 올려놓은 형태로 판 아래 바퀴 네 개를 달아 끌 수 있게 했습니다. 침향산은 나무를 깎아 기암괴석의 산 모형을 만들고 그 위에 절이나 탑, 불보살, 스님, 노루와 사슴 등, 산에 어울릴 잡상들을 새겨 장식한다고 했습니다. 지당판은 연꽃이 핀 연못을 형상화한 공연도구로 〈학무〉를 공연할 때 사용합니다.

궁궐 내부의 잔치에서 〈학무〉를 공연할 때는 지당판을 사용하지만 광화문 앞 거리에서 공연할 때는 예산대인 침향산 지당을 사용합니다. 산대는 삼신산이나 곤륜산과 같은 신성한 산을 상징하기 때문에 임금을 송축하는 환궁 의식에 더욱 부합할 수 있었습니다.

침향산 양쪽에 기녀 백 명이 늘어서 있다가 임금의 가마가 다가오면 고취악으로 연주하는 〈여민락〉에 맞추어 송축의 노래를 부릅니다. 노래가 끝나면 우두머리 기생인 도기(都妓)가 임금 앞에 나아가 가요를 적은 두루마리를 바치게 되지요. 이어서 침향산 지당을 사용하여 〈학무〉와 〈연화대〉를 공연합니다. 청학과 백학 두 마리가 춤을 추다가 지당판 위에 설치된 두 송이의 연꽃을 쪼면 그 속에서 각각 어린 여자 아이가 나와 "봉래산에 머물러 있다가 내려와 연꽃에 태어났도다." 하고 시작하는 송축의 노래를 부릅니다. 봉래산의 선녀가 내려와 임금 앞에 나타났다는 설정입니다.

공연이 끝나면 고취악으로 〈환궁악〉을 연주하고 침향산을 화전벽 뒤로 끌고 나갑니다. 기녀들은 뒷걸음치며 〈금척무〉를 추면서 다시 좌우로 갈라서고 그 사이로 임금의 행차가 지나가게 됩니다. 〈금척무〉는 태조 이성계가 꿈에서 신인(神人)이 내려준 금척을 받았다는 〈용비어천가〉의 내용을 꾸민 정재입니다.

종로에서 광화문 쪽으로 우회전 한 후 기로소 앞에 이르면 환궁 의식의 네 번째 절차로서 기로들의 가요헌축이 이루어집니다. 기로는 정2품 이상의 관직을 지내고 70세가 넘은 원로대신들을 말합니다. 기로소란 기로의 일을 주관하는 관청입니다. 임금도 60세가 넘으면 기로소에 들어갈 수 있었다고 합니다.

환궁 의식의 마지막 절차는 광화문 앞 산대 나례입니다. 광화문 앞 좌우변에 산대를 세우고 여러 가지 공연을 거행하게 됩니다. 『문종실록』에 따르면 이때의 공연종목들은 소학지희, 규식지희, 음악으로 구분할 수 있는데 소학지희는 배우희나 탈춤, 인형극처럼 우스갯소리와 우스갯짓이 들어가는 종목들을 말하고 규식지희는 줄타기나 땅재주와 같은 곡예 잡기를 말합니다.

임금이 경복궁을 나와 종묘를 향해 갈 때부터 이미 광화문 앞 좌우에는 여러 좌의 산대가 세워져 있었고 그 앞에는 전국에서 동원된 재인광대들이 도열해 있었습니다. 의식 전에는 경건한 분위기를 유지해야 하기 때문에 의식 후 환궁 때에만 여러 가지 광대놀음을 벌이게 됩니다.

기로소의 가요헌축이 끝나고 임금의 행차가 광화문 쪽으로 다가오면 일제히 풍악을 울리고 광대놀음을 연출해서 화려하고 성대한 축하 공연을 펼쳤습니다. 화려한 볼거리와 떠들썩한 분위기를 연출하여 왕조의 번영과 백성들의 찬양을 드러냈던 겁니다. 그래서 산대는 자꾸 하늘을 향해 높이 솟아오르게 되었고 온갖 장식으로 화려함을 추구했습니다.

중세의 도시축제, 조선의 거리축제

임금은 가요헌축이나 〈교방가요〉의 장면에서는 가마를 멈추어 송축의 노래와 춤을 감상할 수 있었지만 종묘 동구 밖의 나례나 광화문 앞의 산대 나례는 가마에서 내리지 않고 지나치는 것이 상례였습니다. 『조선왕조실록』에서 상반되는 두 임금의 사례를 발견할 수 있습니다.

먼저 세종의 경우인데 임금은 환궁 의식 도중 가마를 타고 가다가 상왕과 노상왕이 앉아 있는 천막인 장전(帳殿) 앞에 오자 가마에서 내려 경의를 표했습니다. 장전 근처에서 여러 가지 광대놀음이 벌어졌으나 임금은 빠른 걸음으로 지나쳐 가마에 올라 궁궐로 향했습니다.

다음으로 광해군의 경우인데 역시 환궁 의식 도중 임금은 여러 차례 가마를 멈추고 하루 종일 광대놀음을 구경했기 때문에 사간원과 사헌부, 홍문관의 간언이 계속되었습니다. 종묘의 제사에 따르는 환궁 의식은 국가의 경사를 만방에 알리기 위한 것이지 임금의 오락을 위한 것이 아니라는 내용이었습니다. 도성의 온 백성들이 임금의 행동거지를 주목하고 있는 마당이니 군주의 체통에도 맞지 않았고 신변 보호나 과로 등의 이유로도 필요한 간언이었지요. 그러나 광해군은 끝까지 관람을 멈추지 않았고 신하들이 무례하다고 불만을 터뜨렸습니다.

환궁 의식은 표면적으로 임금을 위한 행사였지만 실제로는 길가에 늘어선 백성들을 위한 행사였습니다. 한양의 중심부인 종로에서 광화문에 이르는 연도에서 젊은 지식인인 성균관 유생에서 국가 원로에 이르기까지 임금을 송축하는 의식을 거행하게 함으로써 왕조의 정당성과 영속성이라는 이념을 만방에 과시했던 겁니다. 산대 나례 등의 화려한 볼거리는 평소에 접할 수 없는 장관이었겠지요.

양반 사대부는 물론 부녀자들까지도 환궁 의식을 관람하도록 장려하다 보니 혼잡과 무질서에 따른 논란도 많았던 것 같습니다. 부녀자들이 길가에 장막을 치거나 부계를 가설하고 관람한 사실이 폐단으로 지적되기도 했습니다. 부계란 사다리를 엮어 가설한 임시 관람석이라고 하겠지요. 민간 구경꾼들은 가요헌축보다는 산대 나례에 더 몰렸을 겁니다. 산대 나례를 주관한 의금부에서는, 어떤 지체 높은 집안의 자제라 할지라도 질서 유지를 위해 체벌을 가하겠다는 내용의 문서를 상부에 보내기도 했습니다.

궁궐이나 사찰, 교회가 위치한 도시의 중심부를 행진하면서 정치적이거나 종교적인 지배 이념을 과시했던 행렬 의식은 동서양을 막론하고 보편적인 중세문화였습니다. 특히 한국, 중국, 일본 등 동아시아문화권은, 장생불사의 신화에 나오는 신성한 산을 주요 상징으로 사용했다는 공통점을 지니고 있습니다.

산대는 동아시아의 신화로 전승된 삼신산과 곤륜산을 상징한다고 말씀 드렸습니다. 진시황과 한무제 같은 임금은 이 신화를 신앙했기에 신하들을 보내 신성한 산의 불사약을 얻고자 했었지요. 후대의 임금들은 신성한 산의 모형을 만들어 궁궐 앞에 세우고 자신의 만수무강과 왕조의 영속성을 기원하도록 했습니다. 장생불사의 신화가 개인적인 욕망에서 정치적인 이념으로 전환되어 쓰인 양상을 확인할 수 있습니다.

산대 나례를 포함한 환궁 의식은 중세적인 도시 축제였습니다.

산대, 다시 광화문 네거리에서

요즘 서울의 축제에서 임금의 어가 행렬이 재현되곤 하지요. 올해는 정조대왕의 화성 원행을 재현한 행사가 열렸습니다. 정조가 어머니 혜경궁 홍씨의 회갑을 맞아 지금의 수원에 있는 화성행궁에 가서 잔치를 했었는데 그때의 어가 행렬과 잔치를 재현했습니다.

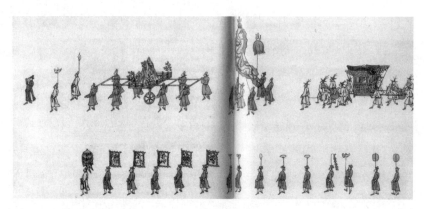

그림 18 화성원행 복원의 모습

　정조대왕의 화성 원행은 부모에 대한 효심과 정치적인 입장을 엿볼 수 있는 의미 있는 사건이었지만 일회적인 행사였을 뿐입니다. 반면 환궁 의식은 조선 왕조 전체를 포괄하는 「국조오례의」에 명시된 행사입니다. 매년 5월 거행하는 종묘 제례 이후 환궁 의식을 함께 재현할 것을 제안합니다. 서울의 축제에 포함해도 좋고 단독 행사로도 좋습니다. 종묘의 동구 밖의 나례와 광화문 앞에서 거행된 산대 나례까지 함께 포함해서 재현한다면 역사적인 의미와 볼거리를 함께 제공하게 될 겁니다. 문화재 복원과 문화관광상품의 개발이 동시에 이루어지는 것이지요.

　산대 나례의 경우는 현대적인 공연예술로 재창조하는 방안도 적극적으로 고려해 볼만 합니다. 산대 나례는 문학, 음악, 연극, 무용, 조형예술 등 각 방면의 예술 요소가 결합된 총체극으로 재창조될 수 있습니다. 전통의 복원이든 재창조든 중요한 것은 중세문화의 유산이 현대 관객들에게 줄 수 있는 의미와 가치를 찾아내는 일이 아닌가 생각합니다.

　지금까지 조선시대 광화문 앞 좌우에서 거행한 산대 나례를 중심으로 환궁 의식의 전통에 대해서 말씀드렸습니다. 국악특강 한국문화 시리즈 전통연희, 진행에 사진실이었습니다. 안녕히 계십시오.

3. 산대의 만능 엔터테이너, 바람 같은 사내 달문

안녕하세요, 사진실입니다. 이 시간에는 산대 나례에서 이름을 떨친 광대 달문에 대해서 말씀드리겠습니다.

달문은 광문이라는 이름으로 불리기도 했는데요, 연암 박지원이 〈광문자전〉이라는 글을 써서 그의 이야기를 남겼고 홍신유가 〈달문가〉라는 시를 써서 그의 인생과 예술을 묘사했습니다. 달문에 대한 이야기는 이 두 작품을 중심으로 풀어나가겠습니다.

못생긴 달문, 자유로운 달문

달문은 외모가 아주 못생겼던 것 같습니다. 박지원은 어렸을 적 달문을 본 기억을 떠올리면서 그가 꽤 추하게 생겼다고 회고하고 있습니다. 홍신유의 〈달문가〉에 의하면 달문은 특히 입이 커서 자신의 주먹이 입 속으로 들랑달랑 할 정도였다고 합니다. 그는 늦도록 장가를 들지 않아서 머리에 상투를 틀지 못했는데 염소꼬리 같은 머리를 뒤통수에 올려붙이고 다녔다는 거지요.

누군가가 장가를 들라고 권하면 그는 이렇게 말했답니다. '남자만 미색을 좋아하는 것이 아니라 여자들도 마찬가지인데 나는 못생겨서 어떤 여자의 마음도 끌 수가 없다'고 말입니다. 그러나 사실 그는 처자식을 두지 않아 어느 곳에도 매이지 않는 자유로운 삶을 선택했던 겁니다. 그는 자신의 일상을 이렇게 표현했습니다.

아침이면 시중에 들어가 노래를 부르며 다니다가 저녁이 되면 부잣집 문하에 들어가 잠자면 그만이지. 한양 성중이 8만호이니 매일 집을 바꾸어 자더라고 일생동안 다 다니지 못할 것이다.

만석중놀이, 철괴무, 팔풍무의 귀재

달문은 만석중놀이와 철괴무, 팔풍무에 능했다고 합니다. 만석중놀이는 인형놀이의 일종인데 산대 위에 인형을 설치해서 놀리는 산대 잡상 놀이라고 여겨집니다. 만석중놀이를 그림자극으로 복원한 경우가 있었는데 조금 더 고증이 필요한 것 같습니다. 유득공의 『경도잡지』에 의하면 우리나라 연극에는 산희와 야희가 있는데 산희는 사자나 호랑이, 만석중 등을 만들어 춤춘다고 했습니다. 산희란 산대와 같은 무대설비를 갖추어 벌인 인형놀이를 말한다는 것이 학계의 정설이지요.

철괴무는 서울지역의 탈춤 산대놀이에 포함된 탈춤의 한 종류입니다. 정조 2년(1778) 중암 강이천이 서울의 남대문 밖에서 광대놀음을 구경하고 쓴 시인 〈남성관희자〉를 보면 산대놀이를 묘사하면서 마지막 장면에 철괴무를 언급하고 있습니다. 철괴선이라고 하는 신선의 흉내를 내면서 동쪽으로 달리다 서쪽으로 내닫는 역동적인 춤으로 묘사되어 있습니다.

〈달문가〉를 보면 팔풍무는 오늘날 남사당놀이 중 살판, 즉 땅재주와 비슷한 것 같습니다. 물고기와 용이 꿈틀거리며 노는듯하다는 표현에서 살판 중 숭어뜀이나 자반뒤집기가 연상됩니다. '몸을 뒤로 젖히면 머리가 발에 닿고 배꼽이 불쑥 하늘을 쳐다보네', '온몸이 유연하여 뼈가 없는 듯 삽시간에 몸을 돌려 뒤집더니 어느새 획 하고

그림 19 〈철괴〉(김명국 그림)

바꾸어 꼿꼿이 섰다가 갑자기 넘어진다' 등의 표현 역시 자유자재로 몸을 쓰는 땅재주의 묘기를 묘사하고 있습니다.

달문은 단지 몸만 쓰는 광대가 아니라 재담이나 흉내 내기 등 연기에도 능한 광대였습니다. 땅재주를 부리는 중간에도 '눈을 흘기며 비뚤어진 입에서 나오는 대로 떠드는' 어릿광대의 연기와 입심을 보여줍니다. 언젠가는 길을 가다가 싸우는 사람을 만나자 옷을 벗고 함께 싸울 듯이 덤벼들어 싸우는 형상을 흉내 내자 거리의 사람들이 모두 웃고 싸우던 사람들도 웃느라 싸움을 멈췄다는 이야기도 있습니다.

악소년 왈자들의 영원한 우상

그는 서울 장안 최고의 광대였습니다. 산대 나례가 거행될 때면 서울 장안의 악소년들이 그를 상석에 앉히고서 귀신이나 모시듯 떠받들었다고 하지요. 악소년이란 왈자들을 말합니다. 왈자란 풍류와 무협을 숭상한 유협의 부류를 말하는데요, 각전의 별감을 비롯해서 의금부 나장, 액정서 하예 등 하급무관을 주축으로 결성되었고 18세기 이후 서울의 오락 유흥 문화를 장악했다고 알려져 있습니다.

산대 나례의 일은 의금부와 군기시가 좌우로 나뉘어 경쟁했다고 말씀 드렸었지요. 두 관청에서 실무를 맡아본 하급무관들 역시 왈자의 구성원이었으리라는 추측을 해보면 산대 나례가 거행될 때 장안의 왈자들이 달문을 귀신처럼 받들었다는 내용을 이해할 수 있습니다. 달문을 자기편으로 끌어들여야 산대 나례의 좌우변 경쟁에서 이길 수 있었다는 얘기지요. 당대 연예계에서 달문이 차지하는 비중을 확인할 수 있습니다.

이렇게 이름난 광대였음에도 불구하고 달문은 동가식서가숙(東家食西家宿)의 떠돌이 인생을 살았는데요, 서울 장안의 거지아이들이 그를 우두머리로 추대했다고 합니다. 하루는 거지아이들이 구걸을 나가고 달문이 아픈 아이 한 명과 함께 움막에 남아 있었는데 그 아이가 전신을 떨며 신음하자 달문이 잠깐 나가 밥을 빌어 왔답니다. 그런데 돌아와 보니 아이는 죽어 있었고 때마침 돌아온 패거리들은 달문이 아이를 죽인 것으로 의심해 그를 때려 내쫓았다고 합니다. 그렇게 누명을 쓰고 맞기까지 했음에도 불구하고 달문은 다음날 아침 패거리들이 수표교 아래 던져 버린 죽은 아이의 시신을 거두어 묻어주었습니다.

이 과정을 지켜본 어떤 사람이 달문의 의리를 높이 사서 약방을 하는 부잣집의 일꾼으로 추천했습니다. 이 약방에서 달문의 인간됨을 보여주는 또 하나의 사건이 일어납니다. 하루는 주인집의 돈이 없어졌는데 달문은 주인이 자신을 의심하자 잘못했다고 사과하고 그 돈을 돌려주었다는 겁니다. 그러나 며칠 후 주인의 손님이었던 다른 사람이 주인이 없기에 미리 말을 못하고 빌려갔다면서 돈을 갚게 되고 달문의 신용과 강직함이 드러나게 됩니다. 집도 절도 없는 떠돌이 광대이고 거지패거리와 어울려 다니며 밥을 빌어먹던 달문이었기에 그의 의리와 신용은 주변 사람들을 더욱 감탄하게 만들었고 그의 이야기는 널리 퍼지게 되었습니다.

그래서 그랬던지 달문은 신용을 바탕으로 아예 장사꾼으로 나서게 됩니다. 물건을 팔고 사려는 사람 사이에 흥정을 붙여서 이문을 챙기는 주릅 노릇을 하게 된 것이지요. 일본이나 중국에서 들어오는 사치품을 들고 부잣집이나 대갓집 문턱을 드나들던 달문은 어느 순간 자신의 모습에 환멸을 느끼게 됩니다. 홍신유는 〈달문가〉에서 달문의 심정을 이렇게 표현합니다.

몇 푼의 이문에 쫓아다니는 꼴
스스로 돌아보기에 서글퍼지누나
어찌 사내대장부의 몸으로
마당에 노는 닭처럼 모이 한 알 다툴 건가

어디에도 매인 데 없고 누구에게도 거칠 게 없었던 광대의 기질이 그를 다시 연예계로 향하게 했습니다. 이번에는 기생들의 뒤를 봐주는 조방군 역할이었습니다. 조방군이란 오늘날의 매니저와 같은 사람들이지요. 박지원의 〈광문자전〉에 의하면 서울에서 아무리 고상하고 아름다운 기생도 달문이 이름을 내주지 않으면 일전의 값도 없었다고 합니다. 서울 장안의 기생들을 모두 달문을 통해서 이름을 내고 싶어 했다는 얘기겠지요. 달문은 스스로 뛰어난 광대였으니 기생들의 예술을 이해하고 애환을 감쌀 줄 아는 조방군이었을 겁니다.

어느 날은 장안의 왈자들이 검무로 이름난 기생 운심의 집에 들러 술자리를 벌이고 가야금을 연주하면서 운심에게 춤을 청했습니다. 그러나 운심은 좀처럼 춤을 추지 않으려 했다는 거지요. 마침 달문이 대청에 올라 술자리의 상석에 앉아 무릎으로 장단을 치며 노래를 부르자 운심이 일어나 검무를 추었다고 합니다. 왈자들은 처음에 달문의 행동을 괘씸하게 여겨 폭력을 행사하려 했으나 그의 기상과 풍류를 인정해서 서로 친구가 되었다는 이야깁니다.

달문의 고객 중에는 어사 박문수로 잘 알려진 영성군도 있었고 좌의정 벼슬까지 했던 풍원군 조현명도 있었습니다. 이름난 기생들을 이끌고 장군의 연회나 왕손의 잔치에 두루 다니면서 한껏 풍류를 과시했지만 달문은 조방군 노릇에 다시 염증을 느끼게 됩니다. 잔치의 뒷전에서 기생들의 뒷바라지를 하다가 먹다 남은 술이나 식은 안주를 걸어먹은 자신이 처량했던 거지요.

광대는 길에서도 쉬지 않는다

달문은 서울을 떠나 동남쪽 끝에 있는 동래로 내려갑니다. 주릅도 조방군도 아닌 광대로서의 자신을 찾은 겁니다. 〈달문가〉에 의하면 그는 통신사 일행 5, 6백 명이 일본으로 떠나기 위해 부산으로 가는 행렬에 합류했던 것 같습니다. 영조 23년(1747)의 일입니다. 달문의 나이 마흔 한 살이었지요. 통신사 일행은 그해 11월에 임금에게 사폐(辭陛)하는 의식을 거행하고 부산으로 떠났는데 일본으로 가는 배를 탄 것은 이듬해 3월이었습니다.

『영조실록』에 의하면 통신사가 서울을 출발해서 일본으로 가는 배를 타기까지 온갖 기예를 지닌 재주꾼들이 따라 붙었다고 합니다. 통신사 일행이 거쳐 가는 지방을 비롯하여 부산 지역의 70여개 읍에서 이들을 뒷바라지했다고 하는데, 지방에서 거둬들인 많은 물력이 기생이나 광대, 악공 등에게 쓰였을 것으로 생각됩니다. 분명한 악습이었지만 먼 길을 수행한다 해서 법으로 다스리지 않았기 때문에 폐단이 많았다고 합니다.

달문은 반년 가까이 부산에 체류하면서 특유의 익살과 이야기로 가는 곳마다 사람들에게 인기를 끌었지만, 이 생활 역시 지루하고 염증이 나게 됩니다. 이번에는 본격적으로 전국 팔도를 누비는 유랑 연예 생활을 시작했습니다. 영남에서 호남으로 건너가 다시 호서지방을 두루 다니다가 해서지방으로 가서 대동강을 건너고 청천강을 건너 의주까지 갑니다. 〈달문가〉에는 팔도 유랑 당시 달문의 공연 모습과 유랑 모습을 이렇게 묘사합니다.

> 휘장 안에 비단 치마 늘어 앉아
> 대피리 줄풍류 촛불에 비치는데
> 덥수룩한 달문이 뛰어들어
> 절하는 모습 기운이 펄펄 날아갈 듯
> 뜰 앞에 온갖 춤 어우러지고
> 술잔을 받아 마셔 얼굴이 주홍빛

달문은 연예 활동을 위해서만 유랑한 것은 아닌 듯합니다. 어딘가에서 한동안 머물다가 마음이 답답해지면 발길 닿는 대로 이리저리 떠돌다 보니 금강산 비로봉에도 갔다가 백두산 꼭대기까지 갔다고 전하는데요, 비로봉이나 백두산 꼭대기에 달문을 기다리는 관객이 있을 수는 없었겠지요. 달문의 유랑은 세상에 안주할 수 없는 천민 광대의 자의식에서 비롯되었다고 여겨집니다. 예술가로서 세상을 앞질러가는 안목을 지녔으되 그것을 실현할 수 없는 미천한 처지에 대한 갈등이 달문을 끝없는 유랑으로 몰고 가지 않았을까요.

천상광대 달문의 역적모의

천민 광대로서 몸은 청계천의 거지 패거리와 함께 지내지만 재상가에 머물며 상층의 오락 유흥에 기여했던 달문이 중세적 질서와 차별에 대한 의문을 갖게 되었다고 해도 억지스런 추측은 아닐 겁니다. 약방의 부자가 인정한 신용을 지녔고 주릅 노릇을 통해 시장의 논리를 익힌 달문이, 뜬 구름 같은 명분을 내세우는 유학보다 실질적인 생활에 도움을 주는 상업 활동의 중요성을 깨우쳤다고 보는 것은 무리일까요. 서울 장안을 주름잡는 왈자들을 탄복시킨 기상과 풍류를 가지고 전국 팔도를 누비며 익살과 재담으로 민간을 파고들었던 달문이 면면촌촌이 박혀 있는 삶의 애환과 고통을 목격했다고 보는 것은 어떨지 모르겠습니다.

어쨌거나 달문은 역모에 가담했다는 죄목으로 의금부의 추국을 받게 됩니다. 영조 40년(1764) 그의 나이 58세 때의 일입니다. 박지원은 〈광문자전〉의 후속편인 〈서광문전후〉에서 달문이 역적 옥사에 휘말린 사정을 설명하고 있습니다.

어떤 거지 아이가 경상도 개녕의 수다사에 머물며 숙식을 해결하고 있었답니다. 수다사는 지금 경상북도 구미에 있는 수다사가 아닌가 생각됩니다. 어느 날 밤 거지 아이는 그 절의 스님들이 달문의 이야기를 하면서 모두들 그를 칭찬하고 그리워하는 상황을 목격하게 되었답니다. 그 아이는 더 잘 얻어먹게 될 것을 기대하고는 눈물을 뚝뚝 흘리며 자기가 바로 달문의 아들이라고 말했습니다. 스님들이 크게 놀라고 반가워하면서 그때부터 그 아이에 대한 대접을 더욱 후하게 했다고 합니다.

그때 영남 사람 하나가 역모를 꾸미고 있었는데 스님들이 달문의 아들이라는 아이에게 후한 대접을 하는 것을 보고 아이를 꾀어 자기를 작은 아버지라고 해준다면 함께 부귀를 누릴 수 있다고 했다는 거지요. 달문은 원래 자신의 성도 모르고 평생 독신으로 지내 형제나 처자식이 없었는데 갑자기 아들과 동생이 나타나자 누군가 이상하게 여겨 관가에 신고를 했답니다. 그래서 달문과 이들이 함께 붙잡히게 되었는데 서로 대질 심문을 해서 전혀 모르는 사이였다는 사실이 드러나게 됐답니다.

조선시대 중죄인의 공초를 기록한『추안급국안』이라는 책에 달문이 국문을 당한 내용이 남아 있습니다. 수다사의 거지 아이를 꾀어 달문의 동생임을 자처한 사람은 이태정이란 인물로 중이나 노비, 점쟁이 등 당시 사회의 소외계층을 모아 역모를 꾀했는데 그 역모에 가담했던 자근만이라는 사람이 경상감사에게 역모를 밀고했다고 합니다. 경상감사는 무리들을 체포해서 서울로 압송했고 영조 임금이 친히 지켜보는 가운데 국문을 진행하게 됩니다. 결과 주동자 이태정은 죽음을 당하고 자근만과 달문 등은 귀양을 가게 됩니다.

공초 기록에서 역모가 발각되는 과정은 박지원이 전하는 내용과 다릅니다. 이태정은 공초의 진술에서, 개녕 수다사에서 자근만을 만났는데 그가 달문의 아들이라는 얘기를 듣고 자신도 달문의 동생이라 사칭했다고 했습니다. 달문의 아들을 사칭했던 아이가 바로 자근만이고 그가 이태정의 역모를 고발했다는 거지요.

그야말로 달문은 무고하게 옥사를 치렀습니다. 공초 결과 역모와 관련 없었다는 사실이 드러났음에도 불구하고 달문은 함경북도로 귀양을 가게 됩니다. 이 부분이 언뜻 이해가 안 되는 부분인데요, 역모에 가담하지 않았다 할지라도 상층 권력자의 눈에 달문의 행적이 곱지 않게 보였던 것 같습니다. 부산에서 백두산까지 면면촌촌이 다니면서 사람들을 만나 어울리고 별난 재주와 입심으로 그들의 마음을 사로잡은 달문은 이미 위험 인물이었던 거지요.

달문이 지금 세상에 존재한다면 세상을 떠들썩하게 하는 대중스타며 앞서가는 예술가였겠지요. 그러나 250년 전 중세사회에서 얻은 달문의 명성은 천민 광대로서는 과분한 것이었던 모양입니다.

광막한 천지를 바람처럼 떠돈 사내

달문이 유배 생활에서 돌아오자 서울 장안의 남녀노소가 모두 구경을 나가 저자거리가 텅 빌 지경이었다고 합니다. 상층 권력자들은 그를 사회에서 격리시켰지만 평범한 저자거리 사람들은 그의 재주와 명성을 그리워하고 있었던 겁니다. 그러나 서울로 돌아온 달문의 모습은 예전의 재주꾼이 더 이상 아니었겠지요. 비쩍 마른 몰골에 누더기를 걸친 달문, 빠진 머리를 아직도 땋고 있어 쥐꼬리 같이 보였고 이빨이 빠져 입이 합죽해지니 이제는 더 이상 주먹을 입안에 넣지 못했다고 합니다. 60 가까운 나이에 세상의 풍파를 겪고 보니 팔도를 누비던 광대의 기특한 기상도 사그라졌던 겁니다.

박지원의 이야기에 의하면, 서울로 돌아온 달문은 함께 어울리던 왈자 표철주를 만나 잘나가던 그 시절을 회상하게 됩니다. 달문은 자기가 고객으로 모시던 영성군 박문수며 풍원군 조현명, 그리고 자신이 조방군 노릇을 해주던 기생 분단이의 안부를 물었습니다. 모두 죽고 없는 사람들이었습니다. 한창 때 어울려 지내던 거문고 주자인 김정칠은 일선에서 물러나고 그의 아들인 김철석 형제가 이름을 떨치고 있다는 소식도 들었습니다. 장안에서 잘나간다는 기생의 이름도 생소했지요. 세월이 흘러 서울 장안 연예계의 주역이 바뀌었던 겁니다.

달문과 함께 옛일을 회상하던 표철주는 막대한 재산을 등에 업고 함부로 주먹을 휘둘러 표망둥이라는 별명으로 불렸던 인물입니다. '황금투구'라는 별명이 붙을 정도로 부자였던 표철주도 가세가 기울어 이젠 집을 팔고 사는 흥정을 붙이는 집주릅 노릇을 하고 있다고 했습니다. 이제야 세상을 알 것 같다는 표철주의 말에 달문은 이렇게 말했습니다. "네가 쟁이들의 일을 배우면서 눈이 어두워졌구나."

달문의 말은 역설입니다. 장안의 이름난 왈자로 망둥이처럼 날뛰었던 표철주가 집주름이 되어 쟁이들의 일을 배우게 되면서 세상에 대한 눈을 떴다는 말을, 눈이 어두워졌다는 말로 바꿔 말한 겁니다. 광대의 입심은 아직 살아 있었던 거지요.

달문은 어느 날 어디론가 훌쩍 떠나버렸고 그 후로는 끝내 소식이 들리지 않았다고 합니다. 홍신유는 〈달문가〉에서 달문의 삶을 이렇게 마무리합니다.

> 별난 재주 익살스런 소리
> 이름이 벌써 온 나라를 들썩이다가
> 광막한 천지에 바람처럼 떠돌아
> 그 자취 참으로 신선을 방불케 하네.

지금까지 18세기 중반의 대중스타였던 달문에 대해서 말씀드렸습니다. 그는 노래와 재담, 탈춤, 인형놀이에 이르기까지 다양한 재주를 갖춘 만능 재주꾼일 뿐 아니라 새롭게 부상하는 시정문화, 즉 도시문화의 주체였습니다. 무엇보다 그는 자유로운 영혼과 예술가의 자의식을 지닌 천생 광대였습니다.

국악특강 한국문화 시리즈 전통연희, 진행에 사진실이었습니다. 안녕히 계십시오.

제3장 강(江)이라는 극장에 띄운 무대와 객석, 선유놀음

1. 중세 도시축제, 평양감사 선유놀음

안녕하세요, 사진실입니다.

오늘 이 시간에는 평양감사의 선유놀음에 대해서 말씀드리겠습니다.

대동강은 평양성을 감싸고 흐릅니다. 강이 내려다보이는 명승지에는 많은 누각과 정자가 건축되었지요. 그 중에 우리에게 익히 알려진 부벽루나 연광정이 있습니다. 평양이 고려의 서경(西京)이었던 시절에는 대동강과 그 주변의 누정이 임금의 잔치 장소로 자주 활용되었습니다.

부벽루 아래 대동강은 흐르고, 풍류도시 평양

윤두수(尹斗壽)가 편찬한 『평양지(平壤誌)』에서는 고려의 임금들이 대동강에서 선유놀음을 벌인 내용이 많이 나옵니다. 주로 대동강 위에 용의 모양을 장식한 배인 용선(龍船)이나 누각을 얹은 배인 누선을 띄우고 그 안에서 잔치를 베풀었다는 내용입니다.

고려 때 임금의 대동강 선유놀음은 강변에 있는 흥복사(興福寺), 영명사(永明寺) 등의 사찰, 그리고 부벽루, 다경루(多景樓) 등의 누정을 유람하고 연회를 베푸는 일과 함께 이루어지곤 했습니다. 흥복사와 영명사에 가서 강물의 풍경을 구경하고 다음날 대동강에서 배를 타고 잔치를 하는 식이었지요. 때로는 물에서 벌이는 잡기인 수희(水戲)를 구경하거나 조련된 말과 함께 재주를 부리는 농마희(弄馬戲) 등을 구경하기도 했습니다. 그 밖에도 함께 참석한 신하들이 서로 활쏘기를 겨루는 것을 관람하는 관사

(觀射)의 행사가 이루어졌고 임금과 신하가 잔치의 감회를 담은 시를 지어 화답하는 행사가 이루어졌습니다.

이러한 전통은 조선 건국 이후에도 이어졌는데, 세조가 평양에 가서 부벽루에 올라 시를 짓고 신하로 하여금 화답하게 했다는 기록이 있습니다.

한양이 도읍지가 되면서 임금의 풍류 공간으로서 평양의 역할은 줄어들었지만 대동강 선유놀음은 그 명성이 사라지지 않았습니다. 평양감사 자신을 위한 잔치, 중국 사신을 영접하는 잔치, 중국에 가는 조정의 사신을 접대하는 잔치 등이 대동강 선유놀음을 중심으로 이루어졌기 때문입니다. 조선과 중국의 사신으로서 평양을 거쳐 간 많은 문인들이 대동강의 정취와 선유놀음에 대한 시를 남기고 있습니다.

평양은 한양에서 중국을 오가는 길목에 있어 중국으로 가는 사신이나 중국에서 오는 사신의 일행을 접대하기 위해서 많은 물력과 인력을 사용했습니다. 특히 중국 사신이 올 때는 대동문 근처에 산대를 세우고 온갖 놀이꾼을 동원하여 환영 행사를 벌이곤 했습니다. 산대를 가설해서 공연하는 일이 얼마나 거대한 행사인지 앞선 시간에 말씀드린 적이 있었지요.

평양은 서북지역을 방어하는 군사적 요충지이기도 했습니다. 그러다 보니 평양의 백성들이 낸 세금은 한양에 상납되지 않았다고 합니다. 자체적으로 충당해야 하는 비용이 상당했기 때문이지요. 중앙 정부의 간섭을 덜 받은 결과 평양의 재정은 풍요로웠고 부자들도 많았다고 합니다. 평양의 풍류가 이름난 데는 풍요로운 재정이 뒷받침되었다고 할 수 있습니다.

인조 이후 장악원 기녀의 제도가 폐지되면서 평양의 악가무(樂歌舞)는 더욱 성행했다고 할 수 있습니다. 장악원에 기녀들을 두지 않았지만 궁중에서 왕실의 여인들이 참석하는 내연을 거행할 때는 기녀들이 필요했기 때문에 평양과 같은 지방의 기생들을 불러올리는 선상기(選上妓) 제도가 활용되었습니다. 평양감사는 평양 자체의 잔치뿐만 아니라 궁정의 잔치에 올려 보내기 위해서 악가무를 육성하는 데 더욱 힘을 기울이게 되었을 겁니다.

그림 속에 나타난 평양의 선유놀음

대동강, 부벽루, 연광정 등지에서 베풀어진 평양감사의 잔치는 워낙 명성이 자자해서 평양의 풍류와 풍속을 보고자 하는 임금이 그림으로 그려 보내도록 명하기도 했답니다. 그것 때문인지 평양감사의 향연을 묘사한 여러 폭의 기록화가 남게 되었습니다. 현재 가장 많이 알려진 그림은 김홍도가 그린 것으로 알려진 〈평양감사향연도〉인데 국립중앙박물관에 소장되어 있습니다. 부벽루 잔치를 그린 〈부벽루연회도〉, 연광정 잔치를 그린 〈연광정연회도〉, 달밤 대동강의 선유놀음을 묘사한 〈월야선유도〉, 이렇게 세 폭이 전합니다.

그림 20 대동강 선유놀음의 누선과 유선

미국의 피바디에섹스박물관에 소장된 〈평양감사환영도〉는 18세기 후반에서 19세기 말 공연문화의 양상이 잘 드러나 있어 귀중한 자료가 됩니다. 〈평양감사환영도〉는 8폭의 병풍으로 그려졌는데 부벽루, 연광정, 선화당 등지의 잔치 장면을 비롯해서 대동강 선유놀음, 평양 시가지의 유가(遊街) 등 평양의 풍속과 풍류가 잘 드러나 있습니다.

〈월야선유도〉에서는 가로로 긴 화폭을 따라 오른쪽에서 왼쪽으로 일제히 배들이 움직이는 모습을 표현했습니다. 부벽루에서 대동문에 이르기까지 평양성의 모습과 함께 선유놀음에 참여한 대규모의 선단(船團)을 장대하게 나타냈습니다. 〈평양감사환영도〉는 병풍 그림이니 위아래로 긴 화폭에 맞추어, 화면의 오른쪽 위에서 왼쪽 아래로 좁고 긴 화면을 빗겨 자르는 여러 개의 사선으로 배의 행렬을 표현했습니다.

두 그림에 나타난 대동강 선유놀음은 야간에 이루어졌습니다. 평양성과 대동강을 화려한 불꽃으로 치장해 뱃놀이와 불놀이가 함께 진행된 겁니다. 평양성의 성곽을 따라 촘촘하게 횃불을 꽂았고 집집마다 환영의 깃발과 함께 등불을 꽂아 밝히고 있습니다. 강변에 구경나온 일반인들도 횃불을 들고 서 있습니다. 강물 위에도 불그릇을 띄워 물결을 따라 흐르게 했습니다. 대동강과 강변, 평양성을 온통 불꽃으로 치장한 연출 아이디어가 돋보입니다.

불 그릇은 물에 뜨도록 바구니를 엮어 그 위에 기름 그릇을 얹어 만들었을 겁니다. 기록화에 담겨진 거대한 광경 속에서, 작은 배에 불 그릇을 잔뜩 싣고서 하나씩 불을 붙여 띄우는 사람들을 찾아내는 것은 큰 기쁨입니다. 평양감사의 선유놀음이라는 거대한 사건이 일상적이고 구체적인 실상으로 다가오기 때문이지요. 평양감사의 누선에 음식을 제공하는 선상 주방의 모습도 같은 이유로 흥미를 자아냅니다. 배 위에 꾸려진 아궁이에 불을 때고 음식을 장만하는 아주머니들의 모습이 정겹습니다.

낙동강 선유줄불놀이

뱃놀이와 불놀이를 겸한 선유놀음의 전통은 대동강 뿐 아니라 한강이나 낙동강에서도 이루어졌습니다. 평양처럼 상세한 기록화가 남지 않았

그림 21 음식을 마련하는 선상주방

그림 22 강물 위에 띄운 횃불조명

을 뿐이지요. 낙동강 선유놀음은 '선유줄불놀이'라 해서 안동지역에 전승
되었습니다. 불놀이로 강을 수놓는 가운데 선비들이 배를 타고 시를 읊는
뱃놀이를 거행했다고 합니다. 매년 가을 거행하는 안동국제탈춤페스티벌
기간에 안동 하회마을에 가면 보실 수 있습니다.

선유줄불놀이에서는 줄불놀이, 낙화불놀이, 달걀불놀이라는 세 가지의
불놀이를 즐길 수 있습니다. 줄불놀이는 만송정 모래톱에서 부용대 정상
까지 화약을 장치한 줄을 매어 불을 붙이면 화약이 연달아 터지며 불꽃이
꽃비처럼 흘러내리는 불놀이입니다. 낙화불놀이는 부용대 정상에서 광솔
을 묶어 만든 솔단에 불을 붙여 강물로 떨어뜨리는 불놀이입니다. 달걀불
놀이는 물에 뜰 수 있도록 바구니 같은 것은 만들어 속이 빈 달걀껍질을
올리고 그 안에 기름을 넣어 불을 붙이고는 강 상류에서 떠워 보내는 불
놀이입니다. 달걀불의 제작 과정은 직접 본 것이 아니라 현장에서 전해들
은 것이니 오류가 있더라도 양해해주십시오.

유유히 흘러온 중세 도시축제, 선유놀음

평양감영의 감독 아래 이루어졌을 대동강 선유놀음은 일반 백성들에게
는 고통과 부담을 안겨 주었을 수 있습니다. 강변에 나와서 횃불을 들고
서 있는 수많은 민간인들이 수고스럽게 보이기도 합니다. 그러나 성대한

볼거리는 평양 사람이 아니고는 구경할 수 없는 것이니 대동강 선유놀음은 이 지역의 자랑거리기도 했을 겁니다. 서울 광화문 앞의 산대 나례가 그랬듯이 대동강 선유놀음은 평양감사의 위세를 과시하는 중세적 도시 축제였습니다.

정조 15년(1791)에 평양감사였던 홍양호(洪良浩, 1724~1802)는 선유놀음의 정취를 이렇게 표현했습니다.

> 대동강에 신선의 배를 띄우니
> 가랑비가 개어 저녁 안개가 걷히네.
> 일 년 중 달 밝은 중원절
> 한밤중 맑은 바람에 큰불이 흐르네.
> 기린굴(麒麟窟)이 적벽(赤壁)의 절승보다 어찌 못하랴?
> 옥소(玉簫) 소리 이제 자첨(子瞻)의 풍류를 이었네.
> 물에 비친 달이 물결에 부딪혀 별무리가 흐르니
> 끝없는 강물 위에 삼라만상이 떠 있구나.

팔월 한가위 달밤에 벌어진 대동강 선유놀음의 정취를 나타냈습니다. 기린굴은 평양의 유적지 가운데 하나로 고구려의 시조 주몽이 기린마를 타고 드나들었다는 전설을 지니고 있습니다. 적벽이 있는 적벽강은 제갈공명이 화공으로 조조의 군대를 격파한 적벽대전으로 유명한 곳입니다. 소자첨은 적벽강에서 배를 타고 노닐던 광경과 자신의 심경을 담아 〈적벽부(赤壁賦)〉를 남겼습니다. 7월 16일 보름이 하루 지난 달 밝은 밤 뱃놀이의 풍류와 더불어 적벽대전에서 패한 조조의 일을 떠올리며 인생무상을 노래했지요.

홍양호는 대동강 선유놀음의 풍류가 소자첨의 풍류를 이었다고 하면서 〈적벽부〉의 한 구절을 차용해서 노래하고 있습니다. 홍양호가 소자첨의 〈적벽부〉를 떠올린 것은 강변과 강물 위에 베풀어진 불놀이 때문인 것 같습니다. 야간 행사의 조명을 겸하여 화려한 장관을 연출하기 위해 마련된 불놀이의 모습에서 적벽대전의 화공(火攻) 장면을 연상한 겁니다. 평양성과 대동강 변을 따라 이어진 횃불, 평양성내 집집마다 걸린 등불, 대동강을 뒤덮은 선단의 뱃전마다 걸린 청사초롱, 거기에 강물 위에 흐르는 불그릇의 행렬 등을 상상해보면 평양감사 홍양호의 느낌을 이해할 수 있습니다.

불놀이를 겸한 대동강 선유놀음은 1910년대까지 계속 거행된 것 같습니다. 최초의 근대시로 알려진 주요한의 〈불놀이〉에서 사월 초파일에 거행된 대동강 불놀이의 모습을 확인할 수 있습니다.

> 사월(四月)달 따스한 바람이 강(江)을 넘으면,
> 청류벽(淸流碧), 모란봉 높은 언덕 우에 허어옇게 흐늑이는 사람떼,
> 바람이 와서 불 적마다 불빛에 물든 물결이 미친 웃음을 웃으니,
> 겁많은 물고기는 모래 밑에 들어박히고,
> 물결치는 뱃늙에는 졸음 오는 '이즘'의 형상(形象)이 오락가락—
> 어른거리는 그림자 일어나는 웃음소리,
> 달아논 등불 밑에서 목청껏 길게 빼는 여린 기생의 노래,
> 뜻밖에 정욕(情慾)을 이끄는 불구경도 이제는 겹고,
> 한잔 한잔 또 한잔 끝없는 술도 이제는 싫어,
> 지저분한 배 밑창에 맥없이 누우며
> 까닭 모르는 눈물은 눈을 데우며,
> 간단없는 장고소리에 겨운 남자(男子)들은
> 때때로 불 이는 욕심(慾心)에 못 견디어
> 번뜩이는 눈으로 뱃가에 뛰어나가면,
> 뒤에 남은 죽어가는 촛불은 우그러진 치마깃 우에 조을 때,
> 뜻있는 듯이 찌걱거리는 배젓개 소리는 더욱 가슴을 누른다.

조선시대 궁중 공연예술의 규범을 담은 『악학궤범』을 편찬한 성현(成俔, 1439~1504)은 평양감사의 접대를 받아 선유놀음에 참석한 감회를 이렇게 묘사했습니다.

화선(畫船) 타고 북 울리니 푸른 강이 가까워지고
주인과 손님 권커니 받거니 온갖 진미를 실컷 먹네.
주발 속 무르고 향긋한 음식은 죽순을 익힌 것이요
소반 가운데 가느다란 것은 생선회로다.
붉은 단장 기녀는 모두가 새 얼굴인데
푸른 소매 술친구는 옛 사람이라네.
취중이라 귀밑머리 센 것을 잊고서
다시 미인을 잡아 은근히 끌어안네.

대동강 전체가 거대한 극장공간

주인과 손님은 아름답게 치장한 배에 마련된 잔칫상에 앉아 음식과 술을 즐기며 누선 밖의 다른 배에서 벌어지는 각종 공연을 관람하게 됩니다. 평양감사의 누선이 객석이 되고 기생이나 가객이 타고 있는 유선이 무대가 됩니다. 선유놀음을 거행하는 동안 대동강은 거대한 극장공간이 되는 거지요.

기록화에 의하면 누선에서 평양감사의 좌석은 누각의 한 쪽을 병풍으로 막은 다음 주변보다 단을 높여 만들었습니다. 평양감사의 좌석은 대동강 선유놀음이라는 공연에서 유일한 일등 객석입니다. 유선은 길쭉한 배 서너 척을 묶고 그 위에 널찍한 판자인 보계판을 깔아 평평한 무대공간을 만들었습니다. 햇빛이나 비를 가릴 수 있게 차일을 쳤고 주변은 채색 비단으로 장식했습니다.

선유놀음에서는 무대와 객석이 강물 위에 떠 있으니 이리저리 노를 젓는 대로 흘러가게 됩니다. 무대와 객석이 복수로 존재하며 그 위치도 정해져 있지 않습니다. 순서에 따라 유선이 평양감사의 누선 앞으로 나서서 노래나 춤을 공연했을 겁니다.

〈평양감사환영도〉를 보면 고취악대가 타고 있는 배를 비롯해서 기녀와 악사들이 탄 배, 창우 광대들이 탄 배 등이 평양감사의 누선 주변에 배치되어 있습니다. 유선의 무대 한가운데 기녀들이 춤을 추고 있고 주변에는 기녀들이 둘러앉아 있습니다. 배의 한쪽 끝에는 집박악사를 비롯해서 해금, 북, 장고, 대금, 피리 등을 연주하는 악사들이 있습니다. 화려한 복색의 창우 광대들 역시 악공의 연주에 맞추어 흥겹게 춤을 추고 있습니다.

선상 무대와 선상 객석이 앞서거니 뒤서거니 하며 움직여 가는 동안 객석에서 무대를 바라보는 각도가 달라지고 그러한 차이에 따라 공연을 보는 느낌도 달라졌을 겁니다. 무대와 객석이 일대일로 대응해서 고정되지 않기 때문에 모든 관객이 하나의 공연을 관람하도록 강요받지 않겠지요. 한자리에 앉은 관객이라 할지라도 전혀 다른 공연을 경험할 수 있는 겁니다.

선유놀음에서 벌어지는 모든 공연이 평양감사의 일등 객석을 중심으로 배치되었겠지요. 경우에 따라서는 대동강 전체에서 동시 다발적인 공연이 이루어졌을 가능성도 있습니다. 어찌 보면 평양감사의 선유놀음이 벌어지는 대동강 전체가 하나의 무대이고 거기서 벌어지는 선유놀음 전체가 하나의 공연물이 됩니다. 이 경우 평양성 주변이나 대동강 변에 모여든 백성들이 관객이 되겠지요.

대동강 및 주변의 자연 환경을 거대한 극장공간으로 전환할 수 있었던 추진력은 중세적인 지배 권력을 바탕으로 합니다. 대동강 선유놀음을 위해서는 많은 물력과 인력이 필요하고 백성들의 고통이 뒤따랐을 겁니다. 그러나 중세적인 권력의 산물이라 해서 무시해버린다면 현대에 되살릴 문화유산의 자산이 하나둘씩 사라지게 될 겁니다. 화려한 축제로 야기되었을 백성들의 고통은 안타깝지만 아름다운 자연 환경을 극장공간으로 활용한 선유놀음의 전통은 오늘에 되살릴 가치를 지니고 있습니다.

어여차, 한강에 배 띄워라! 선유놀음 가자스라

여의도와 잠실을 오가는 한강유람선을 바라보면서 문화의 부재를 실감하게 됩니다. 배를 타고 하는 한강 유람은 다름 아닌 현대의 선유놀음이지만 어떤 풍류도 찾을 수가 없습니다. 강변의 기암절벽이 고속도로 건설로 깎여지고 아름다운 누정이 있던 자리에 아파트 숲이 들어섰지만 한강의 문화마저 포기할 수는 없습니다.

먼저 한강유람선을 전통적인 외양을 가미한 누선과 유선으로 개조하면 어떨까요? 심용이나 평양감사가 그랬듯이 누선에 탄 관객은 우리나라 고유의 음식을 맛보면서 유선에서 벌어지는 공연을 관람할 수 있습니다. 여러 개의 유선이 누선의 주위를 돌면서 동시다발적인 공연을 벌이는 방식도 가능합니다. 공연종목으로는 민속악에서 궁중악까지 다양한 전통 공연예술이 활용될 수 있습니다.

선유놀음에 참여한 관객은 한강을 유람하면서 스스로 풍류객이 되고 평양감사가 되어 총체적인 우리 문화를 경험할 수 있는 겁니다. 연중행사로 유지하는 것이 어렵다면 봄, 가을의 좋은 때를 정해 정기적인 선유놀음 축제로 개최하는 것도 좋겠습니다. '어느 때쯤 서울에 가면 오랜 전통의 선유놀음을 직접 체험하고 한국 고유의 음식과 공연예술을 즐길 수 있다!' 이쯤 되면 세계적인 문화관광상품으로도 손색이 없지 않을까요.

지금까지 평양감사의 풍류를 중심으로 대동강 선유놀음에 대해서 말씀드렸습니다. 국악특강 한국문화 시리즈 전통연희, 진행에 사진실이었습니다.

2. 조각배에 올라탄 신선, 서울 풍류객 심용

안녕하세요, 사진실입니다.

이번 시간에는 서울 장안 예술가들의 후원자며 풍류객이었던 합천 심용이란 인물에 대해서 말씀드리겠습니다.

예술 패트런 심용과 기생 계섬

심용은 1711년에 태어나 1788년까지 살았습니다. 달문이 1707년에 태어났으니 심용보다 4살이 많았지요. 그러나 이들은 서울 장안의 연예계에서 한 세대의 시간차를 두고 활약했습니다. 달문은 광대니 중년이 되기 전에 활발한 활약을 했을 테고 심용은 관객이니 예술가 집단을 후원하는 풍류객이 되기까지 중년의 연륜이 필요했을 겁니다.

1760년대 중반 달문이 귀양 갔다가 돌아왔을 무렵에는 달문과 함께 활동했던 금객 김정칠의 아들 김철석이 활약하고 있었습니다. 김철석은 바로 심용이 후원한 예술가 집단의 구성원으로 알려져 있습니다. 이 집단에는 가객 이세춘, 기생 계섬, 추월, 매월 등 당대에 이름난 예술가들이 포함되었습니다.

심용이 이들 예술가 집단과 풍류를 함께 즐긴 것은 1766년에서 1776년 사이 또는 1780년에서 1788년 사이라고 할 수 있습니다. 이러한 사실은 늘그막에 심용과 함께 살았던 기생 계섬의 인생 역정을 통해서 확인할 수 있지요. 심노숭(沈魯崇, 1762~1837)의 「계섬전」에 따르면, 계섬은 1736년에 태어나서 열여섯 살이 되면서 창(唱)을 배우기 시작해 이름을 날리기 시작했으며 시랑(侍郎) 원의손(元義孫, 1726~1781)과 대제학 이정보(李鼎輔, 1693~1766)를 후견인으로 두고 예술 세계를 넓혀갔습니다. 1766년 계섬의 나이 31살에 이정보가 죽고 나서 계섬은 서울 장안의 다른 풍류객들과 어울릴 기회를 갖게 되었으리라 생각합니다.

계섬은 1776년 전후 나이가 마흔 남짓 되던 때에 관동지역 정선군의 산

속에 들어가 불교적인 수행의 삶을 살게 됩니다. 그 사이 서울의 부자 상인인 한상천의 후원을 받기도 했으나 기간이 길지는 않았던 것 같습니다. 산속에 들어 간지 얼마 되지 않아 정조의 총애를 받아 세도가 높았던 홍국영에게 예속되어 다시 세상으로 나오게 됩니다. 홍국영은 누이동생을 후궁으로 들여보냈다가 1년 만에 죽자 왕비인 순정왕후(純貞王后)가 살해한 것으로 믿고 복수하기 위해 왕비를 독살하려다 1780년(정조 4) 가산을 빼앗기고 쫓겨나게 됩니다.

이때 계섬은 기적에서 벗어나 다시 산속으로 들어가려 했는데 평소 계섬의 재주를 아꼈던 심용의 만류로 세상에 남아 그와 함께 파주에서 지내게 됩니다. 심용의 나이 70세, 계섬의 나이 45세였습니다. 이때부터 심용이 계섬을 비롯해서 이세춘, 김철석, 추월, 매월 등 예술가 집단과 어울렸을 가능성도 있지만 그렇게 보기에는 70세라는 심용의 나이가 부담이 됩니다. 한창 이들 예술가들과 어울리던 시기에 심용은 한양에서 평양까지 풍류를 겨루는 원정을 떠났다고 하는데 70세 노인이 소화하기는 어려운 여정이었을 겁니다.

계섬과 함께 지낸지 8년 뒤 1788년 심용은 세상을 떠납니다. 함께 어울렸던 금객이며 가객, 기생들이 모여 한바탕 노래와 거문고 연주로 무덤 앞에서 통곡한 후 각기 흩어졌습니다. 그러나 계섬은 떠나지 않고 말년을 파주에서 보냈습니다.

그리고 9년이 더 지난 어느 날 62세의 노인 계섬은 이웃에 사는 젊은 선비 심노숭을 찾아와 자신의 한평생을 이야기합니다. 세상에서 가장 얻기 어려운 것이 참다운 만남이며 자신 또한 그 만남을 이루지 못했노라고 하지요. 당대의 호걸과 현인, 부자들과 만났지만 한번 떠나고 나면 그들은 길에서 만나는 이름 모를 사람들과 마찬가지였다는 말도 했습니다.

계섬은 원의손, 이정보, 한상천, 홍국영, 심용 등 많은 사람들을 만났습니다. 그러나 누군가는 계섬이 떠나고 누군가는 그들이 떠나가서 오래도록 함께 하지 못했으니 결국 인생을 통틀어 진정한 만남이 없었다는 얘깁니다. 중년 이후를 함께 어울렸던 풍류객 심용조차 계섬에게는 진정한 만남이 아니었던 모양입니다.

『청구야담』에 따르면 심용은 재물에 대범하고 의를 좋아하며 스스로 풍류를 즐겼다고 합니다. 노래 잘하고 거문고를 잘 타는 음악인들이며 술꾼과 시인들이 그의 집안에 가득 찼다고 하지요. 서울 장안에서 심용을 초청하지 않고는 잔치와 놀이를 벌일 수 없을 지경이었다고 합니다. 심용은 예천군수까지 지낸 양반이었지만 당대 연예계의 인물들과 가까이 지내며 그들의 연예 활동을 후원하고 관리했던 겁니다.

한강 압구정의 신선 되어 부마를 놀리다

한번은 공주의 남편인 부마가 한강의 압구정에서 잔치를 벌이는데 심용과 의논하지 않고 금객과 가객을 부르고 손님을 초대해서 질탕하게 놀았답니다. 가을 밤 달빛이 강물에 비쳐 물결에 부서지는 그림 같은 풍경 속에서 어디선가 청아한 퉁소 소리가 들려왔습니다. 사람들이 솔깃해 바라보니 멀리서 조각배가 떠오르는데 한 노인이 머리에 화양건을 쓰고 몸에는 학창의를 입고 손에는 백우선을 들고 흰머리를 날리며 오롯이 앉아있더랍니다. 푸른 옷을 입은 두 명의 동자가 좌우에서 옥퉁소를 불며 그를 모시고 있었으며 한 쌍의 학이 너울너울 춤을 추었습니다.

모두들 신선이 나타났는가 여겨 노래와 풍악을 멈추고 정자의 난간으로 몰렸습니다. 잔치석상의 흥이 깨지자 분하게 여긴 부마는 작은 배를 타고 신선이 배를 향해 나아갔는데 신선은 다름 아닌 심용이었다는 얘깁니다. 부마는 껄껄 웃으며 자신의 풍류를 압도한 심용을 맞아들여 함께 놀았습니다. 잠깐 동안 부마의 잔치를 훼방했지만 결과적으로는 심용의 풍류가 잔치의 흥을 돋우었습니다.

하늘에서 신선이 내려온 듯 꾸며서 보는 사람을 신비감에 싸이게 하는 연출방식은 오랜 전통을 가지고 있습니다. 고려 때 채홍철은 자하동(紫霞洞)에 중화당(中和堂)을 짓고는 어느 날 국가의 원로인 기로(耆老)들을 초대했습니다. 술이 반쯤 되자 홀연 자하동 어딘가에서 세악(細樂) 소리가 들렸습니다. 손님들이 두리번거리며 소리 나는 곳을 찾고 있는데 채색구름을 타고 하늘에서 신선이 내려옵니다. 그는 자하동에 사는 신선인 자하선인이었지요. 자하선인은 술좌석으로 다가오면서 노래를 부릅니다. 자신이 바치는 불로주를 취하도록 마셔서 만수무강하라는 축원이었습니다.

채홍철은 음률에 밝았다고 하며 직접 노래를 지어 집안의 가비, 즉 노래를 전문으로 하는 여자종에게 부르게 했다고 전합니다. 〈자하동곡〉 역시 그가 만들어 연출한 작품이었습니다. 채홍철은 잔치가 시작되기 전에 미리 지붕에서 지상으로 내려오는 사다리를 설치하고 채색 구름이 어려 있는 모습으로 꾸몄습니다. 자하선인의 배역을 맡은 여악과 세악수를 보이지 않는 곳에 대기시켰다가 잔치가 무르익을 즈음 세악 소리를 필두로 여악이 사다리를 타고 내려오도록 연출했던 겁니다.

채홍철의 중화당이 위치한 '자하동(紫霞洞)'은 그 이름에서 이미 신선의 사는 선계라는 의미를 갖고 있었습니다. 자하는 신선들이 사는 곳에 감돈다는 자줏빛 운기를 뜻하기 때문이지요. 자하선인의 출현을 통해서 자하동 중화당은 선계가 되고 그 주인인 채홍철은 선계에서 신선의 풍류를 즐기는 장본인이 됩니다. 손님들 역시 신선의 세계에 초대받아 만수무강의 축원을 받았으니 행복한 경험이었을 테지요.

전별연의 사냥 풍류

한번은 어느 재상이 평양감사를 제수 받아 떠나게 되었더랍니다. 마침 감사의 형이 영의정으로 있어 아주 성대한 전별연을 베풀었습니다. 서울의 서대문 밖으로 수십 량의 수레가 연이었고 많은 사람들이 거리를 메웠고 구경꾼들이 입을 모아 그들 형제의 우애와 부귀공명을 칭송했습니다.

그때 소나무 숲 사이에서 말 한 필이 달려 나왔고 그 위에는 자줏빛 가죽옷을 입고 까만 가죽 남바위를 쓴 사람이 채찍을 들고 있었습니다. 안장에 버티고 앉아 좌우를 돌아보는 풍채는 보는 이들을 감탄하게 만들었다고 하지요. 아름다운 여인 서너 명이 화려한 전립과 전복으로 남장을 하고 그 뒤를 따르고 있었습니다. 그 뒤로는 대여섯 명의 동자가 푸른 옷을 입고 말 위에서 연주를 했습니다. 보라매를 팔뚝에 얹은 사냥 몰이꾼이 사냥개를 부르며 숲에서 뛰어나왔습니다.

음악을 연주하는 청의동자들의 출현으로 보아 역시 신선의 모티브를 활용한 연출이었지요. 심용의 풍류는 평양감사의 전별연을 위해 연출되었을 가능성도 있습니다. 그러나 압구정 잔치의 일화에서 보듯이 심용이 의도적으로 전별연을 능가하는 멋진 풍류를 과시했다고도 할 수 있습니다. 사람들은 입을 모아 이렇게 말했답니다. '세상의 공명은 실패가 많고 성공이 적다. 성공한 경우라도 주변의 참소와 시기가 두려워 가슴을 졸여야 하니 유쾌하고 호탕하게 스스로 즐기며 몸 밖의 근심을 잊는 것만 같겠는가.' 재상과 평양감사를 두루 지내는 부귀공명보다 심용의 풍류를 선택하겠다는 겁니다.

19세기 남영로의 소설 〈옥루몽〉에 심용의 사냥 풍류와 유사한 장면이 나옵니다. 연왕 일행이 자개봉이라는 산으로 놀러가는 도중 하늘 어디선가 맑은 생황 소리가 들렸답니다. 두리번거리던 일행이 발견한 것은 멀리 아름다운 풍경을 배경으로 소나무 아래 바위에 앉아 있는 두 명의 신선이었습니다. 일행 중의 몇몇이 아프다는 핑계로 따로 떨어져서는 신선의 모습으로 꾸며 일행의 눈앞에 나타난 겁니다. 이들은 모습을 드러냈다 감추었다 하면서 연왕 일행에게 선계의 풍류를 제공했습니다.

심용과 평양감사의 선유놀음 풍류베틀(battle)

서울 장안에서 이름을 떨친 심용 일행은 드디어 풍류의 본고장으로 알려진 평양으로 원정을 가게 됩니다. '평양감사도 저하기 싫으면 그만'이라는 말을 떠올려 보면 평양감사의 위세와 풍류가 얼마나 대단했던지 짐작할 수 있지요. 심용은 가객 이세춘, 금객 김철석, 기생 추월, 계섬, 매월들을 불러 밤늦도록 음악을 즐기던 끝에 평양에 놀러가자며 이렇게 말합니다.

"내가 들으니 평양감사가 대동강 위에서 회갑 잔치를 벌인다는구나. 평안도의 여러 수령들이 다 모이고, 이름난 기생과 가객들이 뽑혀오는데다 고기가 산을 이루고 술이 바다를 이룬다고 벌써부터 소문이 자자하다. 아무 날에 잔치를 한다는데, 한번 가면 심회를 크게 풀어볼 뿐 아니라 전두로 돈과 비단을 많이 받아 올 것이니 이 어찌 양주학(楊州鶴)이 아니겠느냐?"

양주학이란 모든 것을 다 얻는다는 뜻의 고사성어로 이런 이야기를 담고 있습니다. 어느 날 선비 4명이 각자의 소원을 말하게 되었답니다. 첫째 선비는 세도와 풍류가 마치 평양감사와 같았던 양주자사(楊州刺使)가 되고 싶다고 했고 둘째 선비는 많은 돈을 갖고 싶다고 했고 셋째 선비는 신선이 되어 학을 타고 싶다고 했습니다. 그러자 마지막 선비는 이렇게 말했다지요. 허리춤에 막대한 돈을 꿰차고 학을 타고 날아서 양주자사로 부임하고 싶다고요. 심용은 일행의 평양 원정을 양주학에 비유해 일거삼득의 결과를 얻으리라 자신했던 겁니다.

문헌이나 회화 등의 기록을 보면 평양의 풍류는 대동강을 중심으로 이루어졌습니다. 대동강이 내려다보이는 부벽루와 연광정의 잔치는 물론이고 대동강 위에서 배를 띄워 벌이는 선유놀음이 아주 유명합니다. 심용 일행은 평양감사의 회갑연으로 이루어지는 대동강 선유놀음에 가서 그들의 서울 풍류를 뽐내고 싶었던 겁니다.

심용 일행의 평양 원정은 일체 비밀에 붙여졌습니다. 그들은 금강산 유람을 떠난다고 소문을 내고는 딴 길로 평양 성내에 잠입해서 조용한 곳에 처소를 정했습니다. 작은 배 한척을 세내어 청포 차일을 치고 좌우에 주렴을 드리워 장식했습니다. 잔칫날이 되자 배 안에 악기를 싣고 기생과 가객, 금객을 태우고는 대동강 상류인 능라도와 부벽루 사이에 숨어 있었습니다.

평양감사의 선유놀음이 시작되자 평양감영의 고취악이 하늘을 울리고

강을 뒤덮은 돛배가 행선하기 시작했습니다. 감사는 배 위에 누각을 얹은 누선(樓船)에 높이 앉았고 여러 수령들이 함께 모였습니다. 기생과 악공이 타고 있는 유선(遊船), 즉 놀잇배에서는 맑은 노래가 들려오고 절묘한 춤사위가 넘실거렸습니다. 평양성두와 대동강 변에는 구경꾼들로 인산인해를 이루었습니다.

심용은 부마의 압구정 잔치 때와 마찬가지로 신선으로 분장하여 배 가운데 앉았습니다. 학창의를 입고 화양건을 쓰고 백우선을 들고 앉아 주위 사람들과 담소를 나누었는데 그들 역시 선녀나 동자의 모습으로 연출했을 겁니다. 심용은 노를 저어 나아가서 평양감사의 누선이 보이는 곳에 배를 멈추었습니다. 저쪽 배에서 검무(劍舞)를 추면 이쪽 배에서 검무를 추고 저쪽 배에서 노래를 부르면 이쪽 배에서 노래를 불렀습니다.

그림 23 대동강 선유놀음

평양감사의 배에서는 서도소리가 울려 퍼지고 심용의 배에서는 가곡이나 시조창이 울려 퍼졌을 겁니다. 심용의 일행 가운데 한 명인 이세춘은 기존의 노래 형식을 변용해 시조창을 만들어낸 사람으로 알려져 있습니다. 석북 신광수가 『관서악부(關西樂府)』에서 '일반 시조의 장단을 배열한 것은 장안에서 온 이세춘'이라는 구절을 남겼기 때문이지요. 이세춘의 시조창은 서울 장안에서부터 유행하기 시작한 새로운 곡조와 장단의 음악이었으니 평양 사람들의 귀를 솔깃하게 하기에 충분했을 겁니다.

마치 경쟁이라도 하듯이 노래와 춤을 따라 하니 평양감사 진영의 사람들이 괴상하게 여겨서 날랜 배를 보내 잡아오게 했습니다. 배가 쫓아오면 달아나고 돌아서면 다시 나오기를 몇 번 거듭하자 평양감사는 사태를 심상치 않게 여겼습니다. 주렴 가운데 학창의에 화양건을 쓰고 백우선을 든 채 담소를 나누는 노옹은 마치 신선처럼 보였겠지요. 감사는 비밀스럽게 영을 내려 작은 배 십여 척을 한꺼번에 보내 심용의 배를 포위해서 끌고 오게 했습니다.

심용은 자신의 배가 평양감사의 누선 가까이 이르자 주렴을 걷고 나와 껄껄 웃었답니다. 감사는 본래 심용과 친분이 있던 터라 넘어질 듯 놀라며 반가워했습니다. 이 감사는 북학파 실학자의 거두로 알려진 서명응이 아닌가 생각됩니다. 서명응은 1716년에 태어났는데 회갑이 되는 1776년에 평양감사로 있었습니다. 계섬과 심용이 만나 함께 어울렸을 시기와 비교해보아도 1776년에 심용 일행이 평양 원정을 떠난 것이 설득력이 있습니다.

서명응은 음악에도 조예가 깊었으니 연배가 비슷한 풍류객 심용과 음악을 통해 친분을 쌓았을 가능성도 있습니다. 서명응은 영조 35년(1759)에 왕명에 따라 『대악전보(大樂前譜)』와 『대악후보(大樂後譜)』를 편찬합니다. 대악전보에는 세종 때의 음악을 대악전보에 세조 때의 음악을 수록했다고 하는데요, 고려 때부터 조선후기까지 정악곡의 변천을 알 수 있는 귀중한 자료라고 합니다.

평양감사의 배에 타고 있던 사람들은 근방 고을의 원님이나 비장, 그리고 감사의 자제와 조카, 사위 등이었는데 이들은 모두 서울에 살던 사람들이었습니다. 평양의 대동강 위에서 뜻밖의 서울 풍류를 접하고는 모두가 기뻐했습니다. 그 가운데는 구면인 사람도 많이 있어서 서로 손을 잡고 정회를 나누었습니다. 심용의 일행은 저마다 평생의 재주를 다해 진종일 놀았고 평양의 풍류를 무색하게 만들었다고 합니다.

평양감사는 이들에게 천금을 내렸으며 다른 벼슬아치들도 각기 상금을 내놓아 거의 만금에 가까운 돈이 모였답니다. 일행은 십여 일을 실컷 놀다가 돌아왔습니다. 심용이 처음에 호언장담했던 대로 돈도 벌고 여행도 즐기고 명성도 얻는 일거삼득, 양주학의 수확을 얻었던 겁니다.

세상의 공명보다는 풍류를 선택한 심용이었고 당대 사람들이 그러한 사실을 칭송했지만 진정으로 세상의 공명을 초월하지는 못한 것 같습니다. 심용의 풍류를 보여주는 세 편의 일화가 모두 부귀공명을 얻은 자들에게 다가가 풍류를 겨루는 내용이기 때문이지요.

지금까지 조선후기 서울 예술가들의 후원자이며 풍류객이었던 심용을 중심으로 18세기 후반 공연예술 향유의 한 단면을 살펴보았습니다. 국악 특강 한국문화 시리즈 전통연희, 진행에 사진실이었습니다. 안녕히 계십시오.

3. 〈배따라기곡〉에서 〈선유락〉까지

안녕하세요, 사진실입니다.
이 시간에는 연암 박지원의 행적과 단상을 중심으로 〈배따라기곡〉에서
〈선유락〉에 이르는 예술의 사회사를 탐색해보겠습니다.

그림 24 「진연진찬진진하도병」에 그려진 선유락

뱃놀이의 즐거움, 정재 선유락

〈선유락〉은 뱃놀이의 즐거움을 담고 있는 궁중 정재입니다. 지금까지
밝혀진 문헌 가운데 궁정 연회에서 〈선유락〉을 공연한 최초의 기록은 정
조 19년(1795) 정조의 화성 능행 행사를 기록한 『원행을묘정리의궤(園幸
乙卯整理儀軌)』입니다. 정조가 어머니 혜경궁 홍씨의 회갑을 맞아 화성,
지금의 수원에 있는 아버지 사도제사의 능을 참배하고 화성행궁에서 회갑
연을 비롯한 여러 행사를 거행한 후 문서와 그림으로 의궤를 남겼습니다.
이 행사를 기념하기 위하여 단원 김홍도 등이 그린 여덟 폭의 〈화성능
행도병(華城陵幸圖屛)〉 가운데 〈봉수당진찬도(奉壽堂進饌圖)〉에서는 〈선

유락〉의 공연 장면을 찾을 수 있습니다. 그 이후로 발행된 많은 의궤에 〈선유락〉의 정재도가 실려 있고 공연에 필요한 의장과 의상 등에 관한 정보가 들어 있습니다. 고종 대에 발행된 여러 종류의 『정재무도홀기(呈才舞圖笏記)』는 정재 절차가 구체적으로 기록되어 있어 좋은 자료가 됩니다. 〈선유락〉의 공연 절차는 이렇습니다.

화려하게 채색 비단으로 꾸민 배를 무대 한가운데 놓고 두 명의 어린 기녀가 배에 올라 서로 등지고 앉아 배의 닻과 돛을 잡습니다. 기녀들이 왼쪽으로 돌며 두 겹의 원을 이루며 잇달아 서는데 안쪽에 선 기녀를 내무기, 바깥쪽에 선 기녀를 외무기라 부릅니다. 내무기와 외무기들은 배를 끌기 위하여 배의 이물과 고물, 즉 앞쪽과 뒤쪽에 매어놓은 줄을 잡습니다.

정재의 무대감독 또는 지휘자라고 할 수 있는 집사기가 몸을 굽혀 공손한 몸짓으로 임금의 어좌가 있는 북쪽을 향하여 엎드리고 "초취"를 하겠다고 아룁니다. 집사기가 바른 길로 나와 남쪽을 향하여 나수를 불러 "초취" 호령을 냅니다. 나수는 나각을 세 번 붑니다. 나각은 소라로 만들어 부는 공명 악기로 취타의 연주에 쓰입니다.

정재는 잔치의 주인공인 임금이나 평양감사 등 현장의 최고 권력자를 관객으로 공연되는 까닭에 신분상의 위계질서를 존중하는 태도가 공연방식에 반영되었습니다. 집사기가 진행할 내용을 임금에게 미리 알리는 방식은, 지엄한 신분의 관객을 위하여 미리 공연 절차를 아뢰어 허락을 받아 진행한다는 격식을 보여줍니다.

"초취"와 같은 방식으로 "이취", "삼취"를 아뢰고 호령하며 나각을 세 번 부는 과정이 반복됩니다. 다음으로는 집사기가 "명금이하"를 아뢰고 징수를 향하여 명금이하를 호령합니다. "명금이하"란 징을 두 번 울리라는 뜻입니다. 호령에 따라 징수는 징을 두 번 칩니다. 징소리 두 번은 음악을 시작하라는 신호입니다. 악공들이 취타를 연주합니다.

취타가 끝나자 집사기가 다시 임금을 향하여 나아가 무릎을 꿇고 "행선"하겠다고 아룁니다. 일어서서 남쪽을 향해 "순령수" 하고 부릅니다. 여러 기녀들이 "네이" 하고 응답합니다. 집사기가 "행선"을 호령합니다. 여러 기녀들이 다시 "네이" 하고 응답하고 배를 끌고 돌며 춤을 추고 〈어부사〉를 부릅니다. 배와 연결된 줄을 잡은 채 돌며 춤을 추니 배가 그 자리에서 빙글빙글 돌며 행선하는 모습을 표현하게 됩니다. 여기에 강호에 노니는 내용을 담은 〈어부사〉를 불러 뱃놀이의 풍류를 더하는 겁니다.

어부사, 지국총 지국총 어사와

〈어부사〉는 고려 말부터 조선 후기까지 양반사대부 등 상층 문화 집단이 향유한 노래입니다. 조선 명종 때 농암(聾巖) 이현보(李賢輔)가 이전부터 전해 내려오는 「어부가(漁夫歌)」 2편을 「어부장가(漁夫長歌)」 9장과 「어부단가(漁夫短歌)」 5장으로 개찬하였고, 고산(孤山) 윤선도(尹善道)가 이것을 바탕으로 춘하추동(春夏秋冬) 각 10수씩 40수의 「어부사시사(漁父四時詞)」를 창작했습니다. 〈선유락〉의 삽입곡인 〈어부사〉는 바로 이현보의 「어부장가」 가운데 1장과 2장을 부릅니다. 〈선유락〉에 삽입된 〈어부사〉 부분을 현대어로 풀면 이렇습니다.

귀밑머리가 눈처럼 하얗게 센 늙은 어부가 물가에 살면서
스스로 말하길 물에서 사는 것이 산에서 사는 것보다 낫도다.
배 띄워라 배 띄워라
아침 물결이 겨우 물러나자 저녁 물결이 밀려와
지국총 지국총 어사와하니
배에 기댄 어부의 한 어깨가 으쓱거리네.
푸른 향초 잎사귀 위에 서늘한 바람이 일어나고
붉은 여뀌꽃 핀 물가엔 백로가 한가롭도다.
돛 달아라 돛 달아라
동정호 안에서 돌아가는 바람을 타고
지국총 지국총 어사와하니

돛단배가 급히 지나 앞산이 홀연 뒷산이 되네.

노래와 춤이 끝나면 집사기
가 임금 앞에 나아가 무릎을
꿇고는 "명금삼하"를 아룁니다.
일어서 나와 징수를 불러 "명
금삼하"를 호령합니다. 징수가
징을 세 번 치면 음악이 끝나
고 모두 물러갑니다. 〈선유락〉
은 고종 때까지 궁정 연회에서
공연되었으며 근대적인 극장
문화가 형성된 이후에는 극장

그림 25 선유락의 공연장면

의 무대에 올려지기도 했습니다. 국립국악원이 주축이 되어 복원한 〈선
유락〉이 지금도 공연되곤 합니다.

만경창파 이별의 뱃노래, 배따라기곡

궁중 정재 〈선유락〉은 대악부인 〈배따라기곡〉에서 출발했습니다. 연암
박지원의 『열하일기(熱河日記)』 가운데 「막북행정록(漠北行程錄)」에서 그
러한 내용을 확인할 수 있습니다. 박지원은 1780년(정조 4) 44세 때 청나
라 황제의 칠순을 경축하러 가는 진하겸사은사(陳賀兼謝恩使)인 삼종형
박명원을 따라 중국에 다녀왔습니다.

박지원은 사신 일행을 따라 1780년 5월 25일에 임금에게 하직 인사를
하고 6월 24일 압록강을 건너 북경과 열하에 갔다가 10월 27일 한양에 돌
아왔다고 합니다. 북경에서 열하로 떠나던 8월 5일자 일기에 이런 내용이
나옵니다.

우리나라 대악부에 〈배따라기곡〉이 있다. 우리말로 배가 떠나간다는 말인

데 그 곡조가 창자를 에이듯이 구슬프다. 그 법식을 보면 그림으로 장식한 배인 화선을 정해진 자리에 놓고, 어린 기녀 한 쌍을 뽑아 젊은 장교 복색으로 꾸미는데, 붉은 옷을 입고 붉은 갓을 씌우되 자개 갓끈 장식을 달고 호랑이 수염과 하얀 깃을 단 화살을 꽂는다. 왼손에는 활을 잡고 오른손에는 채찍을 쥔다. 먼저 군례를 갖추고 '초취'를 창하면 마당에서 북을 울리고 나발을 분다. 배의 좌우에서 비단 치마저고리를 입은 여러 기녀들이 함께 〈어부사〉를 노래하고 노래를 따라 반주가 이루어진다. '초취'의 예와 같이 '이취', '삼취'를 창한다. 또 다른 어린 기녀가 젊은 장교로 분장하는데 배 위에 서서 '발선포'를 창하면 닻을 감아 올리고 떠나게 된다. 여러 기녀들이 함께 노래하며 축원하는데 노랫말은 이렇다. "닻 들자 배 떠나니 이제가면 언제 오랴. 만경창파에 가시는 듯 돌아오소서." 이때는 우리나라에서 가장 눈물을 많이 흘리는 때이다.

박지원이 묘사한 〈배따라기곡〉의 공연 절차는 궁중 정재 〈선유락〉과 유사합니다. 그런데 〈배따라기곡〉이 보는 이로 하여금 창자를 에이게 하는 슬픔을 주고 눈물을 많이 흘리게 했다는 사실이 의아합니다. 〈어부사〉만 노래하는 〈선유락〉과 달리 "닻 들자 배 떠나니 이제가면 언제 오랴. 만경창파에 가시는 듯 돌아오소서." 하고 부르는 〈배따라기〉 노래가 삽입된 것이 하나의 이유가 될 겁니다. 그렇지만 이별 노래 한 곡이 더 들어있다고 해서 그렇게 애끓는 슬픔을 자아냈을까요?

연암 박지원과 물의 풍정

박지원은 8월 5일자 일기에서 〈배따라기곡〉에 대한 이야기를 하기에 앞서 이별에 대한 여러 가지 생각들을 풀어냈습니다. 북경에 도착해 있던 일행은 그곳 예부 관리들의 실수로 건륭제를 만나기 위해 열하를 향하게 되었습니다. 서둘러야 하는 걸음이라 일행을 간단히 추려야 했고 박지원은 하인 장복이를 두고 마부 창대만 데리고 떠나게 되었지요. 급작스런 출발인데다 위험한 여정이었기에 길을 떠나는 사람들이 모두 허옇게 질려서 이제는 죽었다고 울며불며 했다고 합니다. 하인 장복이는 박지원의 말등자를 붙들고 늘어져 울음을 그치지 못했고 박지원이 겨우 타일러 보내자 이번에는 창대와 서로 손을 붙잡고 우는데 눈물이 비 오듯 했다는 겁니다. 박지원은 이러한 이별 장면을 접하고 이별에 대한 논설을 펼치게 됩니다.

박지원은 이별 중에서도 가장 괴로운 것은 생이별이라고 했습니다. 그 중에서도 한 사람은 가고 한 사람은 남는 생이별보다 더한 괴로움은 없다고 했습니다. 또한 그는 이별의 괴로움에는 '곳'과 '때'가 있다고 하였고 이별의 괴로움을 자아낼 만한 가장 적실한 곳이 물이라고 했습니다. 박지원은 이별의 괴로움을 가중시키는 물의 풍정을 이렇게 말했습니다.

이별 장소로 치는 물이란 대체 어떤 물을 두고 말하는 것인가? 커서 강과 바다요, 작아서 도랑과 개울창만이 물이 아니다. 크건 작건 간에 되돌아올 길이 없이 흘러가는 모든 것이야말로 물일 것이다. 그러니 옛날부터 이별하는 괴로움을 그려낼 적에는 흔히들 물이 배경으로 나오는 것이다. …(중략)… 물? 물의 정취를 나는 알고 있다. 얕지도 않고 깊지도 않고 잔잔하지도 않고 급하지도 않은 물결이 바윗돌을 얼싸 않은 채 흐느껴 우는 것이 물이었다. 바람도 없고 비도 없고 그늘도 안 들고 볕도 안 나는 음산한 날, 눈에 보이는 경물들이란, 한번은 무너지고 말 강 위에 놓인 다리, 필경은 죽고 말라버릴 강둑에 선 나무, 앉고 서고 뒹굴 수 있는 강가의 모래사장, 솟았다 잠겼다 숨바꼭질하는 강 복판의 물새들! 이런 경물 속에 선 사람인즉 셋도 아니요, 넷도 아닌 단 두 사람이 소리도 없고 말도 없이 마주 설 때, 세상에 이런 괴로운 자리가 또 있을 것인가.

박지원은 또 물을 배경으로 하는 생이별의 예를 들면서 사신이 되어 뱃길로 중국에 갈 때라고 말했습니다. 한양에서 출발한 사신 일행은 한 달여 동안의 육로 여정 끝에 의주에 당도하게 되고 압록강에서 뱃길로 중국에 들어가게 됩니다. 이때 강변에서 보내는 이와 떠나는 이의 이별 장면이 생겨나는 것이지요. 박지원에 의하면 뱃길로 떠나는 사신 일행의 모습을 표현한 작품이 바로 〈배따라기곡〉입니다.

화려하게 장식한 배는 사신 일행이 타고 떠나는 배이고, 배 위에 올라 화포를 울리라고 외치는 젊은 장교는 사신 일행 중 한 명이라고 할 수 있습니다. 무관의 복색으로 잘 차려입고 군례를 갖추며 호령을 하는 젊은 장교 두 명은 사신 일행을 떠나보내는 의전 행사의 담당자라고 할 수 있습니다. 떠나는 사신 일행을 위하여 군례를 거행하는 것, 초취·이취·삼취의 절차를 거쳐 나각(螺角)을 불어 행선할 차비를 차리는 것, 대취타를 연주하여 행차의 기상을 드높이는 것, 화포를 울려 행선할 신호를 보내는 것 등이 모두 배를 타고 떠나는 이별의 장면을 꾸미는 데 기여하고 있습니다. 기녀들이 배의 앞뒤에 달린 줄을 잡고 돌며 춤을 추면 배가 회전하게 되는데 이것은 배가 떠나는 모습을 형상화한 것입니다.

중국으로 가는 사신 일행이 지나는 길목에 있는 지방 관아에서는 그들의 의식주를 주선하거나 연회를 열어 노고를 위로했습니다. 〈배따라기곡〉은 사신 일행의 연회를 위하여 만들어진 작품이라고 할 수 있습니다. 조선 후기 문인인 이만용(李晚用)에 의하면 서경, 즉 평양의 악부 가운데 〈이선악(離船樂)〉이 있는데 뱃길로 중국에 사신으로 갈 때의 모습을 만들었다고 했고 배를 타고 먼 바다로 떠나가는 이별의 모습을 형용하여 보는 사람들이 저도 모르게 눈물을 흘리게 된다고 했습니다. 〈이선악〉을 우리말로 풀면 배를 떠나보내는 악곡이라는 뜻이니 바로 〈배따라기곡〉과 같은 작품이라고 할 수 있습니다.

박지원은 물의 풍정과 어울린 생이별을 말하면서 〈배따라기곡〉의 예를 들었습니다. 이별이란 떠나고 보내는 주체가 있어야겠지요. 떠나는 이가 사신 일행이고 보내는 이가 고을 수령 일행이라고 하자면 다소 막연한 느낌이 듭니다. 그런데 중국으로 가는 사신 일행 가운데는 개인 대 개인의 뼈아픈 이별을 경험하는 사람들이 있었습니다. 서도지역을 지나는 여정 중에 젊은 장교와 기녀가 사랑과 이별을 나누었던 겁니다.

기녀에게 바치는 항구의 이별가

유인목(柳寅睦)의 〈북행가(北行歌)〉에서 그런 내용을 확인할 수 있습니다. 고종 3년(1866) 그는 백부인 유후조(柳厚祚)가 가례책봉주청사(嘉禮冊封奏請使)로 중국에 갈 때, 자제군관(子弟軍官)이 되어 수행했습니다. 유인목은 이 작품에서 객관에서 만난 기녀들과의 만남과 이별을 중심으로 사신으로 가는 긴 여정을 풀어나갔습니다. 그는 의주에 이르는 동안 많은 기녀들을 만났는데 소곶관(所串舘)에서 만난 기녀 화홍(花紅)과 각별한 애정을 주고받았던 것 같습니다. 압록강에서 화홍과 이별한 장면을 이렇게 묘사했습니다.

부윤(府尹)을 작별하니   모든 기생 하직하네
저 기생들 모양보소   깊은 정은 없건마는
면면이 손을 잡고   우는 양이 결연하다
그중의 화홍이는   오지마라 부탁하여
아니올가 여겼더니   기둥을 안고서는
은은이 우는양은   화홍이 네 왔느냐
이화일지(梨花一枝) 꽃송이에   봄비를 씌였구나
오동추야(梧桐秋夜) 좋은 달이   구름에 잠겼구나
만리(萬里)의 이 행객(行客)이   상심처(傷心處) 많건마는
못볼너라 못볼너라   너우는양 못볼너라
잠시라도 지체하면   내 필경 실례한다
떼치고 떠나가니   인정이 목석일까
저 화홍 섰는 모양   차마한들 돌아보랴
행차가 배에 올라   재촉령 내리신다

사신 일행이 압록강에서 배를 타고 떠나는 시점이 되자 의주 부윤이 나와 공식적인 송별 의식을 거행하고 기녀들도 늘어서서 일제히 하직인사를 하게 되었을 겁니다. 배가 떠나기 전 날 유인목은 화홍에게 압록강 나루에 나오지 말라고 당부하였지만 화홍이 나와서 울자 애틋한 마음 둘 데 없는 심정을 표현했습니다. 결국 사신의 행차가 배에 오르면서 젊은 장교 유인목과 기녀 화홍은 기약을 둘 수 없는 이별을 하게 됩니다. 화홍을 만나기 전에도 유인목은 황해도 봉산에서 국심(菊心)이라는 어린 기녀를 만났었습니다. 그녀는 자신의 머리를 얹어준 유인목을 따라 황주를 거쳐 평양, 순안, 안주까지 동행하고 청천강을 건널 때 이별합니다. 국심 역시 강나루의 이별 장면에서 많은 눈물을 흘렸습니다.

해마다 이별 눈물, 저 푸른 강물에 더해지리니

사신으로 가는 등 공무를 수행하기 위하여 지방 관아를 방문하는 관리들과 그곳 관기의 만남과 이별은 많은 일화를 남겼고 설화나 소설로 수용되었습니다. 〈배따라기곡〉에 담긴 이별 역시 이러한 사랑과 이별을 내포하고 있다고 생각됩니다. 배 위에 탄 젊은 장교는 사신 행차의 여정 도중 어떤 기녀를 만나 사랑을 했으나 이제 험한 뱃길을 떠나야 하는 남자 주인공이 될 겁니다. 배를 에워싸고 노래하는 여러 기녀들은 누구나 젊은 장교와 이별을 겪는 상대역이 될 수 있습니다. 그들은 현실 속에서 누군가를 만났다가 이별한 또는 이별하는 경험을 지녔을 것이기 때문이지요. 그들이 부르는 〈배따라기〉 노래는 현실과 극중공간을 넘나드는 진정성을 담게 됩니다.

이만용은 〈이선악〉을 감상한 심경을 이렇게 표현했습니다.

나각 소리 세 번에 노래가 목이 메고
금타(金䥄) 소리 울리니 눈물 철철 흐르네.
비단치마 기녀들이 행색을 시작하니

물길 아득하게 중국으로 떠나네.

나루터에 배가 정박해 있듯이 연회석상의 무대 위에 배가 놓여 있고 초취, 이취, 삼취를 외치는 호령 소리와 함께 출항을 알리는 나각 소리가 울립니다. 거듭 세 번 울리는 나각 소리는 이별의 순간이 점점 다가오는 절박한 상황을 나타냅니다. 드디어 포성이 울리고 배는 행선을 시작합니다. 배를 타고 떠날 사신 일행들과 그들 중 누군가를 만나 이제 이별을 앞둔 기녀들의 심정이 작품에 동화되기 시작합니다. 현실인지 극중공간인지 구분할 수 없는 안타까운 이별이 임박해 있으니 많은 사람들이 울음을 터뜨리게 되었겠지요.

이때 구슬픈 곡조의 〈배따라기〉 노래가 울리고 이별의 아쉬움과 무사 귀환의 기원이 절정에 달하게 되었을 겁니다. 이만용은 이 장면에서 느낀 감정을 이렇게 표현했습니다.

어찌하여 만경창파는
큰 파도 험한 물결로 배를 못 가게 하는가.
　　　…(중략)…
가고자 하나 가지 못해 배가 배회하는데,
여음 소리 가냘프니 정은 헛되이 얽히네.

여러 기녀들이 두 겹의 원 대형을 이루어 서로 반대 방향으로 돌며 춤추는 모양을 큰 파도가 넘실대는 모습으로 받아들였습니다. 배가 떠나지 못하게 소용돌이를 일으킨 파도의 저항은 현실 속의 무대공간에서 춤추는 기녀 누군가의 마음과 같았을 겁니다. 그녀는 사신 일행 중 누군가와 만나 사랑하고 이별을 겪게 되었을 테니 말입니다.

이만용은 배를 타고 떠나는 젊은 장교에 자신의 감정을 이입했을 겁니다. 그는 배가 회전하는 것을 배가 가지 못해 배회하는 것으로 해석했습니다. 사실 배가 회전하는 것은, 한정된 공간에서 배가 떠나는 모습을 보여주기 위해 연출의 기교를 발휘한 것입니다. 그러나 이만용은 이것을 배가 배회하고 있다고 받아들였고 떠나야 하나 차마 떨치고 갈 수 없는 젊은 장교의 심정을 읽어냈습니다. 극중공간이든 현실공간이든, 떠나야 하는 사람을 못 가게 막는 것은 거센 소용돌이파도 같은 저항이 아니라 '가시는 듯 돌아오소서.' 하고 노래하는 배려와 기원이었나 봅니다. 이만용이 그랬듯이 바로 〈배따라기〉를 부르는 장면에서 많은 이들이 눈물을 흘렸겠지요.

이미 한양을 떠난 지 오래되었고 얼마 안 있으면 험한 뱃길을 시작으로 낯선 이국땅에 들어갈 사신 일행이 연회석상에서 〈배따라기곡〉을 감상하게 되었을 때를 상상해보면 분명 많은 이들의 심금을 울렸으리라 생각됩니다. 특히 기녀와의 만남과 사랑, 이별을 경험한 젊은 장교에게는 더없이 절박하고 비장한 작품이었을 겁니다. 그러한 경험을 하지 않은 사람들도 험한 뱃길을 가는 먼 여정을 앞두고 생기는 두려움 때문에 쉽게 작품의 정서와 동화될 수 있었다고 여겨집니다.

1780년 6월 어느 날 뱃길 여정을 앞둔 사신 일행의 일원이었던 박지원 역시 서도지역의 어느 고을원이 마련한 연회석상에서 〈배따라기곡〉을 관람하게 되었을 것이고 그가 표현했듯이 '창자를 에이는 듯한 구슬픈' 곡조에 눈물도 많이 흘렸을 겁니다.

비장의 미학, 〈新배따라라기곡〉을 꿈꾸며

〈배따라기곡〉은 궁중 정재로 채택되어 뱃놀이의 풍류를 즐기는 〈선유락〉이 되면서 비장미를 상실하게 됩니다. 배가 떠나는 장면에서 더 이상 〈배따라기〉 노래를 부르지 않게 되었습니다. 이 노래가 가져다주는 비장미는, 배를 타고 사신으로 가며 이별을 경험했거나 그러한 상황을 지켜본 관객에게는 절실했으나 궁정 연회에 참석한 관객에게는 큰 의미가 없었을 겁니다.

떠나고 보내는 이별의 아쉬움과 무사귀환의 기원이 절정에 달하는 〈배따라기〉가 사라진 〈선유락〉에서는 뱃길을 떠나는 극중인물인 젊은 장교의 존재가 무의미해졌을 겁니다. 강호의 한적한 삶을 구가하는 늙은 어부의 노래인 〈어부사〉가 유일한 창사가 되어 버린 상황에서 젊은 장교의 모습은 이상할 수밖에 없습니다. 정조 19년(1795)『원행을묘정리의궤』나『화성능행도』만 하더라도 확인할 수 있었던 젊은 무관의 모습이 순조 29년(1829)『순조기축진찬의궤』에 이르면 나타나지 않습니다. 배에 타는 어린 기녀가 더 이상 젊은 장교의 모습으로 분장하지 않게 된 겁니다.

음악극 또는 뮤지컬이 주목받고 있는 요즘, 〈배따라기곡〉처럼 연극적 구성과 비장미를 갖춘 전통 음악극에 대해 관심을 가져보는 건 어떨까 합니다. 더 나아가 〈배따라기곡〉의 형성 과정을 둘러싼 젊은 장교와 기녀의 이야기를 담아 음악극을 만드는 건 어떤지 생각해봤습니다. 전통문화를 들여다보면 마르지 않는 상상력의 원천을 발견할 수 있습니다.

지금까지 연암 박지원의 행적과 단상을 중심으로 〈배따라기곡〉에서 〈선유락〉에 이르는 예술의 사회사를 탐색해보았습니다. 국악특강 한국문화 시리즈 전통연희, 진행에 사진실이었습니다. 안녕히 계십시오.

제4장 열린 유흥문화의 그 동지들: 조선후기 연희사회사

1. 마지막 노래는 나와 함께, 기생 추월이야기

안녕하세요, 사진실입니다.

이 시간에는 공주 출신 기생 추월의 이야기를 중심으로 조선시대 선상기의 활동에 대해서 말씀드리겠습니다.

한강을 건넌 곰나루 기생

추월에 대한 기록은 당대 여러 문인들의 작품에서 확인할 수 있는데 그 가운데 홍신유의 〈추월가〉에서 추월의 인생을 잘 엿볼 수 있습니다. 홍신유는 광대 달문의 인생을 담아 〈달문가〉라는 작품을 남기기도 했지요. 홍신유는 중인 출신 여항문인으로 광대와 기생, 화가 등 당대의 예술가들과 교류했습니다. 홍신유의 〈추월가〉를 중심으로 추월의 예술 인생을 한번 들여다보겠습니다.

추월은 공주의 기생집에서 태어났습니다. 어머니가 기녀인지라 딸인 추월 역시 기녀의 신분을 갖게 된 겁니다. 조선시대 기녀는 서울의 기녀인 경기와 지방의 기녀인 관기로 나뉩니다. 경기는 지방의 관기나 각 관청의 관비 가운데 선발했습니다. 경기는 장악원에 소속되어 춤과 노래를 익히고 궁중의 잔치에 나아가 정재를 공연했습니다.

정재란 '재주를 바친다'는 뜻을 가지고 있는데 조선시대에 이르면 하나의 고유명사로 굳어져 궁중 잔치에서 기녀나 무동이 공연하는 악가무를 가리키게 되었습니다. 조선시대 궁중 잔치는 진풍정, 진찬, 진연 등으로 불렀는데 나라의 경사를 맞아 임금이 대비에게 올리거나 세자와 신하들이 임금에게 올리는 형식을 갖추었습니다. 임금과 신하들이 참석하는 대외적인 진연은 외연이라고 하고 대비와 중전 등이 참석하는 왕실 내부적인 진연은 내연이라고 했습니다.

조선 전기에 기녀들은 외연과 내연에 모두 출연해서 정재를 공연했는데 여악에 대한 폐단이 자주 거론되면서 외연에서 공연하는 정재는 무동이 대신하게 됩니다. 여악 폐지론의 주된 내용은 임금의 종친이나 양반사대부들이 기녀들과 사통하게 됨으로써 강상의 질서가 무너진다는 것이었습니다. 궁중의 공식 행사를 위해서 장악원에 기녀를 두었지만 그들이 비공식적으로 상층의 오락유흥문화에 관여하게 되었기 때문에 풍기문란이 야기되었던 겁니다.

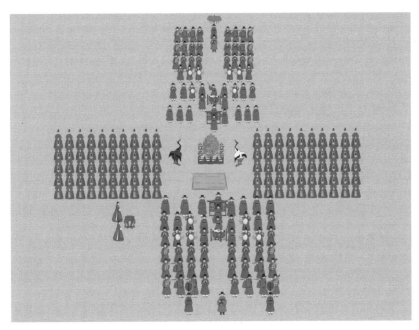

그림 26 궁중정재 복원도

경기와 지방의 관기를 모두 폐지하자는 논의도 분분했지만 왕실 내부의 잔치인 내연에서 기녀들의 여악을 사용하는 문제가 걸려 있었기 때문에 여악의 제도를 완전히 혁파할 수는 없었습니다. 결국 장악원 기녀는 폐지하되 내연을 거행할 때만 지방의 관기들을 선발해 서울로 불러올리는 선상기 제도가 정착되었습니다. 외연에서는 무동이 중심이 된 남악을 사용하게 되었습니다. 장악원 소속의 경기를 충원할 때도 지방의 관기를 뽑아 올렸으니 '선상기'라는 말이 새삼스런 것은 아니지요. 크게 달라진 것은 평상시 기녀들의 예능 수련을 중앙 부서인 장악원이 아닌 지방 관청의 교방에서 담당하게 되었다는 사실입니다.

추월은 바로 공주 출신 선상기였습니다. 〈추월가〉에 의하면 그는 노래를 잘해서 나이 열여섯에 이미 그 명성이 서울까지 퍼졌고 결국 서울로 뽑혀가게 됩니다. 선행 연구에 의하면 인조 이후에 선상기 제도가 정착되었다고 하니 공주 기생 추월은 장악원 기녀가 아닌 선상기로 서울을 드나들게 되었던 겁니다. 앞선 시간에 말씀드렸듯이 추월은 풍류객 심용의 문하에 있었으니 18세기 중반에 활동했다고 할 수 있습니다. 함께 활동한 기녀 계섬이 1736년생이니 추월도 비슷한 연배가 아닐까 합니다.

추월이 바라본 서울의 유흥 풍경

선상기들은 서울에 근거지가 있지 않았기 때문에 종친이나 양반사대부의 저택에 의탁해서 생계를 유지했던 것 같습니다. 추월은 서울에 올라와 부마궁, 즉 공주의 집에 뽑혀 들어갔습니다. 부마는 추월의 후견인이었다고 여겨집니다. 계섬 역시 황해도 출신 선상기라고 생각되는데 시랑 원의손, 대제학 이정보 등을 후견인으로 두고 서울에서 활동했습니다. 이들 후견인은 기녀들의 의식주를 해결해주고 예능 수련을 도와주는 예술적 후원자였습니다.

선상기들은 내연이 있을 때 서울로 올라왔다가 행사가 끝나면 지방으로 돌아가야 했습니다. 산대 나례를 거행할 때 전국 각지에서 재인들을 불러들였다가 행사가 끝나면 지방으로 돌려보내는 것과 같았지요. 재인들은 행사가 끝난 후에도 지방에 내려가지 않고 서울 경기의 주변을 돌며 걸식을 해서 조정의 골칫거리가 되었습니다. 걸식을 한다는 것은 조정 관료들의 시각이고 실제는 놀이판을 벌여 돈을 버는 공연 활동을 했던 거지요. 선상기 제도 역시 비슷한 양상이 나타났습니다. 일시적인 선상기로 서울에 올라왔다가 아예 서울에 정착하는 사례가 생겼던 겁니다.

추월 역시 선상기로 올라왔다가 공주로 내려가지 않고 계속 서울에서 활동했습니다. 임금의 사위인 부마가 후견인으로 있었기에 가능했던 일이 아닌가 생각됩니다. 선상기 제도가 정착된 것이 17세기 초반이라면 그로부터 백년 가까이 지나면서 제도가 유연해진 까닭도 있지 않을까 합니다. 추월이나 계섬처럼 재능이 뛰어난 선상기들이 지방으로 내려가지 않고 서울에 머물 수 있도록 하는 제도의 변화가 불가피했을 겁니다.

선상기들을 의녀나 침선비로 등록시키는 방식을 추정할 수 있습니다. 의녀나 침선비로 등록되었지만 의술이나 바느질을 담당한 것이 아니라 노래와 춤으로 궁정 등 상층문화에 복무하게 한 것이지요. 18세기 말에서 19세기 초 서울지역의 오락유흥문화를 잘 보여주는 판소리계 소설 〈게우사〉를 보면 서울 장안의 왈자 무숙이가 평양 기생 의양이의 후견인을 자처하게 되는데 의양이는 상방의 침선비로 구실을 다닙니다. 중앙 관청에 소속되어 있으니 궁중 잔치에서 노래하거나 정재를 공연했을 겁니다. 그러나 평상시에는 서울 시정의 수요에 따라 활동했다고 여겨집니다.

〈추월가〉에서는 추월이 서울 장안의 풍류객들과 어울려 활동하는 모습을 이렇게 묘사합니다.

수풀 서늘한 정릉 골짜기며
연융대 시냇가 바위 위에
달빛 하늘에 가득 찬 가을 밤
꽃피어 따스한 봄날

파초선 떴다 서평군 양평군이요

학경거 타신 능창군 낙창군이라

휘황한 자리에 관악 현악 어울리고

수놓은 장막 술잔에 노을빛 흐르는데

춤추는 치맛자락 너울거려 돌고

노래하는 기생의 비녀 줄을 지어서

높이 뜬 구름도 홀연 멈추어 섰고

하늘 가득히 아스라한 산 푸르러라

용호영 군악대 이패두와 쾌남아 거지두목

연융대는 조선후기의 군사훈련장입니다. 훈련장의 넓은 마당을 무대와 객석으로 활용해서 기생과 가객의 풍류를 즐겼다고 여겨집니다. 추월 일행의 고객으로 서평군, 양평군, 능창군, 낙창군 등 임금의 종친들이 거론되어 있습니다. 서평군 이요(李橈)는 타고난 달변과 깊은 학식을 지녔다고 전해지는데 1726년에서 1744년 사이 여러 차례 청나라에 다녀왔습니다. 왕의 신임이 두터워지자 부정한 방법으로 재산을 모아 사치를 하다가 대간의 탄핵을 받기도 했다고 합니다. 능창군, 낙창군 역시 여러 차례 청나라에 다녀와 외교문제에 관여했습니다.

성대중(1732(영조 8)~1812(순조 12))의 개수전에서도 연융대의 잔치 장면이 등장합니다. 영조 36년(1760)에 큰 풍년이 들자 임금이 널리 영을 내려 잔치를 베풀고 즐기게 했습니다. 당시 서울에서 으뜸가는 풍악으로 알려진 용호영의 군악대에 이씨 성을 가진 패두가 있었답니다. 그는 본래 호탕하기로 이름이 나 기생들이 모두 그를 따랐다고 하지요. 당시는 금주령이 엄해서 잔치에 술은 쓰지 못하고, 대신 기생과 가객들의 음악을 즐겨 썼습니다. 사람들은 잔치에 서울 장안에서 이름난 용호영의 풍악을 불러오는 것을 자랑으로 삼았으며, 불러오지 못하면 부끄럽게 여겼다는 겁니다.

1760년 당시 이패두는 잔치에 불려 다니느라 아주 지쳐, 이따금 병을 핑계대고 집에 있었답니다. 하루는 거지 하나가 찾아와 우두머리 꼭지딴의 요청을 전달했는데, 연융대에서 잔치를 하려는데 용호영의 풍악으로 흥을 돋워 달라는 내용이었습니다. 이패두는 화가 나서 이렇게 말했습니다. "서평군이나 낙창군 대감 초청에도 갈지 말지 한데, 거지 잔치에 간단 말이냐?" 추월의 고객으로 거론되었던 서평군 낙창군은 당대 풍류객의 대명사였던 모양입니다.

얼마 뒤에 거지패의 꼭지딴이 직접 이패두를 찾아왔습니다. 다 떨어진 옷에 몸집이 장대한 그는 눈을 부라리며 으름장을 놓았습니다. 자기 패거리는 수백 명이 서울 장안에 흩어져 있어 포도청 순라꾼도 함부로 건들지 못한다며 자신들을 업신여기면 이패두가 무사하지 못하리라 엄포를 놓았지요. 이패두 역시 풍각쟁이로 한평생 각지를 떠돌아다닌 몸이라 시정의 물정에 훤했기에, 껄껄 웃으며 풍악을 차려주겠다고 약속합니다.

거지두목은 당대에 이름난 기생과 악공의 이름을 열거하며 다짐을 했습니다. 1760년이면 추월이나 계섬이 서울 장안에서 이름을 날리던 때니 거지두목이 거명한 기생 가운데 그들이 있었을 지도 모릅니다. 이튿날 아침에 이패두는 자기 무리들을 모두 불렀습니다. 거문고·젓대·피리·장고 등의 악기를 새것으로 가져오게 했고, 기생도 몇 명 불러 모아 총융청 앞뜰 연융대에서 풍악을 차렸습니다.

이때 거적을 둘러쓰고 새끼로 허리를 동여맨 거지 떼가 춤추며 모여들었습니다. 양반사대부의 잔치와 같이 꼭지딴은 상좌에 버티고 앉았고 거지들이 벌여 앉았습니다. 그들은 잔칫집에서 빌어 온 음식을 꺼내 깨진 기와조각이나 풀잎에 싸가지고 와서 이패두와 기생들에게 권했고 자신들도 나누어 먹었습니다. 저녁이 되자 꼭지딴은 이패두 일행에게 정중히 인사하고 떠났답니다. 기생들은 하루 종일 굶주리고 지쳐 이패두에게 원성을 퍼부었지만 이패두는 비로소 쾌남아를 보았다고 감탄했다고 합니다.

거지들에게 당대 최고의 풍악을 누리게 해준 거지두목의 행적에서, 앞선 시간에 말씀드렸던 광대 달문의 모습을 연상하게 됩니다. 달문은 그 자신이 광대로서 양반사대부가에 드나들었지만 청계천 다리 밑에 사는 거지패들의 우두머리로 지내기도 했습니다. 달문과 비슷한 내력을 지닌 거지 두목이라면 능히 당대 최고의 풍악을 요구하는 패기와 풍류를 지녔을 겁니다.

추월이 만난 가객, 이세춘

추월의 소리 인생은 서울에서 만난 한 가객으로 인해 변화하게 됩니다. 〈추월가〉에 의하면 이 가객을 따라 삼 년 동안 소리 공부를 한 것으로 되어 있습니다. 추월의 소리 선생이 된 이 가객은 이세춘으로 알려져 있습니다. 이세춘 역시 풍류객 심용의 문하에서 추월, 계섬과 함께 활동했었지요. 이세춘은 시조의 장단을 만들어낸 가객으로 알려져 있습니다. 가곡이나 가사창에서 시조창이라는 새로운 노래 형식을 유행시킨 겁니다. 추월은 이세춘에게서 배운 새로운 노래 스타일로 일세를 풍미했습니다.

그러나 다시 유행은 바뀌어 추월의 소리는 낡은 것이 되고 새로운 소리가 세간을 장악하게 됩니다. 〈추월가〉에서는 추월을 둘러싼 연예계의 변화를 이렇게 묘사합니다.

고대광실 구름 속에 연이었더니
석양 긴긴 해에 이울어진 풀이로다.
요사이 사람들 예스런 가락 좋아하지 않고
부르나니 시속의 천박한 소릴레라.

시속의 천박한 소리란 당시 시정문화를 중심으로 생성되기 시작한 잡가가 아닐까 생각합니다. 호서 호남지역에서 발생해서 서울까지 진출한 판소리일 수도 있습니다.

비장한 마음, 비파소리에 부쳐

마침 추월과 계섬, 이세춘 일행의 든든한 후원자였던 풍류객 심용의 죽음이 이어져 추월의 소리 인생이 끝나게 되었습니다. 1788년 심용이 죽자 그 문하에 있던 일행이 파주에 모여 장사지내고 노래와 연주로 한바탕 탄식한 후에 각자 흩어져 고향으로 떠났습니다. 이때 추월은 금강을 건너 고향인 공주로 가게 되었겠지요. 강을 건너던 배 위에서 노래를 불렀던지 〈추월가〉의 마무리는 이렇게 이루어집니다.

비장한 마음 남방의 소리에 부쳐
이제 고향땅으로 돌아오니
마치 심양강 배 위에서 나지막이 비파 타던 여자처럼
그 가락 강개한 뜻 붙였으니
듣는 이 모두 슬퍼하고 한숨 내쉬네.
세상이란 본래 이러하니
추월이여 그대 어찌하리.

심양강 배 위에서 비파 타던 여자는 당나라 때 문인 백거이가 지은 노래 비파행에 나오는 이야기와 연관됩니다. 백거이가 심양에 귀양 와서 지내던 때에 심양강에서 손님과 이별하며 술자리를 베풀었는데 강물 위 어디선가 비파 소리가 들렸답니다. 연주자를 찾아 비파를 연주하게 하고, 그 내력을 들으니 한때 교방 최고의 연주자였다가 가세가 기울고 늙어 쇠락한 여인이었답니다. 〈추월가〉를 지은 홍신유는 백거이가 비파 타는 여인을 만나 〈비파행〉을 지은 사실과 자신이 추월을 만나 〈추월가〉를 지은 사실을 연결했습니다.

예인 추월의 풍류객 감별법

다른 이야기에서 추월은 자신의 인생을 돌아보며 평생에 잊지 못할 저

급한 고객의 부류에 대해서 말합니다. 첫째 이야기는 사람의 풍류를 외모로 판단할 수 없다는 사실과 함께 좋은 풍류란 관객과 함께 만들어간다는 사실을 알려주고 있습니다. 추월은 어느 날 판서 댁의 잔치에서 공연하다가 용모가 준수한 양반을 만났는데 며칠 후 그가 불러 일행과 함께 나아 갔습니다. 외모를 보아 멋진 풍류를 기대하게 했던 그 양반은 예상과 달리 까칠하기 짝이 없었습니다. 추월 일행이 집안에 들어서자마자 앉으라는 말 한마디 없이 대뜸 노래를 부르라고 했습니다. 추월은 도무지 흥이 나지 않아 마지못해 노래를 불렀고 대감은 노발대발 호통을 치며 일행을 대청 아래로 끌어내리라 하더니 이렇게 말했답니다.

"너희들 전에 판서 댁에서는 노래며 풍악이 시원해서 아주 들을 만하더니 지금은 소리가 낮고 가늘며 늘어져서 싫어하는 기색이 완연하구나. 흥 취라고는 조금도 없다. 내가 음률을 모른다고 해서 그러는 것이냐?"

추월이 그를 진정시키고 나서 이번에는 곡조가 맞지 않지만 시끄럽고 떠들썩한 곡으로 화답하며 노래를 했습니다. 그제야 대감은 흥겨워하며 부채로 책상을 두드리며 감탄했다는 겁니다. 풍류마당의 흥이란 기녀나 가객이 갑자기 만들어내는 것이 아니라 좌중의 분위기가 무르익어야 나오는 것이고 그 분위기는 관객이 함께 만들어간다는 사실을 일깨워주고 있습니다.

두 번째 이야기는 가진 것 없이 양반이라는 신분을 내세워 풍류객 흉내를 내려는 사람에 대한 이야깁니다. 어떤 양반이 하도 성화를 해서 추월 일행이 찾아갔습니다. 동대문 밖 변두리 단칸방 토방에 마루도 없었고 토방에는 겨우 초석이 하나 깔려 있었습니다. 주인은 떨어진 도포에 찌그러진 갓을 썼고 용모도 볼품없었는데 시골 사람 몇몇과 마주해서 앉아 있었답니다.

추월 일행은 초석 위에 앉아 줄을 고르고 노래를 불렀습니다. 추월이 노래 몇 곡을 부르자 주인이 손을 휘저으며 별로 들을 것도 없다고 하고선 겨우 탁주 한잔씩을 돌리고는 가보라고 했다는 겁니다. 풍류에 대한 보상이 어려운 초라한 처지를 미안하게 여기기는커녕 노래가 시원찮아 줄 게 없다는 식의 염치없는 행동이 오래도록 추월의 기억에 남은 겁니다. 추월은 장안에서 이름난 기녀였지만 신분적으로는 천민이어서 양반의 부름에 응하지 않을 수 없었고 고객이 자발적으로 주지 않으면 공연에 대한 보상을 요구할 수 없었습니다. 그러나 당시 서울의 공연 오락적 수요는 무르익어 기녀와 가객들에 대한 물질적 보상이 일정한 수준에 올라 있었기 때문에 가난한 집에서 양반이라는 신분 하나로 공짜 고객이 되려 했던 일화가 회자되었다고 할 수 있습니다.

세 번째 이야기는 예술적 교감과는 무관하게 돈으로 환심을 사려는 부류에 대한 이야깁니다. 어느 여름 날 추월이 세검정 잔치에서 노래하고 있었는데 담을 쌓은 구경꾼들 가운데 초라한 차림의 시골 사람이 그를 뚫어지게 쳐다보고 있었답니다. 이상하게 여기던 차에 시골 사람이 손짓해 불렀고 추월이 다가갔습니다. 그는 창원에서 올라온 아전으로 오래전부터 추월의 명성을 들었다며 실제로 노래를 들으니 이름이 헛된 것이 아니라면서 한 꿰미의 돈을 꺼내 주었습니다. 추월은 명분 없는 돈이라 받을 수 없다 하여 거절하고 돌아서면서 입을 가리고 웃었답니다. 공연에 대한 정당한 보상을 받지 못해 화가 났던 두 번째 일화와는 반대로 자신에게 반해서 명분 없는 돈을 건네는 아전의 촌스런 행동이 우스웠던 겁니다.

심용의 문하에 함께 있었던 계섬에 비해서 추월은 기녀라는 전문 예능인의 자의식이 강했다고 생각됩니다. 계섬은 기녀보다는 자연인으로서의 삶과 만남의 문제에 몰두해서 일찌감치 현역에서 물러나 불도를 닦는 등의 행적을 보였습니다. 추월이 회상하는 세 가지 일화는 모두 당대의 관객에 대한 것으로 기녀로서 추월의 예술 활동과 처우에 관한 내용을 담고 있습니다. 추월은 예술가로서 기녀의 위상과 보상에 대한 예리한 판단력을 지니고 있었다고 여겨집니다.

지금까지 공주 기생 추월을 중심으로 서울에서 활동한 선상기의 일면을 살펴보았습니다. 선상기의 활동은 지방 관청 소속 교방의 명예와 관련되는 문제였기 때문에 지방의 교방에서는 관기들의 예능 수련과 레퍼토리 개발에 힘을 쏟았을 겁니다. 선상기 제도를 계기로 지방의 교방악이 발달하고 서울과 지방의 공연예술이 활발하게 교류하게 되었다고 할 수 있습니다. 지방 수령의 잔치에도 궁중 정재 종목이 공연되고 지방에서 만들어진 정재가 궁중 정재로 편입되기도 했습니다. 대표적인 작품이 〈선유락〉이라고 할 수 있습니다. 국악특강 한국문화 시리즈 전통연희, 진행에 사진실이었습니다.

2. 왈자들의 풍류 전성시대, 김무숙과 〈게우사〉

안녕하세요, 사진실입니다.

이 시간에는 판소리계 소설 〈게우사〉에 나오는 주인공 김무숙과 평양기생 의양이를 중심으로 19세기 중후반 서울지역 유흥오락문화의 양상에 대해서 말씀드리겠습니다.

유협 혹은 왈자, 풍류를 숭상하는 멋쟁이 사내들

판소리계 소설 〈게우사〉는 판소리 〈무숙이타령〉의 소설 정착본으로 알려져 있습니다. 판소리 〈무숙이타령〉은 판소리 열두 마당 가운데 하나로 지금은 전승되지 않는 작품이지요. 〈무숙이타령〉은 〈왈자타령〉으로도 알려져 있습니다. 19세기 초 송만재가 지은 시 〈관우희(觀優戱)〉에 의하면 유협(遊俠)을 장안에서 왈자라 부른다고 하였고 붉은 옷에 초립을 쓴 우림아 등이 속한다고 했습니다.

우림아는 임금의 시위부대인 우림위에 속한 군졸을 말합니다. 임금의 시위부대는 우림위, 겸사복, 내금위가 있었는데 조선후기에 용호영으로 통합되었습니다. 용호영은 임금의 시위대일 뿐 아니라 서울 장안 최고의 풍악을 연주하는 군악대를 가지고 있었지요. 〈게우사〉에 의하면 내금위의 고위직인 내금위장을 비롯해서 서리, 역관, 대전별감, 의금부 나장, 시정의 한량 등이 왈자의 부류에 속합니다.

무협과 풍류를 숭상하는 유협이 되기 위해서는 검술과 같은 무예를 갖출 뿐 아니라 풍류를 즐기기 위한 경제적 부를 축적해야 했습니다. 서리는 중앙 관서에서 행정을 담당한 경아전으로 실무 능력을 바탕으로 직접 상업 활동에 나서기도 했습니다. 역관은 북경에 드나들며 무역을 할 수 있었던 관계로 부를 축적할 수 있었습니다.

하급 무관들은 서울 시정을 순찰하며 치안과 질서 유지를 도맡아 했기 때문에 시정의 물정에 밝았고 시정에서 활동하는 상인이나 기생, 광대 등에게 절대적인 권력을 행사할 수 있었다고 생각합니다. 이러한 특성을 살려 그들 역시 상업 활동에 종사하기도 했으며 기생이나 광대 등의 흥행 활동에 개입하여 당대 오락유흥문화를 장악하게 되었던 겁니다. 이들 왈자들은 당대 예술의 후원자며 청관중인 동시에 예술가의 성공과 실패를 쥐고 흔든 당대 예술계의 권력자였습니다.

풍류의 속멋을 안 대방왈자 김무숙

김무숙은 중촌에 사는 장안 갑부이며 대방왈자였습니다. 〈게우사〉에서는 그의 풍모를 이렇게 묘사하고 있습니다.

문필로 논한다면 과문(科文) 육체(六體)가 범상하지 않고 간필 한 장 명필이요 활쏘기에 있어서는 원사 편사에 으뜸이요 십팔기가 달통하고 노래 가사 명창이요 거문고 생황 단소 오음 육률 속을 알고 판소리 속멋을 알고 계집에게 다정함과 살 아끼고 돈 모르고 노름판에 소담 많고 잡기 속도 알만하되 천하다 하여 본 체 않고 인기가 이러하나 지식은 부족하고 마음은 허랑하였다.

문과와 무과에 두루 재능을 지닌 무숙이는 노래를 잘해서 명창 소리를 들었고 기악 연주의 음률과 판소리의 속멋을 아는 최고의 청·관중이었습니다. 이렇게 풍류에 능한 그가 경제적인 부유함마저 갖추다 보니 기방이나 자연 속의 풍류공간을 다니며 돈을 물 쓰듯 해서 허랑방탕한 생활을 하게 되었습니다.

어느 봄날 무숙이는 답청놀음에 참석합니다. 푸른 풀을 밟는다는 의미를 가지고 있는 답청놀음은 산과 들로 나아가 봄빛을 즐기는 풍류놀음이라고 할 수 있습니다. 김무숙 일행의 답청놀음은 지금의 북한산에서 이루어졌습니다. 문수봉과 중흥동을 거쳐 백운봉에 올라 서울의 지세와 산세를 살펴본 후 꽃길을 따라 내려와 본격적인 풍류공간인 누각에 이르게 됩니다. 누각에는 답청놀음의 주최측인 왈자들과 초청받은 예술가들이 참석했습니다.

중세 종합예술문화의 살롱(salon), 누정(樓亭)

누각이나 정자는 동호인들이 모여 시를 읊거나 연주를 하고 노래와 춤, 연극을 감상하는 다목적형 문화공간이었습니다. 서양에서는 살롱(salon) 공간을 바탕으로 음악, 미술, 연극 등의 예술이 상층 애호가의 후원과 지원을 받아 발전했습니다. 이후 소수 특권층의 문화가 해체되면서 대중을 위한 극장이나 전시장으로 전환되었다고 할 수 있지요. 우리나라의 누각이나 정자 역시 이러한 문화예술 공간으로서 존재했습니다.

그림 27 부벽루 대청의 무대와 객석

누각이나 정자는 아름다운 자연 환경과 어울리도록 개방적인 건축 구조를 지니고 있습니다. 극장사의 관점에서 보면 누각이나 정자는 폐쇄적인 실내극장이 아니라 자연을 향하여 열려 있는 개방적인 극장공간입니다. 아름다운 주변 경관을 무대와 객석으로 끌어들인 자연 친화적인 극장 공간이라고 할 수 있지요. 조선후기 풍속화나 기록화 속에서 누각과 정자를 극장공간으로 활용한 많은 사례를 확인할 수 있습니다.

우리 음악의 향유 공간을 모색하는 움직임 가운데 한옥의 대청이나 누각, 정자, 사찰 등지에서 음악회를 여는 활동이 눈에 띕니다. 음악을 향유했던 전통을 복원하여 그 가치를 찾는 작업이지요. 한옥에서 연주하는 음악을 녹음한 결과 최신 시설로 꾸며진 녹음실에서 얻은 음원보다 훌륭했다는 이야기도 들립니다. 그렇다고 모든 우리 음악을 한옥 대청이나 누각, 정자에서 공연할 수는 없을 겁니다. 예전의 음악 향유 방식은 소수의 특권층을 위한 것이었기 때문이지요. 대중문화의 시대를 살면서 소수의 특권층이 참석하는 전통적인 공연공간만을 지향할 수는 없습니다. 최적의 공간에서 최상의 아름다움을 전달했던 전통 공연공간의 원리와 가치를 찾는 작업을 지속하되, 그 가치를 오늘날의 다수 청·관중에게 베풀 수 있는 방안도 함께 모색해야 합니다.

당대 최고의 연예인이 총출동한 무숙의 답청놀음

김무숙 일행의 답청놀음에는 여러 분야의 명인 명창들이 참석했습니다. 노래 명창 황사진, 가사 명창 백운학, 이야기의 일인자 오물음, 이 사람의 본명은 김중진으로 이야기꾼으로 이름을 날린 일화를 여러 편 만날 수 있습니다. 거짓말의 일인자 허재순, 거짓말로 좌중의 사람들을 감쪽같이 속여 허탈하게 만드는 재주꾼도 당대의 전문가였던 겁니다. 악기 연주자로는 거문고에 어진창, 일금에 장개랑, 퉁소 일인자 서계수, 장구 일인자 김창옥, 젓대 일인자 박보안, 해금 일인자 홍일등 등이 참석했습니다.

선소리, 즉 판소리로 이름을 날린 송흥록과 모흥갑도 있었습니다. 송흥록은 전라도 운봉 출신으로 가왕이라는 칭호를 얻은 명창입니다. 그에게 가왕의 칭호를 바친 사람이 바로 모흥갑이라고 합니다. 모흥갑은 평양 연광정에서 공연할 때 소리가 십리 밖까지 들렸다는 일화를 남기고 있습니다. 서울대 박물관에 소장된 〈평양도〉 가운데 능라도 부분에 소리하는 모흥갑의 모습이 그려져 있습니다.

답청놀음에서 풍류를 즐기던 김무숙은 좌중의 왈자들과 지극한 놀음에 대해 갑론을박 하던 중 평양 기생 의양이의 이야기를 듣게 됩니다. 의양이는 평양에서 이름난 기생으로 서울로 선상되어 화개동 경주인 집에 머물며 약방에 구실을 다니고 있었답니다. 얼굴과 태도가 고운데다 절개가 높아 장안의 뭇 남성들을 애태우고 있으니 무숙이가 가서 한번 놀아보라는 부추김이 있었지요.

경주인은 경저리라고도 불리는데 지방의 서리나 서민 출신으로 서울에 와 살면서 중앙과 지방의 사무를 매개하던 사람들을 말합니다. 평양에서 올라온 의양은 평양 출신 경주인의 집에 의탁하고 있으면서 약방에 소속된 기생으로 왕실의 행사에 복무하고 있었던 겁니다. 인조 연간 장악원 기녀의 제도가 폐지된 이후 마련된 선상기 제도에 따르면 서울에 올라온 외방의 기녀는 행사가 끝나면 낙향하는 것이 원칙이었습니다. 그러나 왕실의 필요와 민간의 수요가 함께 맞물리는 상황이 되자 지방에서 재주가 뛰어난 기녀를 선상하게 하여 약방이나 상방에 등록하여 지속적으로 서울에서 구실을 살도록 했습니다.

무숙, 기생 의양을 기적에서 빼내다

〈게우사〉의 내용에 따르면 경주인의 집은 임시거처이며 서울 장안에서 기녀의 후견인이 되어줄 남성이 나타나면 집을 옮기게 됩니다. 의양을 보고 반한 무숙은 사오천 냥의 돈을 빌려 약방 부제조와 상의원 침선비 등 여러 사람에게 돈을 바치고 의양을 속신시켜 기적에서 빼왔습니다. 그리고는 집을 마련해서 마당을 꾸미고 세간을 들여놓습니다. 의양의 집 마당을 꾸미는 내용은 이렇습니다.

전후좌우 좋은 화계 모란 작약 영산홍과 들충 측백 전나무와 금사화죽 연포 도화 측죽 황연이 벌어있다. 옥분에 심은 매화 녹죽 창송 천고절을 여기저기 심어놓고 사계 철쭉 해바라기와 난초 파초 좋은 종을 대분에다 심어놓고 향원 춘색 어린 곳에 꽃 중의 군자 연꽃이 너울너울 넘노는 듯, 홍도 벽도 일지매화 일단선풍 기이하고 치자 동백 석류분에 유자 화분이 더욱 좋다. 사신 행차 부탁하여 오색 붕어 유리항에 백연새 앵무새와 학두루미 날개 벌려 뚜루루낄룩 길들이고 완자담 일광문은 갖은 추병 틀어있고 청삽살이는 문을 지키고 머리는 희고 얼굴은 까만 좋은 개는 천석 누리 노적 밑에 잠을 자며 길들이고 억대 황소 두 마리는 양지 바로 마구 두어 그득하게 세워 두고…….

방안 치레는 더욱 화려해서 벽지는 당지라고 하는 중국산 수입품을 사용했고 벽에는 구운몽도나 관동팔경도와 같은 민화로 장식했으며 평상, 문갑, 장롱 같은 가구를 들여놓았습니다. 가구에는 평생 먹을 유밀과와 평생 쓸 보약, 온갖 보배와 의복 등을 채웠습니다.

십만 금의 호사풍류, 유산놀음

살림을 차린 후에도 무숙의 향락과 소비 생활이 끝나지 않자 의양은 계책을 내어 무숙이의 낭비벽을 바로잡고자 합니다. 무숙이가 가산을 탕진하고 체면을 떨어뜨려 밑바닥 인생을 살게 한 다음 인연과 재물의 귀중함을 알게 해주려 했던 겁니다.

호기 있게 놀며 돈 쓰는 구경을 하고 싶다는 의양의 말에 무숙은 유산놀음으로 자신의 풍류를 보이고자 합니다. 산에 놀러간다는 뜻의 유산놀음은 경치 좋은 봄철 명산을 다니면서 즐긴 풍류놀음을 말합니다. 떠나기 전 악기를 장만하는데 천여금을 들었고 장악원 소속 악공들로 삼현육각을 구성하여 의복과 갓, 망건, 패물 등으로 호사시킨 후 백총마를 태웠습니다. 거문고, 가야금의 명인, 통소, 생황, 양금의 일인자들을 가마에 태워 대동했습니다. 십여 명의 일등 명기들을 호사스럽게 단장시켜 말에 태우고 의양이는 별도로 가마를 태워 앞세웠으며 무숙은 말을 타고 그 뒤를 호위했습니다.

"화란춘성(花爛春城)하고 만화방창(萬化方暢)이라. 때 좋다 벗님네야 산천(山川) 경개(景槪)를 구경을 가세."로 시작하는 경기잡가 〈유산가〉는 바로 이러한 유산놀음의 풍경과 감회를 담은 노랩니다. 〈유산가〉의 작중화자는 죽장망혜 단표자(竹杖芒鞋單瓢子)로 천리강산을 들어갔지만 김무숙과 왈자 일행은 일등 명기와 악공을 화려하게 치장하여 앞세운 호사스런 행차를 꾸몄습니다.

무숙의 유산놀음은 십여 일 동안 이산 저산을 다니며 계속되었는데 탕춘대에서 화전놀이를 하는 것으로 시작해서 길군악을 앞세우고 창의문을 나가 세검정, 백연동을 구경하고 도봉산 망월사, 수락산의 폭포수를 거쳐 산영루에서 쇄풍하는 것으로 북쪽 산을 다 본 후에 남쪽으로 갔습니다. 남쪽에서는 남한산성의 홍화문을 올라가서 여러 절을 거쳐 옥천 국청사, 서장대, 범해암, 흥천사, 홍덕사 등을 구경하고 돌아오니 노는 것도 신물이 나서 싫아눕게 되었습니다.

의양이가 유산놀음에 들어간 돈을 계산해본 결과 십만 금을 넘게 썼습니다. 의양이 기가 막혀 잔소리를 하니 무숙은 호기를 부리며 그보다 더 돈을 써서 성대하게 벌이는 선유놀음을 보여주겠다고 말합니다. 앞선 시간에 평양감사의 대동강 선유놀음에 대해 말씀드렸지요. 풍류객 심용의 이야기에서도 한강의 압구정 근처에 배를 띄우고 즐기는 양반사대부의 선유놀음을 확인할 수 있었습니다.

왈자라서 가능했던 한강 선유놀음

한강은 임금의 궁궐이 가까운 까닭에 임금이 거둥하는 대대적인 선유놀음이 있었음직도 한데 그런 기록이나 그림을 찾을 수가 없습니다. 중국 사신이 왔을 때 한강 유람을 한 기록이 있으니 그때는 선유놀음을 거행했을 겁니다. 그러나 임금이 도성의 백성들 앞에서 선유놀음을 벌이는 일은 유교적인 왕도정치를 위한 명분에 들어맞지 않았으리라 생각합니다.

산대 나례의 경우 광화문 앞 거대한 산대를 세우고 화려한 광대놀음을 벌이게 되지만 임금을 위해서가 아닌 나라의 경사를 만방에 알리기 위해서라는 명분을 지니고 있었지요. 산대 나례는 종묘제례와 같은 의식을 거행하고 난 뒤 환궁 행사의 일환으로 거행하여 왕조의 영속성을 주지시키는 이념적 성격이 강한 행사였습니다. 궁궐 마당에서 광대놀음을 관람한 관나 행사 역시 민간 풍속과 정치의 득실을 알고자 한다는 명분을 지니고 있었습니다.

임금의 사정이 이랬으니 그 아래 종친이나 양반사대부들 역시 평양감사처럼 화려한 선유놀음은 거행하기 어려웠을 겁니다. 그러나 장안갑부이며 대방활자인 김무숙은 평양감사의 풍류가 부럽지 않은 선유놀음을 한강에서 거행할 수 있었습니다. 무숙이의 집안은 한강에서 미곡 운반업으로 부를 축적한 경강상인일 가능성이 크다고 합니다. 무숙이는 소설 속 주인공이니 그런 집안을 모델로 삼아 개연성 있는 허구를 만들어냈다는 말이지요.

그림 28 신윤복이 그린 선유놀음의 모습

조선후기에는 한강 주변의 나루를 중심으로 신흥 상업지역이 발달했습니다. 한강의 수로를 이용하여 육로보다 빠르고 안전하게 물품과 인력을 운송할 수 있었기 때문이지요. 한강의 상업지역은 서울의 사대문 바깥에 위치했기 때문에 사대문 안쪽의 시전 상인들에 비해 독자적인 상업 활동과 생활이 가능했으리라 여겨집니다. 김무숙은 경제력으로 무장한 신흥 경강상인이며 서울의 유흥오락을 장악했다고 하는 왈자의 부류였기 때문에 양반 사대부가 하지 못했던 성대한 선유놀음을 한강에서 벌일 수 있었던 겁니다.

소동파의 적벽강 풍류가 부러울쏘냐

한강 선유놀음을 하기 위해 무숙은 먼저 놀잇배인 유선 두 개를 마련했습니다. 한강과 뚝섬의 사공을 불러 각각 천 냥씩을 주고는 여러 척의 배를 묶어 너비 삼십 발 길이 오십 발 되도록 만들게 했습니다. 한 발이란 두 팔을 양옆으로 펴서 벌렸을 때 한쪽 손끝에서 다른 쪽 손끝까지의 길이라고 하지요. 한 발을 1미터 50에서 1미터 70센티미터 정도로 계산할 때 너비가 45에서 51미터, 길이가 75에서 85미터나 되는 거대한 유선의 규모를 짐작할 수 있습니다. 선유놀음에서 유선은 무대의 구실을 한다고 말씀드렸습니다. 객석의 구실을 하는 배로는 누각을 얹은 배인 누선이 따로 있었지요.

유선의 무대에 오를 예능인들도 미리 섭외해서 삼남의 제일 광대들이며 전국 팔도에서 이름난 사당 거사들을 불러들였습니다. 악사로는 총융청 소속의 악공들이 참석하도록 했습니다. 산대놀음을 위해서 좌우편 산대도감 포수를 불러 이천냥씩을 주고 필요한 기구와 설비를 준비하고 의상과 탈은 새로 마련하도록 했습니다.

선유놀음 날짜는 추칠월 기망일, 음력 7월 16일이었습니다. 소동파의 〈적벽부〉에 나오는 적벽강 선유놀음과 같은 날짜입니다. 무숙이는 소동파의 적벽강 풍류를 염두에 두었던 겁니다. 대동강 선유놀음의 감회를 읊은 평양감사 홍양호도 소동파의 적벽강 선유놀음을 의식하고 있었지요. 유선과 누선은 하얀 장막과 차일을 쳤고 화문석과 백문석을 깔았습니다. 배 난간은 청사초롱과 종이 연꽃으로 장식했습니다. 소동파의 적벽강 풍류와 마찬가지로 해질 무렵 시작해 보름이 막 지난 달이 휘황한 밤늦게까지 선유놀음은 계속되었을 겁니다.

특이한 것은 유선 위에 보계판을 깔아 강상 육지처럼 만들어 놓고 그 위에 산대를 세웠다는 사실입니다. 좌우편 산대도감 포수를 주축으로 좌우 두 개의 선상 산대를 세우고 구름 속에 넘노는 듯이 만석춤을 연출했습니다. 유득공의 〈경도잡지〉에서 산대를 만들어 노는 산희에 만석승무가 있다고 한 내용과 통합니다. 행사 전에 탈을 준비하라고 했으니 산대

그림 29 조선후기 판소리 공연의 모습

아래 보계판 위에서는 탈춤도 추었을 겁니다. 사당 거사들의 집짓는 소리로부터 가사 명창의 〈어부사〉에 이르기까지 다양한 노래도 부르고 즐겼습니다.

선유놀음을 하는 배의 행렬은 서빙고 근방에서 출발해서 압구정 쪽까지 나아갔다가 배를 돌려 동작, 노량진, 용산, 마포, 서강을 거쳐 여의도를 지나 양화진까지 진행했습니다. 그 사이 몇몇은 매를 날렸다가 불러들이는 묘기를 부리고 어부들은 고기를 낚아 회도 치고 탕도 끓여 무숙이의 누선에 올렸습니다.

술과 음식을 다 먹은 뒤 삼남에서 제일가는 명창 광대들이 각자 자신만의 대목을 뽐내는 시간을 마련했습니다. 〈게우사〉에 따르면 우춘대의 화초타령을 비롯해서 김성옥의 진양조, 고수관의 아니리, 권삼득의 중모리, 모홍갑의 아귀성, 신만엽의 목재주, 송흥록의 귀곡성과 단장성 등 23명 명창 광대들의 소리가 소개되어 있습니다. 이들 22명의 명창들은 같은 시기에 모을 수 없는 사람들도 있어 대단한 풍류를 묘사하기 위해 과장했다는 사실을 확인할 수 있습니다. 이러한 선유놀음을 십여 일 동안 거행했다는 내용 역시 과장인 듯하지만 전혀 개연성이 없다고도 할 수 없을 것 같습니다.

선유놀음이 끝나고 참석한 예능인들에게 보상을 해주는데 선상 산대를 주관했던 좌우편 도감 포수에게 각각 천 냥, 사당 거사들에게 각각 백 냥씩, 명창 광대에게 각각 칠백 냥씩 주었습니다. 화려한 무대와 객석을 가설하고 술과 음식을 마련하기 위해 들어간 비용까지 합하면 상당한 액수의 비용이 들었겠지요. 익명의 다수 관객이 입장료를 미리 지불하고 공연을 관람하는 상업적인 극장문화가 형성되기 이전에는 이렇게 소수의 고객이 거액의 보상을 전제로 예능인을 초청해서 공연이 끝난 후 지불하는 공연 보상 방식이 일반적이었습니다.

왈자가 물꼬를 튼 문화예술 향유의 흐름

조선후기 문화예술 향유의 흐름 가운데 하나가 상층의 문화예술이 해체되어 시정 혹은 도시의 대중적인 문화예술로 발전하는 양상입니다. 시조나 한시, 회화 등이 양반사대부의 전유물에서 중간층 이하의 향유자를 만나게 되는 사례가 해당합니다. 김무숙이 장안갑부의 재력을 바탕으로 양반사대부가 누렸던 풍류에 동참하는 것도 그러한 맥락에서 파악할 수 있습니다.

조선 후기 문화예술 향유의 또 다른 흐름은 민속 또는 민중의 문화예술이 상승하여 상층의 향유자를 만나고 역시 대중적인 문화예술로 발전하는 양상입니다. 판소리가 민속에서 출발하여 상층 관객을 끌어들이고 신분 계층을 넘나드는 광범위한 관객층을 확보하여 당대의 대중예술로 나아간 사례가 해당합니다. 상층의 문화예술을 해체하고 하층의 문화예술을 끌어올린 주체가 바로 중간층이었으며 아전이나 서리 뿐 아니라 무숙과 같은 왈자들이 큰 역할을 했을 겁니다. 이들은 서울 시정의 치안과 질서 유지를 명목으로 상업지역에서 활동하는 시정 사람들을 장악할 수 있었기 때문이지요. 김무숙처럼 장안갑부인 경우라면 풍부한 재력을 바탕으로 당대 예술가들의 고객이며 후원자가 될 수 있었습니다.

지금까지 판소리계 소설 〈게우사〉의 주인공 김무숙과 평양 기생 의양을 중심으로 19세기 중·후반 서울지역 오락유흥문화의 양상에 대해서 말씀드렸습니다. 국악특강 한국문화 시리즈 전통연희, 진행에 사진실이었습니다. 안녕히 계십시오.

3. 이가 빠진 합죽이 재담꾼, 오물음 김중진

안녕하세요, 사진실입니다.

이 시간에는 조선후기 예능인이었던 김중진을 중심으로 전문 이야기꾼의 활동에 대해서 말씀드리겠습니다.

세상 실타래를 곡진하게 풀어내는 이야기꾼

조선 후기 중인 문학가인 유재건(劉在建, 1793~1880)은 이향견문록 〈里鄕見聞錄〉에 김중진의 이야기를 썼습니다. 김중진은 정조(正祖) 때 사람인데 나이가 늙기도 전에 이빨이 모두 빠져서 사람들이 놀리느라 '외무름(瓜濃)'이라는 별명을 붙여 주었답니다. 그는 말장난과 익살에 능하고 세속의 이야기를 잘했는데 인심세태와 세상물정을 곡진하고 자상하게 묘사해서 인기를 얻었습니다.

외무름은 판소리계 소설 〈게우사〉에도 등장합니다. 주인공 김무숙이 왈자들과 함께 답청놀음을 하면서 많은 가객과 기생, 판소리 명창 등을 불러 풍류를 즐겼는데 그 자리에 모인 예능인 가운데 최고의 이야기꾼 외무름과 최고의 거짓말쟁이 허재순도 있었습니다. 그런가 하면 작자 미상인 〈청구야담〉에는 오물음이라는 이야기꾼도 나옵니다. 그는 성이 오(吳)씨인데 오이를 익힌 나물을 즐겨 먹어 오물음(吳物音)이라 불렸다는 겁니다. 성이 오씨라 했으니 김중진과 다른 인물일 가능성도 있습니다. 하지만 김중진이라는 본명보다 외무름이라는 별명이 더 유명해지다 보니 후대에 오씨 성을 가진 오물음으로 와전된 게 아닌가 생각됩니다.

늙기도 전에 이빨이 빠져 무르게 익힌 음식을 먹을 수밖에 없었던 사람이 이야기꾼으로 이름났다고 하니 의아하게 생각됩니다. 이빨이 없으면 발음이 새버려 정확한 이야기 전달이 어렵기 때문이지요. 정확한 발음조차 어려운 사람이 이야기로 인기를 끌었다는 사실을 보면 그의 이야기는 '사실 전달'이 아닌 무언가 다른 장기를 가지고 있었다고 할 수 있겠지요.

이빨이 빠져 우물거리는 입으로 거침없이 이야기를 쏟아내는 모습 자체가 익살이 아니었을까 생각됩니다. 익살과 신소리로 이름을 날렸다는 광대 달문 역시 외모가 극히 추하게 생겼는데 입이 커서 두 주먹이 들락날락 할 정도였다고 전합니다. 홍신유는 〈달문가〉에서 달문이 "비뚤어진 입에서 나오는 대로 떠든다."고 묘사했습니다.

광문은 노래와 춤, 곡예 등의 재주를 가진 전문 광대였다면 김중진은 익살과 재담을 전문으로 하는 이야기꾼 또는 재담꾼이었습니다. 가객이나 판소리 명창과 함께 왈자들의 풍류놀음에 초청받은 사실로 미루어 이들의 이야기는 전문 예능의 하나로 성립되어 있었다는 사실을 알 수 있습니다.

오물음 김중진의 대표 레퍼토리―승천한 세 선비와 옥황상제

김중진의 레퍼토리로 전하는 삼사발원설의 내용은 이렇습니다. 어느 날 세 명의 선비가 승천해서 옥황상제를 만나게 되었답니다. 옥황상제는 세 선비에게 소원을 말해보라고 했습니다. 첫째 선비는 높은 관직을 얻어 이름을 남기고 싶다고 했지요. 옥황상제는 문창성에게 명하여 소원을 들어주게 했습니다. 둘째 선비는 평생 가난하게 산 것이 지긋지긋하니 부자로 살게 해달라고 했습니다. 옥황상제는 사록에게 명하여 소원을 들어주게 했습니다. 셋째 선비는 자신이 맑고 한가로움을 사랑하여, 부귀나 공명을 바라지 않는다고 하면서 이런 소원을 말합니다.

앞으로는 물이요, 뒤로는 산이 있는 땅을 얻어서 대충 초가삼간이나 짓고, 넓지 않은 논과 몇 그루 뽕나무밭을 가지고 있되, 홍수가 날까 가뭄이 들까 하는 걱정이나 세금을 내놓으라는 관청의 독촉만 없었으면 합니다. 아침에는 밥, 저녁에는 죽으로 배나 채우면 족하고, 겨울에는 솜옷, 여름에는 갈옷으로 살이나 가리면 더 바랄게 없습니다. 거기에 자식들은 모두 제 할 일을 알아서 챙겨 신이 이러니 저러니 잔소리를 하는 일이 없고, 노비들은 농사와 길쌈에 부지런합니다. 안으로는 아랫사람이 윗사람을 범하지 않고, 밖으로는 성가신 일이 없었으면 합니다. 신은 이에 편안하게 노닐며 지내는지라, 마음 속에 애써 무언가 하고자 하는 일이 없어 몸도 편안하고 건강합니다. 이렇게 살며 천수를 누린 뒤 병 없이 세상을 떠나고 싶습니다.

세 번째 선비가 원하는 삶은 욕심 없는 한가한 삶입니다. 사실은 부족한 것이 두루 갖추어 더 바랄 것도 없는 삶이라고 하겠지요. 공명이 지나치면 모함을 당하고 부귀가 지나치면 그것을 지켜야 하는 근심이 있겠지만 넘치지 않을 만큼 두루 갖춘 삶에는 욕심도 근심도 없습니다. 이런 삶은 누구나 꿈꾸는 이상일 뿐 실제로 얻기는 어렵겠지요. 이야기 속의 옥황상제 역시 세 번째 선비의 말을 가로막고 이렇게 탄식합니다.

어허! 그것이 이른바 청복(淸福)이라 하느니라. 청복이라 하는 것은 세상 사람이 모두 바라는 바요, 하늘이 가장 아끼는 것이니라. 만약 저마다 구하고, 구하여 얻을 수 있다면 어찌 유독 너만 그렇게 원하겠느냐? 우선 내가 먼저 차지해서 누렸을 것이니라. 무슨 맛에 괴로이 이런 옥황상제 노릇을 하고 있겠느냐?

사람의 수명장수와 길흉화복을 다스리는 옥황상제도 청복을 얻지 못해 탄식한다는 설정이 아주 절묘합니다. 김중진의 '삼사발원설'은 〈삼설기(三 說記)〉 가운데 한글단편인 '삼사횡입황천기(三士橫入黃泉記)'와 줄거리가 비슷합니다. 학계에서는, 김중진 등과 같은 이야기꾼들이 예전부터 전해진 설화를 재구성하여 이야기를 만들고 그 이야기가 한문단편 '삼사발원설'과 한글단편 '삼사횡입황천기'를 형성하는 데 영향을 주었다고 합니다. 〈삼설기〉는 이야기를 율독하는 송서로도 전합니다.

'삼사발원설'의 경우 기록자인 유재건이 김중진의 재담을 소개한다고 했으니 개작보다는 전달에 비중을 두었을 겁니다. 그러나 우리말로 이야기한 내용은 한문으로 기록하는 과정에서 어느 정도의 변화가 개입되었다고 할 수 있습니다. 김중진과 같은 이야기꾼이 인기를 끈 것은 세태 풍자와 더불어 익살과 재담으로 웃음을 주었기 때문일 겁니다. 한문 기록은 우리말의 익살과 재담적 특성을 반영할 수는 없었겠지요.

염라대왕과 기생, 도둑, 의원

삼사발원설과 비슷한 구조를 가진 이야기가 전합니다. 이름이 전하지 않는 한 익살꾼이 의원 노릇하는 사람을 골려주려고 꺼낸 이야기라고 하지요. 생전에 기생, 도둑, 의원으로 있던 사람 세 명이 죽어서 염라대왕 앞에 나아갔습니다. 염라대왕은 그들에게 세상에서 무엇을 하고 살았는지 물어보았습니다. 기생이 말하기를 치장을 곱게 하고서 웃음과 고움을 팔아 돈을 벌어 살았다고 합니다. 염라대왕은 사람을 즐겁게 했으니 낙토에 가서 환생하라는 판결을 내립니다. 도둑이 말하기를 부호의 재물을 훔쳐다가 쓰고 남으면 빈곤한 사람들을 도왔다고 합니다. 염라대왕은 도둑이 평등의 도를 실현했으니 역시 낙토에 환생하라는 판결을 내립니다.

의원은 이렇게 말했습니다. "소인은 쇠오줌과 말똥이며 떨어진 북 가죽 등을 모아두었다가 그것으로 백병을 치료하고 그 보수를 받아 살아왔습니다." 이 말을 듣고 염라대왕은 크게 화를 내며 의원에게 큰칼을 채워 지옥으로 압송하도록 했습니다. 사람의 수명을 늘려 저승의 일을 훼방했다는 이유였습니다. 이승에서 천하게 여기는 기생이나 악행을 저지른 도둑이 환생을 하고 사람의 살린 의원이 지옥에 가게 된다는 거꾸로 된 판결이나 그런 판결을 내린 염라대왕의 궤변이 재미있습니다.

지옥으로 압송되는 의원이 환생하러 가는 기생과 도둑에게 하는 말이 더욱 압권입니다. "우리 집에 가서 말 좀 전해다오. 이후부턴 내 처는 기생질이나 배우고 자식은 도둑질이나 배워서 지옥의 고행을 면하도록 하는 것이 옳으니라." 마지막 한 마디가 이야기의 웃음 포인트가 되었겠지요. 가족을 위한다는 절박한 심정으로 던진 의원의 말은 스스로 자기 권위를 무너뜨리고 가족을 모욕하는 셈이 되었기 때문이지요. 이 이야기를 꺼낸 익살꾼의 이야기판에는 아마 놀림 대상이 된 의원이 함께 앉아 있었을 겁니다. 웃자고 꺼낸 이야기니 익살꾼에게 화를 낼 수도 자리를 박차고 일어날 수도 없이 고스란히 조롱을 당했겠지요.

익살꾼이 왜 의원을 골려주려고 했는지는 확인할 수 없습니다. 그런데 이야기꾼과 관련된 몇 가지 일화에서 비슷한 상황을 찾아볼 수 있습니다. 작자 미상의 〈진담록〉에 이런 내용이 전합니다.

어떤 사람이 이야기를 잘했는데 동네 양반이 매일 그를 불러다 이야기를 시키는데 혹시 하지 않으려고 하면 당장 볼기를 쳤다고 합니다. 어느 날 그 양반이 또 그를 불러다 이야기를 시켰습니다. 그는 더 이상 할 이야기가 없다고 빼보았지만 양반이 볼기를 치려 하자 얼른 이야기를 꺼냈습니다.

그는 〈삼국지연의〉 가운데 장비와 마초가 싸우는 장면을 묘사하면서 한창 무협 이야기를 핍진하게 펼쳐나갈 듯하더니 돌연 장비와 마초의 입을 빌어 마구 욕설을 했습니다. 욕설뿐만 아니라 때릴 듯이 주먹을 들이대며 실감나게 연기를 했습니다. 장비와 마초가 서로 상대방에게 하는 욕설과 주먹질이지만 그것은 결국 익살꾼 앞에 앉아 있는 양반이 고스란히 받을 수밖에 없었겠지요. 익살꾼은 이야기 구연을 빙자하여 얄미운 양반에게 욕설도 하고 삿대질도 해가며 설욕을 했던 겁니다. 이야기 속의 장면인지라 양반은 익살꾼을 벌주지도 못하고 머리를 절레절레 흔들며 이야기를 멈추게 하였다고 합니다.

갑부를 깨우친 공수래공수거 이야기

이야기꾼은 이처럼 즉흥적인 이야기 구성과 순발력으로 관객들을 골리기도 하고 풍자하기도 했습니다. 이야기꾼 오물음은 당대의 부자 구두쇠로 이름난 종실 노인이 자신을 불러 이야기를 시키자 그를 풍자하는 내용을 담아 깨우치게 했습니다. 그 종실 노인은 장사로 큰 부자가 되었는데 재물을 쓰는 데 워낙 인색하여 아들들에게조차 재산을 나눠주지 않고 있었다고 합니다.

장안 갑부 이동지의 사건이라면서 그가 꺼낸 이야기는 이렇습니다. 이동지는 고생 끝에 자수성가하여 부자가 된 까닭에 재물에 인색해서 자식이나 형제에게도 닳아빠진 부채 한 개 주는 법이 없었답니다. 그러한 그가 죽기 직전 아들들을 불러 놓고 말하기를, 한 평생 고생하여 재물을 모았지만 황천길을 가면서는 빈손으로 갈 수 밖에 없으니 지난날 인색하게 지낸 일이 후회막급이라 했답니다. 그러고는 유언하기를 자신이 죽어 입관할 때 관 양 옆에 구멍을 내어 양손을 내놓아 거리의 행인들로 하여금 재물을 산 같이 두고 빈손으로 돌아감을 보도록 하라고 하였답니다.

오물음은 자기가 종실 노인에게 오는 도중에 장례 행렬을 만났는데 두 손이 관 밖으로 나왔기에 이상하게 여겨 물어 보았다가 그러한 내력을 알게 되었노라고 덧붙였습니다. 꾸며낸 이야기에 현실감을 주었던 거지요. 종실 노인이 듣고 보니 은연중 자기를 두고 한 이야기였고 자기를 조롱하는 뜻이 들어 있었지만 말인즉 이치에 맞으니 크게 깨닫고 오물음에게 상을 후하게 주어 보냈다고 합니다. 그는 이튿날 아침 자식들에게 재산을 나누어주고 일가친척과 친구들에게도 많은 재물을 나누어주었다고 합니다.

『청구야담』에서는 오물음의 이야기를 고담(古談)이라고 했지만 시사적(時事的)인 일을 소재로 하여 즉흥적인 이야기 구성이 이루어졌습니다. 장안 갑부인 종실 노인의 인색함은 당시 사람이면 누구나 아는 가십(gossip)거리였겠지요. 자칫하면 그의 분노를 사게 될 일인데, 오물음은 이를 무릅쓰고 풍자를 감행하였던 겁니다. 어쩌면 종실 노인의 가족과 친척들이 미리 오물음에게 부탁을 해서 '공수래공수거'의 교훈을 담은 이야기를 하도록 했을 수도 있습니다.

조선 전기 궁정의 배우희에서도 그러한 양상을 확인할 수 있습니다. 〈어우야담〉에 전하는 배우 귀석의 일화를 보면, 종실가의 종이며 서울의 배우인 귀석이 자신의 주인인 종실 양반의 처지를 놀이로 꾸며 임금 앞에서 공연했습니다. 종실 양반이 임금의 친척인 관계로 왕실의 여러 행사에 뽑혀 다니며 겨를이 없었는데 실제 관직이 없어 품위 유지가 어려워 생긴 사건을 소재로 했습니다. 그 결과 임금이 종실 양반에게 실제 관직을 주었다고 하지요.

궁중의 광대놀음은, 임금이 구중궁궐에 깊숙이 살아 민간 풍속의 미악, 정치의 득실을 알고자 한다는 명분을 가지고 있었습니다. 사안에 따라서

그림 30 사대부가에서 행해지던 연희의 모습

는 정사에 반영하여 잘못을 바로잡았기 때문에 정치적으로 이용될 가능성이 컸습니다. 조선 전기 궁정배우와 조선후기 이야기꾼의 계보를 논하는 것은 무리가 있지만, 익살 섞인 이야기로 풍자를 담는 예능인의 활동이 지속되었다는 사실은 인정할 수 있습니다.

이야기를 팔아 돈을 버는 전문예능인

전문 이야기꾼은 평민 이하의 신분으로 양반가의 사랑방을 드나들며 이야기를 재주로 파는 예능인이었습니다. 가객이나 기생과 마찬가지로 양반사대부 등 고객의 부름에 응하여 재주를 보이고 공연이 끝난 후 보상을 받았습니다. 가객이나 기생의 경우 본래 익히고 있던 노래와 춤을 여러 장소에서 공연했지만 이야기꾼의 경우 초청한 고객의 요청에 따라 맞춤형 이야기를 구연했기 때문에 즉흥적인 이야기 구성이나 순발력이 매우 중요한 재능이었다고 할 수 있습니다.

연암 박지원의 〈민옹전〉에 묘사된 민옹은 중간층 이상의 신분이면서 이야기꾼으로 이름을 날렸습니다. 그의 일화 가운데 하나를 소개하면 이렇습니다. 박지원이 우울증으로 시달리고 있던 때에 가곡을 잘 부르고 이야기를 잘하는 민옹을 소개받았습니다. 민옹이 박지원을 찾아온 날 마침 악사들이 풍악을 울리고 있었습니다. 민옹은 미처 인사도 없이 피리 부는 악공을 눈여겨보다가는 대뜸 그의 뺨을 때리고 꾸짖었습니다. 주인은 즐거워하고 있는데 어찌 두 눈을 부라리고 잔뜩 기를 쓰며 성을 내고 있느냐고 질책한 겁니다. 피리를 불다보면 그런 표정이 나올 수밖에 없는데 민옹은 그걸 성낸 표정으로 보았다는 설정이지요. 느닷없이 뺨을 맞은 악공에게는 미안한 일이지만 민옹은 박지원의 집에 들어서자마자 궤변 같은 말재주인 골계를 과시해 자신의 명성을 확인시켰던 겁니다.

소화집, 전문 이야기꾼들의 보석상자

전문 이야기꾼들의 이야기는 공연예술의 한 종류면서 언어 텍스트만 보면 서사적인 소화(笑話)라고 할 수 있습니다. 바꾸어 말하면, 우스운 이야기로 인구에 회자되어 소화집에 실린 이야기들은 언제든지 전문 이야기꾼의 레퍼토리로 재구성될 수 있었다는 말입니다. 조선 후기 중인 출신의 문인 조수삼(1762~1849)이 전하는 이야기꾼 김옹의 사례에서 그런 상황을 추정할 수 있습니다.

김옹은 끝도 없이 많은 이야기를 알고 있어서 '설낭', 즉 '이야기 주머니'라고 불렸다고 합니다. 그는 이야기를 아주 잘해서 듣는 사람들이 다 포복절도하지 않을 수 없었고 하지요. 이야기의 실마리를 잡아 살을 붙이고 양념을 치며 착착 자유자재로 끌어가는 재간이 귀신이 돕는 듯 뛰어났다고 합니다. 조수삼은 김옹에 대한 설명 끝에 이런 시를 지어 올렸습니다.

> 지혜가 구슬처럼 둥글어 힐중(詰中)에 비할 만한데
> 〈어면순(禦眠楯)〉 그것은 골계의 으뜸이라.
> 산 꾀꼬리 들 따오기가 서로 송사를 하니
> 늙은 황새나리 판결은 공정도 하다.

'골계의 으뜸'이라고 묘사된 『어면순』은 중종 11년에 송세림(宋世琳, 1479~?)이 편찬한 책입니다. 책 제목을 풀이하면 '잠을 막아 주는 방패'라는 뜻인데 졸린 눈을 확 뜨이게 할 정도의 재미난 이야기를 모았다는 것입니다. 항간에 떠도는 우스운 이야기를 뽑아 모은 소화집의 일종이지요. 김옹에 대한 시를 쓰면서 『어면순』을 언급한 것은 그의 이야기가 『어면순』에 나오는 우스운 이야기와 관련이 있음을 보여줍니다.

전문 이야기꾼의 활동과 소화집의 관계는 두 방향에서 추정할 수 있습니다. 먼저 이야기꾼이 즉흥적으로 창작한 이야기가 소화집에 수록되는 경우입니다. 소화는 에피소드 중심의 짧막한 서사물로서 사건의 반전이 핵심이 되는데, 민간에서 구전되는 우스운 이야기를 기록해 놓은 것으로 알려졌습니다. 이야기 구조의 절묘함이나 소재 선택의 치밀함 등으로 미루어 재능 있는 개인의 창작이 선행되었던 것으로 보입니다. 이야기꾼의 말재주와 입심은 소화 또는 골계담을 만들어낼 수 있는 최적의 조건을 지니고 있었다고 할 수 있습니다.

둘째, 이야기꾼들은 이미 소화집에 수록된 소화를 기초로 재구성하여 자신만의 이야기를 만들어내는 경우입니다. 각종 소화집에 수록된 이야기나 항간에 떠도는 이야기들은 모두 이야기꾼의 레퍼토리가 될 수 있었습니다. 조수삼이 김옹에 대해서 이야기의 실마리를 잡아서 살을 붙이고 양념을 친다고 묘사한 것을 보면 기왕에 알고 있던 이야기를 그대로 사용하지 않고 상황에 맞게 재구성했다는 사실을 말해줍니다.

이야기꾼의 문화예술사적 위상

최근 학계에 보고된 자료에 의하면, 구한말까지도 전문 이야기꾼이 활동을 했는데 악공까지 대동하고 다니면서 이야기를 공연했습니다. 각종 소화집의 이야기를 그들의 레퍼토리로 삼았다는 증언도 전합니다. 전문 이야기꾼들 가운데는 광대 달문처럼 여러 가지 기예를 겸비한 가운데 익살과 신소리로 이름을 날린 광대도 있었고 김중진이나 민옹처럼 골계적인 이야기에 집중한 사람들도 있었습니다. 민옹 같은 경우는 첨사 벼슬까지 지낸 중간층 이상의 신분이었으니 전문 예능인은 아니었지만 골계와 궤변으로 이름을 날려 전문 이야기꾼의 모습을 보여주었습니다.

이야기꾼의 활동은 서사물을 연행하여 확산했다는 측면에서 소설사의 발달에 기여했고, 익살과 재담으로 웃음과 풍자를 전달하는 예능을 전문화하였다는 측면에서 공연예술사의 발달에 기여했다고 할 수 있습니다.

지금까지 조선후기 실존인물 김중진을 중심으로 전문 이야기꾼의 세계

를 탐색해보았습니다. 국악특강 한국문화 시리즈 전통연희, 진행에 사진
실이었습니다. 안녕히 계십시오.

4. 극장무대에 오른 마지막 궁중광대, 재담소리 명인 박춘재

안녕하세요, 사진실입니다. 이 시간에는 재담소리의 명인 박춘재에 대해서 말씀드리겠습니다.

소리와 재담에 모두 이름이 났던 박춘재는 무대 공연물로 올려진 재담의 시조로 알려져 있고 경기명창으로 알려져 있으며 구파 연극의 배우로도 알려져 있습니다. 사실 전통적인 개념으로 보면 그는 한마디로 '배우'였다고 하겠습니다. 옛날부터 배우의 예능은 골계, 즉 재담을 비롯해서 노래와 춤을 겸비한 예능인이었기 때문이지요.

춘재야, 네 혼이 빠져 나갔겠구나

연극인 고설봉(1913~2001)의 회고담인 『증언 연극사』에 의하면 박춘재는 궁중배우 출신이라고 합니다. 왕실과 관련해서 알려진 그의 행적을 바탕으로 전해진 말입니다. 박춘재는 열다섯 살 되던 해에 가무별감이 되었다고 합니다. 가무별감은 액정서에 소속되어 있으면서 가무에 관한 일을 맡아보던 잡직으로 화초별감이라고도 하였는데 임금의 좌우에서 임금을 위로하는 일을 했다고 합니다. 임금이 적적할 때 궁궐에 들어가 기녀들과 함께 노래와 춤으로 임금을 즐겁게 하곤 했습니다.

가무별감의 활동은 조선전기 경중우인의 경우와 상통하는 면모를 보입니다. 서울을 중심으로 왕실 등 상층 집단의 오락문화에 복무한 경중우인들은 의금부의 관리를 받으며 필요에 따라 궁궐에 들어가 노래와 춤, 재담으로 어릿광대의 역할을 수행했습니다. 앞선 시간에 말씀드렸던 공길, 공결, 귀석, 박남 등이 바로 경중우인이었습니다. 가무별감 가운데서도 뛰어났던 박춘재는 궁궐에 거의 상주하다시피 하면서 왕실 사람들에게 웃음을 주는 어릿광대의 역할을 수행했습니다.

고설봉에 의하면, 박춘재는 창덕궁 궁내인으로 있으면서 영친왕을 업어 키우다시피 했었다고 합니다. 영친왕이 칭얼거리고 울면 그것을 자유자재로 어르던 사람이 박춘재였다는 것이죠. 나중에 박춘재가 일본에 음반 취입을 하러 갔을 때, 일본 육군 근위사단장으로 있던 영친왕을 어렵잖게 만나 오랜 동안의 회포를 풀었다는 이야기도 전하고 있습니다. 우는 아이를 달래기 위해서는 노래와 춤 외에 우스갯짓이나 우스갯소리를 연출했을 것이니 배우로서 박춘재의 재주를 발휘했을 겁니다.

반재식의 『만담백년사』에는 이런 일화가 소개되어 있습니다. 한번은 고종 임금 앞에서 녹음기를 처음 시험해 보이기 위해 박춘재의 노래를 녹음해서 들려주었는데 신기하게도 똑같은 소리가 다시 들려오자 임금이 웃으면서 말했다고 합니다. "춘재야, 네 혼이 빠져 나갔겠구나." 전해 오는 말로 박춘재는 고종 임금과 농담을 주고받을 정도로 친했다고 하지요. 임금의 농담을 박춘재는 더욱 재치 있는 말로 받아쳤을 겁니다.

언젠가는 어느 화가가 임금 앞에서 대나무를 그리게 되었는데 그를 지켜보던 박춘재가 임금에게 말했다고 합니다. "장구채 감으로는 저쪽 가지가 적격입니다." 박춘재는 장구의 달인이기도 했으니 나름대로의 기준으로 그림 속의 대나무에서 장구채 감으로 적당한 가지를 찾을 수 있었겠지요. 당연히 임금은 그렇게 보는 이유를 물었을 것이고 박춘재는 장구를 치는 경험을 바탕으로 하여 재치 있는 답변을 했을 겁니다.

이들 일화는 간단하게 전해지고 있지만 앞뒤의 정황을 살펴볼 때는 임금과 박춘재가 재치를 겨루는 골계적인 문답이 오고갔을 겁니다. 이들의 관계는 훨씬 이른 시기이긴 하지만 세조와 안효례의 관계와 유사합니다. 세조 때 안효례는 서리 출신으로 풍수학을 업으로 했는데 중앙 관청에 등용되었다가 임금의 총애를 받는 배우가 되었습니다. 안효례는 천민 배우 출신이 아니었지만 골계에 뛰어났으므로 임금이 배우로 양성하여 즐겼던 겁니다.

임금은 심기가 불편할 때 항상 그를 불러 우스갯소리를 하게 했다고 합니다. 때로는 경전의 구절을 두고 안효례와 대신들이 논쟁을 하게 했는데 궤변에 가까운 안효례의 골계를 즐겼다고도 합니다. 세조는 또한 안효례를 골탕 먹여 오락으로 삼은 일화를 남기고 있는데, 안효례가 귀신이 두렵지 않다고 호언하자 밤에 사람들을 시켜 귀신으로 변장하고서 안효례를 기습하여 놀라게 하기도 했습니다.

근대극장을 주름잡은 최초의 대중스타

박춘재는 평민 가객 출신으로 알려져 있습니다. 노래 공부를 통해 예능인이 되었다가 골계적인 재담에 능한 배우가 되었다고 할 수 있습니다. 선행 연구에 의하면 박춘재는 서울 사계축 명창의 계보를 이었다고 합니다. 사계축이란 현재 서울역 앞에서 만리재와 청파동으로 이어지는 지역으로 서울에서 필요한 물건들을 만들어 팔거나 농산물을 공급해 주는 곳이었다고 하지요.

사계축의 전문 소리꾼들 중에 추·조·박으로 불린 추교신(秋敎信), 조기준(曹基俊), 박춘경(朴春景)이 유명했습니다. 추교신(1814?~1874?)은 가곡·가사·시조의 명창이었고, 그의 제자 조기준(1835?~1900?)은 가사·시조의 명창이었으며, 그의 제자 박춘경은 시조·잡가의 명창이었습니다. 박춘재는 바로 박춘경의 제자였던 겁니다.

1902년 협률사 설립 이후 근대적인 극장 문화가 시작되면서 박

그림 31 근대극장 광무대

춘재는 당대의 극장을 주름잡는 대중스타로서 활발하게 활동하게 됩니다. 그는 가곡, 시조, 가사, 잡가 등에서 대표적인 가객이었으며 재담소리

와 재담극의 일인자로 이름을 날렸습니다. 그는 1900년대 시작된 유성기 음반 취입의 선두주자로 가장 먼저, 가장 많이 음반을 내기도 했습니다. 박춘재의 구술로 이루어진 잡가집이 출간되기도 했지요.

박춘재의 재담소리는 서사적인 줄거리나 상황적인 재담과 여러 가지 전통 소리를 엮어 만든 독창적인 작품들입니다. 그의 대표적인 재담소리 는 〈장대장타령〉입니다.

영웅소설을 패러디한 서사재담 〈장대장 타령〉

이 작품은 장대장의 출생과 성장 과정, 혼인, 출세, 첩살림 등을 두루 다룬 재담으로 시간 순서에 따라 인물의 행적과 사건을 다루는 서사성을 지니고 있습니다. 서사형 재담이라고 이름붙일 수 있겠지요. 〈장대장타 령〉의 전체 서사는 이창배의 『한국가창대계』를 통해 확인할 수 있습니다. 〈장대장타령〉의 서두는 이렇습니다.

장지영(張志暎) 대장의 아버지가 어디서 사느냐 하면 저- 농 속에 살겠다. (응, 장안 말이지?) 그래 장안이란 말이야. 그런데 이 양반 이름은 장보령(張 保齡)이었다. 벼슬은 육조판서를 거쳐 정승 지위를 갔으나 슬하에 일점혈육 이 없어 매양 슬퍼하겠다. 하루는 궁중에 입궐하여 국사를 마치고 일찌감치 귀 가하여 집에 있으니 심심도 하고 그래서 부인과 같이 후원을 거닐 때였겠다.

장대장의 아버지인 장보령이 서울 장안에 살았다는 말을 장롱 안에 살 았다는 동음이의어를 활용하여 '농속에 살았겠다' 하며 재담으로 이야기 를 시작합니다. 이후 장보령 부부가 슬하에 자식이 없어 고민하다가 명산 대찰에서 아들 낳기를 바라는 기자(祈子) 정성을 들여 아이를 낳는 내용 으로 이어집니다. 이러한 서두 부분은 영웅소설에서 주인공의 출생 과정 에 나타나는 전형적인 서술입니다.

일반적으로 영웅소설은 '영웅의 일생' 구조를 지닌다고 하지요. 영웅소설에서 주인공은 고귀한 혈통으로 신이한 출생 과정을 겪으며 탁월한 능력을 지닙니다. 그는 아이 때 부모와 떨어져 버려지는 고난을 겪게 되는데 뜻밖의 구원자를 만나 구출되고 양육됩니다. 성장한 뒤에 그는 다시 가문이나 국가가 위험에 처하는 위기이자 기회를 만나 그것을 해결하고 본래의 위상으로 복귀하게 됩니다.

그림 32 재담소리 장대장타령 복원공연

이것을 크게 구분하면 '분리-고행-복귀'의 세 과정이라고 할 수 있겠지요.

〈장대장타령〉에서도 주인공의 고귀한 혈통이 확인됩니다. 주인공의 아버지 장보령은 육조판서를 지냈으며 정승의 지위에 오른 양반입니다. 슬하에 일점혈육이 없어 슬퍼하던 차에 기자(祈子) 정성을 들여 아이들 갖게 된다는 단락도 일반 영웅소설과 〈장대장타령〉이 일치하는 부분입니다. 하나를 가르치면 열을 아는 재주가 있는 주인공의 능력 역시 영웅소설의 구조와 유사합니다.

그런데 주인공의 성장 과정에 나타난 부모의 태도에서부터 〈장대장타령〉의 영웅소설 패러디가 시작됩니다. 장보령은 남들이 신동이라 칭찬할 만큼 재주 있는 아들을 걱정합니다. 늦게서야 낳은 자식이 이리 영특하다가 잘못하면 그릇될까 염려하고는 장안에서 제일 가는 별감을 불러 아들의 속을 틔어 달라고 돈을 주며 부탁합니다. 별감들은 열 살 남짓한 장대장을 데리고 기생집을 다니며 오입쟁이를 만들어 놓는다는 설정입니다. 이 부분부터 〈장대장타령〉은 영웅소설과 패러디의 거리를 두게 됩니다.

결혼 후 부모가 별세하고 집안이 기울면서 주인공의 고난이 시작되었습니다. 영웅소설에서 이러한 고난은 보통 아이 때 버려지는 기아(棄兒)의 모티프로 나타납니다. 이 모티프는 버려지는 것이나 내쫓기는 것, 스스로 집을 나서는 것 등을 포함합니다. 영웅소설에서는 보통 악인의 해를 입어 버려지거나, 소속 집단의 오해를 받아 내쫓기거나, 스스로 좌절하여 집을 나서는 양상으로 나타납니다. 그런데 〈장대장타령〉의 주인공은 부인의 잔소리에 못 이겨 집을 떠나게 됩니다.

고향에서 이탈한 영웅은 구원자의 등장으로 문무(文武)를 익혀 위기에 처한 나라를 살리고 가문의 명예를 높입니다. 그러나 그는 어느 재상집 사랑을 찾아가 같이 놀던 친구들에게 으름장 반 청탁 반 하게 되지요. 살기가 궁색해서 등짐장수로 나설까 하는데 그렇게 되면 잘나가는 친구들이 더 망신이 될 것이니 말단 벼슬이라도 챙겨달라는 말이었습니다. 친구들은 그 말이 그럴듯하여 만포첨사자리를 주선해주게 됩니다.

만포첨사가 되어 떠나는 모습은 음반 자료로 남아 있습니다.

장단 지방을 지나다가 굿을 구경하던 장대장은 신명을 못 이겨 장구를 뺏어들고 굿판에 뛰어들게 되었습니다. 장대장에게 반한 무당은 만수받이조 무가의 곡조에다 장대장에 대한 궁금한 질문을 얹어 장대장을 유혹합니다. 무가는 신(神)에게 바쳐지는 신성한 노래인데 남녀 간의 수작을 위한 노래로 급격하게 세속화하고 말았습니다. 작중공간인 굿판에 있는 구경꾼들은 이 속임수를 눈치 채지 못하지만 현실 속의 관객들은 알아채고 웃음을 터뜨리게 될 겁니다. 고향을 떠난 그는 시련을 극복하고 공을 세운 것이 아니라 풍류를 즐기다가 무당을 첩으로 얻었습니다.

만포첨사를 갔던 장대장이 한양으로 돌아오는 것은 공을 세우고 복귀하는 영웅의 귀환 모티프와 같습니다. 그러나 무당을 첩으로 얻은 그는 가문의 영광이 아닌 망신을 염려해야 하는 입장이 되었습니다.

〈장대장타령〉은 영웅소설이 지니는 영웅의 일생 구조를 따라 전개되었지만 패러디의 수법에 의하여 영웅의 삶은 외입장이 풍류객의 삶으로 철저히 변신했습니다. 광범위한 소설의 유통으로 당대의 관객은 영웅소설의 구조에 익숙하였다고 할 수 있습니다. 따라서 영웅소설과 〈장대장타령〉의 같고도 다른 점을 쉽게 파악할 수 있었으리라 여겨집니다. 영웅의 일생을 비꼬아 전개된 외입장이의 서사는 웃음과 풍자를 동시에 전달했다고 하겠습니다.

대결형 재담, 〈병신재담〉

박춘재의 재담소리인 〈병신재담〉에서는 〈장대장타령〉의 공연방식과 다른 양상이 나타납니다. 한 명의 배우가 고수의 장단에 맞추어 이야기를 풀어나가는 대신 두 사람의 배우가 서로 대결하듯이 재담을 이끌어가게 되지요.

〈방아타령〉 한 소절을 부르고 나서 곧바로 병신과 주인의 대결이 이루어지기 시작합니다. 〈방아타령〉으로 불린 노랫가락은 재담을 시작한다는 표지일 뿐 재담의 내용과 연결되지 않습니다. 아무런 전제가 없는 상태에서 두 명의 배우는 서로 질문과 대답을 주고받으면서 서로의 정체를 확인하게 됩니다. 이 절차는 작중공간에서 작중인물 사이에 벌어진 허구적 상황인 동시에 관객에게 작중인물의 성격(character)을 눈치 채도록 하는 장치라고 할 수 있습니다.

서사형 재담에서는 도입부의 설명 부분을 통하여, 장편 드라마에서는 인물의 대사와 동작을 통하여 서서히 작중인물들의 성격을 인식할 수 있습니다. 그러나 짧은 시간 동안 재치를 겨루는 대결형 재담에서는 작중인물의 대화를 통한 정체 확인 절차가 필수적입니다. 따라서 〈병신재담〉에서는 여러 차례 재담을 주고받는 정체 확인 절차를 거쳐 앉은뱅이인 유람객과 그 상대역의 역할이 드러나게 됩니다.

병신과 주인의 대결 장면에서는 두 명의 배우가 각각 배역을 맡아 재담을 나누고 있습니다. 추임새를 맡아 하던 조역이 작중인물의 역할을 맡게 된 겁니다. 서사형 재담에서 추임새를 하는 고수는 재담을 받는 역할을 하되 작중인물의 대사를 말하는 일이 없었습니다. 또한 대결형 재담의 대화 사이에는 설명적인 어투가 개입하지 않습니다. 작품외적 자아가 개입하지 않고 작중인물이 직접 대화하는 극 양식으로 전환되는 양상이 나타난다고 할 수 있습니다.

나는 발로도 웃길 수 있다, 박춘재의 재담 〈발탈〉

박춘재는 〈발탈〉의 창시자로도 알려져 있습니다. 〈발탈〉은 대결형 재담이 연극적으로 극대화된 양상을 보여준다. 〈발탈〉은 어물전의 주인과 가게를 찾은 손님과 아낙네가 엮어 가는 재담극의 양상을 띱니다. 손님 역할을 하는 배우는 발에 탈을 씌우고 포장을 친 상자 안쪽에 앉아 발 하나를 내밀고 연기하게 됩니다. 주인과 아낙네 역할을 하는 배우는 포장 옆에서 서서 탈과 대사를 주고받게 됩니다. 놀이가 시작되면 느린 굿거리 가락에 탈이 춤을 추고 음악소리가 사라지면 탈이 큰기침을 하고 침 뱉는 소리를 흉내 내며 주인을 찾습니다. 서두는 이렇게 시작되지요.

탈   어흠, 어흠, 에루, 여기 사람이 많이 모였군. (사람들을 둘러보며) 여기 누가 주인이요?

주인   내가 주인이요. 당신은 웬 사람이요?

탈   웬 사람이라니? 아니 내가 조그마하니까 토막을 낸 줄 알우? 웬사람이냐구 묻게?

주인   당신은 도대체 누구냔 말이요?

탈   나는 다른 사람이 아니라 팔도강산을 유람차 다니는 사람이요. 우리 인사나 합시다.

주인   그럼 당신 보아허니 멋깨나 들었겠구려? 나는 이 마포 강변에 어물도가 주인이요.

〈발탈〉은 대결형 재담에서 더 나아가 탈과 의상 등으로 극중인물로 분장하였습니다. 대화의 층위를 분석하지 않아도 시각적인 외양을 통하여 배우들은 극중인물로 전환될 수 있습니다. 그러나 무대 위에 해괴한 모습으로 나타나 주인을 찾고 있는 탈은 궁금한 존재가 아닐 수 없으므로, 대결형 재담과 마찬가지로 주인과 탈은 문답을 통하여 서로의 정체를 확인하고 관객의 궁금증을 해소해 줍니다. 발탈의 극중인물은 "팔도강산을 유람차 다니는 사람"과 "어물도가의 주인"입니다.

탈은 상반신만 있는 앉은뱅이 병신으로 설정되어 있습니다. 상반신만 있는 것은 발에 탈을 끼워 노는 공연방식상의 한계 때문이지만 그것을 극중인물의 외모로 연결시킨 연출방식의 실용성이 드러납니다. 앉은뱅이면서 팔도를 돌아다니는 유람객으로 설정된 것이 〈병신재담〉의 경우와 같습니다. 그 유람객이 주인을 상대로 유람 다닌 명승지를 두루 소개하는 것도 유사할 뿐 아니라 곁말을 쓰면서 재치를 겨루는 재담의 내용도 같습니다.

〈발탈〉은 대결형 재담에서 더 나아가 연극다운 구성과 의미를 갖추는 양상을 보이고 있습니다. 남편을 잃고 생선장수로 나선 여자가 등장함으로써 생활 현실이 나타나고 극중인물들 사이의 인간관계를 통하여 주제의식이 드러나기 때문입니다. 여인의 등장은 대결 구조를 더욱 복잡한 양상으로 이끌고 있기도 합니다. 또한 탈과 주인의 대결은 때리고 피하는 동작을 강화하면서 이전의 대결형 재담에 비하여 싸움의 강도가 세졌습니다.

대결형 재담인 〈병신재담〉과 〈발탈〉의 선후 관계를 확언하기는 어렵지만 전자에서 후자로 발전한 순서가 자연스럽다고 여겨집니다. 대결형 재담은 두 명의 배우가 무대에 선 채로 재담을 주고받는 스탠딩 코미디(standing comedy)의 양상을 띱니다. 여기에 집약적인 사건이 설정되고 극중인물의 동작 연기가 강화되면 시추에이션 코미디(situation comedy)의 형식으로 전환될 수 있습니다. 〈발탈〉의 경우 그 중간 과정에서 나타났다고 할 수 있습니다.

박춘재는 〈발탈〉에서 그치지 않고 다수의 재담극 작품을 공연했습니다. 고설봉에 의하면 구파극(舊派劇) 공연 중 최고의 인기를 얻은 종목이 재담극이라고 합니다. 무대 위에 환자 역의 배우를 눕혀 놓고 무당이 경을 읽는 장면을 표현하기도 했다고 합니다. 박춘재가 무당이 아니고 무대 위의 상황이 실제 굿이 아니었기 때문에 환자와 무당이 등장하는 극중공간을 연출해 내었다고 할 수 있습니다. 또한 고설봉은 한국극예술학회와의 좌담에서 남편과 아내, 친구와 그 아내 등 네 명이 등장하는 재담극을 보았다고 회고하기도 했습니다. 배우들의 연기는 신파극류의 과장이 없이 자연스러운 것이었으며 의상은 배역에 맞는 일상복으로 주로 한복이었다고 합니다.

재담에서 만담으로, 다시 TV코미디로

재담은 말과 행동의 익살을 모두 포함하는 총체적인 공연물입니다. 풍자의 뜻을 담은 우스갯소리와 우스갯짓은 전통적으로 배우의 예능이었습니다. 배우들은 골계적인 연기에 노래와 춤을 겸비한 재능을 가지고 궁정의 어릿광대로, 혹은 장터의 재담꾼으로 활동하였던 겁니다. 박춘재의 위상 역시 이러한 배우의 연장선 위에 있었습니다. 그는 경중우인이며 궁정배우로 활동하였던 겁니다. 그러나 박춘재는 이전 시기 배우와는 달리 근대적인 상업극장의 무대에 올라 공연했습니다. 특정한 개인이나 집단을 위해서가 아니라 불특정한 다수 관객을 위하여 활동하였던 겁니다.

배우로서 박춘재의 역정을 통하여 예속적인 신분의 배우가 대중의 연예인으로 전환되는 양상을 확인할 수 있습니다. 19세기 말에서 20세기 초 나라 안팎의 공연 상황이 급변하는 가운데 박춘재는 배우로서 전통을 잇는 동시에 혁신하는 적극적인 대응을 하였다고 할 수 있습니다. 그 결과 조선시대 배우와 근대 이후 배우의 맥락을 잇는 교량의 역할을 수행하였다고 하겠습니다.

박춘재의 재담은 한편으로 만담계로 전승되었다면 다른 한편으로는 근대 희극의 형성 과정에 수용되었다고 할 수 있습니다. 재담은 만담으로 전승된 축을 따라 TV 코미디물의 토대가 되었다고 할 수 있으며 근대 희극으로 전승된 축을 따라 연극사의 전통을 이루었다고 할 수 있습니다.

지금까지 조선시대 전통 배우와 근대 이후 대중예술인의 교량 역할을 했던 박춘재와 그의 작품에 대해서 말씀드렸습니다. 국악특강 한국문화 시리즈 전통연희 진행에 사진실이었습니다. 안녕히 계십시오.

5. 1865년의 기억, 마지막 중세축제와 〈기완별록〉

안녕하세요, 사진실입니다. 이 시간에는 근대적인 극장문화가 성립되기 직전 공연문화의 양상을 보여주는 1865년 광화문 앞 축제의 현장으로 찾아가 보겠습니다.

경복궁 중건과 놀이패의 역학관계

1865년은 경복궁 영건 사업이 시작된 해입니다. 광화문을 포함한 경복궁은 조선 태조 때 창건되었는데 임진왜란 때 불타버린 것을 1865년부터 2년 동안 중건했습니다. 영건 사업을 주도한 흥선대원군 이하응은 경복궁 중건을 통하여 왕권과 왕실의 존엄성을 다시 세우고자 했습니다. 무너지기 시작하는 봉건체제를 끌어안기 위한 몸부림과도 같았다고 할 수 있습니다.

조정에서는 경복궁 중건의 재정을 확보하기 위해서 당시 통용되던 상평통보의 백배 가치를 지향하는 당백전을 발행하고 강제적인 기부금인 원납전을 거둬들이는 등 무리한 정책을 단행했습니다. 원납전을 내지 못하는 많은 백성들은 부역군으로 동원되어 영건 사업에 동참했습니다. 조정에서는 경복궁 영건 사업의 정당성을 만방에 알리고 자발적인 부역을 고무하기 위해서 전국의 놀이패를 불러다 수시로 공연 행사를 벌이곤 했습니다.

고종, 마지막 중세축제에 친림하다

경복궁 중건의 진행 절차를 보면 1865년 4월 12일 고종 임금이 경복궁 옛터에 거둥하는 친림 행사를 거행하고 다음날인 13일 첫 삽을 뜨기 시작했습니다. 임금의 친림 행사는 25일에도 거행되었는데 이때 임금의 거둥을 축하하는 대규모의 공연 행사가 함께 베풀어졌습니다. 경복궁 중건의 토목공사만큼이나 경복궁 옛터 광화문 앞에서 거행된 친림 축하 행사는 왕권과 왕실의 존엄성과 영속성을 만방에 과시하는 획기적인 사건이었습니다. 중세 봉건사회가 저물어가는 시점에서 이루어진 마지막 중세 축제였다고 할 수 있습니다.

경복궁 중건을 소재로 삼은 많은 노래와 가사 작품들 가운데 친림 행사 때 이루어진 화려한 공연 행사에 대한 기록이 나타납니다. 잘 알려진 민요 〈경복궁타령〉이 있고, 가사 작품으로 〈경복궁중건승덕가〉, 〈경복궁창건가〉, 〈경복궁가〉, 〈기완별록(奇玩別錄)〉 등이 전합니다. 특히 〈기완별록〉은 1999년 학계에 소개되었는데, 친림 행사 때 거행된 여러 가지 놀이의 공연 장면을 생생하게 묘사하여 19세기 말 궁정문화와 연관된 화려한 거리 축제의 모습을 전해주고 있습니다.

벽동병객의 〈기완별록〉

〈기완별록〉의 작자는 '벽동에 사는 병든 사람'이라는 뜻의 '벽동병객'이라고만 적혀 있어 확인할 수 없지만 작품 속에 표현된 내용으로 미루어 조정의 관료를 지낸 원로였다고 추정되고 있습니다. '묻노라 아이들아 무슨 노래 부르느냐'로 시작하는 이 작품은 서두에서 백두산의 기세가 용이 날고 범이 뛰듯 수 천리를 몰아내려와 삼각산, 인왕산, 낙산, 목멱산이 둘러싼 한양의 기운을 이루었다는 사실과 태조에서 시작된 국가의 창업과 번영이 금상인 고종에 이르기까지 이어졌다는 사실을 노래하고 있습니다.

〈기완별록〉에 따르면 조정의 대신들을 비롯해서 도성의 백성들, 부역에 참여한 역군들이 모두 모인 가운데 임금을 위한 송축의 의례가 행해졌고 이어서 각지에서 모인 재인광대들의 놀이 한마당이 펼쳐졌습니다. 전통적으로 임금이 조상의 신주를 종묘에 안치하는 부묘의(祔廟儀)나 임금이 친히 밭을 가는 시범을 보이는 친경례 등을 거행하고 궁궐로 돌아올 때는 신하와 백성들의 경축하는 마음을 담은 여러 가지 환궁 행사들이 베풀어졌습니다.

부묘의에 따르는 환궁 행사를 보면 모두 다섯 가지의 절차가 거행되었는데 첫째, 종묘의 동구 밖에서 의금부와 군기시가 주관하는 가무백희 공연인 나례, 둘째 종루의 서쪽 거리에서 성균관 유생들이 송축의 노래를 올리는 가요헌축, 셋째 혜정교 근방에서 교방의 기녀와 악공들이 올리는 교방가요, 넷째 기로소 앞에서 국가원로인 기로들이 올리는 가요헌축, 다섯째 광화문 앞에서 의금부와 군기시가 주관하는 산대나례 등입니다. 산대 나례를 포함한 환궁 행사에 대해서는 앞선 시간에 말씀드린 적이 있습니다.

그림 33 기로소연회도

경복궁 친림 뒤의 환궁 행사에는 오례의에 명시된 다섯 절차가 모두 거행되지는 않았을 겁니다. 이미 영조 때 오례의에 나오는 환궁행사 전체가 완전히 폐지되었기 때문이지요. 영조 30년 6월에 내린 '유연(遊宴)을 경계하는 윤음(綸音)'에 의하면, 부묘의를 앞두고 예조가 환궁행사의 의주를 계품하는 것조차 없애라고 명을 내리고 있습니다. 1865년 친림 행사에서는 가요헌축의 행사를 생략하는 대신 기녀나 무동의 정재를 공연하고 각지에서 올라온 재인광대들의 놀이를 집중적으로 공연한 것 같습니다. 경복궁 중건 사업에 노동력을 제공하는 역군들의 사기를 진작시키고 백성들에게 영건 사업의 정당성을 널리 알리는 행사였던 까닭에 화려한 볼거리와 신명나는 풍악이 중심이 되었을 것이기 때문이지요.

왕실 축제의 중심에 선 왈자들

1865년 서울의 거리 축제는 팔도의 재인청과 교방이 중심이 되었으며 서울 시정의 왈자 집단이 개입하였다고 생각됩니다. 예능인들에 대한 국가의 통제력이 약화된 상태에서, 국가적인 공연 행사를 위해서는 서울 시정의 유흥 오락을 장악한 왈자들의 존재가 필요하였다고 할 수 있지요. 왈자 집단에는 의금부나 포도청 및 용호영 출신의 하급 무관들이 많이 속해 있었습니다.

의금부는 이전 시기 나례도감의 주축이 된 관청으로 경중우인을 관리하고 외방재인의 상송을 맡았기에 재인들과의 친연 관계가 각별할 수 있었습니다. 포도청은 조선 후기 서울 시정의 치안과 질서를 맡은 말단 기구로서 서울 상업지역의 질서 유지 차원에서 기생이나 재인광대들의 예능 활동에 개입하였다고 여겨집니다. 군악대가 유명한 용호영 역시 재인이나 기녀들과 교류할 기회가 많았습니다. 왈자들의 대부분은 기부(妓夫)를 자처하였으며 스스로 예능과 풍류를 갖춘 경우도 많았습니다. 그들은 공식적인 관리나 비공식적인 비호의 차원에서 예능인들의 존재 방식이나 흥행 활동에 큰 영향력을 행사할 수 있었습니다.

한편, 경복궁 중건 사업을 주도한 대원군이 서울 시정의 왈자 집단과 인맥을 형성하고 있었던 사실도 크게 작용하였다고 여겨집니다. 대원군은 오위도총부(五衛都摠府)의 도총관을 지내기도 하였기 때문에 서울의 하급 무관으로 구성된 왈자 집단과 친연 관계를 맺을 수 있었습니다. 집권하기 이전 세도정치의 압박을 피하기 위하여 시정의 왈자들과 어울려 다닌 사실도 잘 알려져 있습니다. 국가적인 의전 및 공연 행사인 환궁 행사가 폐지된 지 100년 남짓 지난 시점이고 공연문화의 주도권이 궁정에서 시정으로 옮겨간 상황이었기 때문에 서울의 유흥오락문화를 주도한 시정 왈자들의 역할이 매우 컸다고 할 수 있습니다.

그래서였던지 이날 축제는 대전별감과 의금부 나장, 포도청의 기찰포교 등 왈자들의 모습을 꾸민 가장놀음이 맨 앞에 공연되었습니다.

먹중탈과 완보탈을 추억하다

이어서 벌어진 공연은 노장과 취발이, 왜장녀가 등장하는 탈춤이었습니다. 묘사된 내용에 따르면 현전하는 탈춤 〈산대놀이〉와 같으며 서울 및 근교 지역 놀이패의 공연이라고 할 수 있다.

서울대학교 박물관에 소장된 〈산대놀이〉 탈 가운데 경복궁 영건 당시에 산대도감에 사용되었다는 탈이 두 점 전합니다. 문제의 탈은 먹중탈과 완보탈로 알려져 있는데, 제가 직접 조사한 바로는 탈의 뒷면에 각각 '墨僧三口'와 '八目僧'이라는 이름과 '景福宮 造營 當時 / 山臺都監 使用 / 楊州郡 退溪院里'라는 기록이 세 줄로 쓰여 있습니다. 경복궁 중건 당시 공연 행사가 수시로 행해졌기 때문에 이 두 개의 탈이 기완별록에

그림 34 산대도감먹중탈(서울대박물관)

나오는 탈춤에서 사용한 탈이라고는 확언할 수 없지만 매우 색다른 감회가 느껴집니다.

여성 꼭두쇠 바우덕이

뒤에 이어진 놀이는 여러 지역에서 올라온 무동패의 무동놀이였습니다. 무동놀이는 지금 남사당놀이의 하나로 전승되고 있는데 아이들이 어른들의 어깨에 올라 여러 가지 춤과 기예를 보여주는 놀이입니다. 한 명의 어른 위에 두 세 명의 아이가 탑을 쌓기도 하고 한 어른이 양팔로 두 아이를 잡고 도는 등 감탄할 만한 재주가 돋보이는 공연종목이지요.

여러 지역의 무동패 가운데 안성에서 올라온 바우덕이패가 있었을 겁니다. 바우덕이 김암덕은 여성 최초로 남사당패의 꼭두쇠가 된 인물로 잘 알려져 있습니다. 안성에서는 바우덕이와 남사당놀이를 주제로 매년 안

성바우덕이 축제를 거행하고 있습니다. 극단 미추의 연극 〈남사당의 하늘〉에서 바우덕이의 삶과 예술을 다루기도 했습니다.

바우덕이는 1848년 안성에서 태어나 서운면 청룡사에서 살다가 다섯 살 때 안성남사당패인 개다리패에 들어갔습니다. 어려서부터 끼가 대단했는데 청룡사에서 스님 어깨 너머로 배운 염불을 외면 구경꾼들이 자지러지며 넘어갈 정도였다고 합니다. 서운면 불당골에서 염불, 소고춤, 풍물, 줄타기 등 온갖 남사당 기예를 익혔는데 특히 외줄을 타는 허궁잽이로 이름을 날렸다고 합니다.

바우덕이가 꼭두쇠가 된 것은 열다섯 살 되던 해 1862년이었습니다. 3년 뒤 1865년 그는 경복궁 중건을 시작하며 거행한 임금의 친림 행사에 참석해 안성 남사당패의 진면목을 보여주었던 겁니다. 바우덕이는 홍선대원군으로부터 정3품 당상관 관료가 사용하는 옥관자(玉貫子)를 하사받아 전국적인 명성을 얻게 되었다고 전합니다.

그런데 바우덕이는 오래 살지 못하고 23세의 젊은 나이에 폐병으로 요절했다고 합니다. 당시 그녀의 남편은 42세의 역시 남사당패였는데 그녀를 잃은 슬픔을 이기지 못하여 날마다 근처의 바위에 올라가 나팔을 불고 황소울음을 울어 청룡리 주변에는 나팔바위, 울바위, 떵뚱바위 같은 바위 이름이 전해져 온다고도 하지요. 바우덕이의 재주를 묘사한 노래 한 자락이 전해지고 있습니다.

안성 청룡 바우덕이 소고만 들어도 돈 나온다.
안성 청룡 바우덕이 치마만 들어도 돈 나온다.
안성 청룡 바우덕이 줄 위에 오르니 돈 쏟아진다.
안성 청룡 바우덕이 바람을 날리며 떠나를 가네.

사냥놀이

다음 이어진 놀이는 〈사냥놀이〉입니다. 등장인물은 오랑캐 여자 복식

의 작은 아이, 아이를 어깨에 올린 키 큰 사람, 포수, 몰이꾼, 사냥개역,
호랑이역, 여러 군인 등입니다. 포수와 몰이꾼이 사냥개를 앞세우고 사냥
감을 찾다가 갑자기 나타난 호랑이에게 놀라 소리를 지르며 달아나다가
마당에 나가떨어지는 내용입니다. 몰이꾼이 호들갑을 떠는 사이 포수가
총으로 호랑이를 잡고 죽은 호랑이를 군인들이 떠메다가 도청에 바치는
것으로 끝납니다. 〈사냥놀이〉는 동해안 별신굿 가운데 범굿과 아주 비슷
합니다. 동해안 지역의 어느 고을에서 올라온 놀이패가 공연한 놀이였던
겁니다.

금강산놀이

다음에 묘사된 것은 금강산놀이인데 아주 흥미로운 내용이라 묘사 내
용을 소개하겠습니다.

한 곳슬 바라보니 금강손(金剛山)이 온다 ᄒᆞᄂᆡ
허황(虛荒)흔 말이로다 손이 어이 움직이랴
틀 우희 가손(假山) 쑤며 군인(軍人)들이 메여 오ᄂᆡ
가에ᄂᆞᆫ 곡곡쥬란(曲曲朱欄) 가온듸ᄂᆞᆫ 쳡쳡쳥손(疊疊靑山)
암셕(巖石)도 의연ᄒᆞ고 송쥭(松竹)도 식로와라
손속에 졀이 잇고 동구(洞口) 밧게 홍문(紅門)이라
셩진(性眞)이라 ᄒᆞᄂᆞᆫ 즁은 가소츅복(袈裟着服) 합장(合掌)ᄒᆞ고
팔션녀(八仙女) 바라보고 셕인(石人) 갓치 셧ᄂᆞᆫ 거동
우읍다 저 화상(和尙)이 숨혼칠빅(三魂七魄) 일허쏘다
손봉(山峰)마다 셧ᄂᆞᆫ 션녀(仙女) 화안셩모(花顔盛貌) ᄌᆞ랑ᄒᆞᄂᆡ
낭ᄌᆞ에 가화(假花) 곳고 화관(花冠)에 금봉ᄎᆞ(金鳳釵)며
쌍환녹운(雙鬟綠雲) 두 귀 밋히 귀에골이 흔들니ᄂᆡ
능나의상(綾羅衣裳) 츌ᄂᆞᆫ ᄒᆞ고 금슈원숨(錦繡圓衫) 화려(華麗)ᄒᆞ다
깁붓치와 쏫가지로 반(半만) 츠면(遮面) ᄒᆞ락말낙

션년히(嬋然-) 고은 주틱(姿態) 구룸으로 나려온 듯

셩진(性眞)의 놉푼 도힝(道行) 속졀이 젼혀 업닉

윤회(輪廻)에 괴로움을 흔번 면키 얼여웨라

이 슌 일흠 금강슌(金剛山)이 번연히 의제(擬製)로세

셩진(性眞)과 팔선녀(八仙女가) 형슌(衡山)에셔 만나쓰니

남악(南嶽)에 금강슌(金剛山)이 잇쓸 니가 만무흐다

금강산은 틀 뒤에 가산(假山)을 꾸민 산대입니다. 군인들이 메고 왔다
는 사실로 미루어 산대 아래 바퀴를 단 예산대, 곧 산거(山車)입니다. 대
의 아래쪽 둘레에 붉은 난간을 만들고 가운데 첩첩한 청산의 모습을 꾸몄
습니다. 암석과 송죽으로 꾸며 자연스러운 산의 모습을 연출하였고 산 속
에 있음직한 절과 동구 밖의 홍살문까지 꾸며 놓았습니다.

금강산 위에는「구운몽」
의 주인공 성진과 팔선녀가
있는데 이들은 사람이 아니
라 잡상, 즉 인형입니다. 한
편에는 가사(袈裟)를 입고
합장한 채 팔선녀를 바라보
며 돌로 만든 사람처럼 서
있는 성진의 잡상을 만들어
놓고 다른 한편에는 산봉우
리마다 아름다운 자태를 자
랑하는 팔선녀의 잡상을 만
들어 놓은 겁니다. 잡상으
로 만들어 놓았기에 꼼짝
못하고 서 있는 모습을 보
고 관객은 성진이 팔선녀를

그림 35 곤륜산을 하는 여러 신선들

보고 정신을 잃었으니 가소롭다고 묘사했습니다.

이날의 거리 축제에는 금강산놀이 말고도 여러 개의 예산대가 거리를 순행했습니다. 서왕모의 요지연과 선도 복숭아의 고사를 형상화한 〈신선놀이〉, 중국 진나라 때 상산에 숨어 살았다는 네 명의 노인인 상산사호의 고사를 형상화한 상산사호놀이 등이 있었습니다.

산대를 만들어 잡상을 설치하여 놀이로 삼는 산희는 모두 고사

그림 36 바둑을 두는 상산의 네 노인

와 소설의 이야기를 재현하였는데 특히 신선의 이야기를 다루었다는 공통점이 있습니다. 산대 위에 신선의 고사를 재현하여 잡상을 설치하는 것은 신선이 살고 불노초가 난다는 봉래산(蓬萊山)의 고사와 밀접한 관련이 있습니다. 봉래산은 삼신산(三神山)의 하나로 자라가 등에 지고 다닌다 하여 오산(鰲山)이라고 불렸습니다.

거대한 산 모양의 오산을 만들어 신선의 이야기를 재현하는 전통은 한국과 중국 등 동아시아문화권에 두루 퍼져있습니다. 궁궐 안에 또는 궐문 밖 큰 거리에 봉래산을 만들어 신선이 스스로 찾아온 형상을 연출하고자 한 겁니다. 신선이 불로초와 선도 복숭아를 가지고 와서 임금에게 바친다는 설정을 통하여 임금의 만수무강과 왕실의 영속성을 기원했다고 할 수 있습니다. 산대희는 270여 년간 폐허로 남아 있던 경복궁을 중건하는 영건 사업의 시작을 알리는 친림 행사에 가장 적합한 공연종목이었던 겁니다.

서유기놀이와 팔선녀놀이

뒤를 이어 서유기와 구운몽의 내용을 연극적으로 구성한 〈서유기놀이〉, 〈팔선녀놀이〉 등이 공연되었습니다. 쇠막대를 휘두르면서 경망스럽게 날뛰는 손오공과 우락부락한 저팔계, 공손하게 앞에서 길을 열어 가는 사오정의 모습이 묘사되어 있습니다. 저팔계는 돼지 머리 검은 얼굴에 가지 잎 같은 귀를 늘어뜨렸으며 창날 같이 솟은 어금니가 비어져 나왔고, 손오공은 금빛 같은 두 눈망울 동그랗게 부릅떴으며, 사오정은 사자머리에 푸른 얼굴 코는 벌겋다고 묘사되어 있어 〈서유기놀이〉가 가면극 또는 가장 행렬이었을 가능성을 보여줍니다.

〈팔선녀놀이〉는 구운몽의 내용을 인형이 아닌 광대들의 연기로 표현하였습니다. 기완별록의 작자인 관객은 성진과 팔선녀의 모습을 책 속의 이야기로만 알았다가 실제와 방불한 거동과 의사로 눈앞에 나타났다고 감탄하고 있습니다. 작자는 또한 극중공간의 상황을 현실공간의 상황과 결부시켜 수용하고 있습니다. 성진과 팔선녀가 인간으로 적강하여 인연에 따라 만나게 된다는 것이 소설의 설정인데, 기완별록의 작자는 그들이 경복궁 중건의 현장

그림 37 민화 속 석교에서 만난 성진과 팔선녀

에 나타났으니 부역을 자원하러 왔다고 풀이하고 있습니다.

그밖에도 남장여장으로 기생들의 모습을 흉내 낸 〈기생놀이〉, 귀신 쫓는 형상을 표현한 〈축사놀이〉, 선동이 학을 타고 노는 〈선동놀이〉, 민화 가운데 하나인 〈백자도〉를 놀이로 표현한 〈백자도놀이〉가 공연되었습니다.

선동놀이와 백자도놀이

〈선동놀이〉는 학의 모형을 만들어 사람이 이고 다닌다는 내용에서 현전하는 학춤의 공연방식과 견줄 수 있습니다. 『악학궤범』의 「성종조향악정재도의」에 〈학무(鶴舞)〉가 포함되어 있는데 청학과 백학이 나와 춤을 추다가 지당판(池塘板)의 연꽃을 부리로 쪼면 그 안에서 동기(童妓)가 나오고 학이 놀라 달아난다는 내용을 담고 있습니다. 그런데 정현석의 〈교방가요〉에 나오는 〈연화대(蓮花臺)〉에서는 그렇게 연꽃에서 나온 두 명의 선동이 학 등에 올라타고 춤추는 장면이 추가되어 있습니다. 〈교방가요〉의 〈연화대〉는 궁중 정재인 〈연화대〉 및 〈학무〉를 수용하되 민간의 발랄한 상상력을 발휘한 작품이라고 여겨진다. 〈선동놀이〉는 바로 〈교방가요〉의 〈연화대〉일 수 있습니다.

〈백자도놀이〉가 형상화한 민화 〈백자도〉는 곽분양(郭汾陽)의 고사와 관련하여 그의 번성한 자손을 묘사하는 그림입니다. 이 놀이는 연출자의 기획이 돋보이는 작품이지요. 아이들의 자유분방함을 이용하여 백 명의 아이가 제각기 다른 놀잇감을 가지고 노는 장면을 연출한 겁니다. 백 명의 아이들에게 똑같은 옷을 입고 일사분란하게 움직이게 하는 일은 어려워도 서로 다른 옷을 입고 각각 다른 놀이를 하게 하는 일은 어렵지 않았을 겁니다. 그러니 고된 연습이나 특별한 재주를 부리지 않아도 화려한 볼거리와 의미를 전달할 수 있었다고 생각됩니다. 〈기완별록〉의 표현대로 영리한 아

그림 38 마당공간의 연극으로 연출된 백자도

이들과 부지런히 힘쓴 어른들이 이루어낸 장관이었다고 여겨집니다.

〈백자도놀이〉는 공연 행사의 마지막으로 거행되었습니다. 장난감을 가지고 온갖 놀이를 하는 아이들은 민화 〈백자도〉 속의 아이들을 표현한 것이지만 그 아이들은 조선의 미래를 책임질 존재들입니다. 〈백자도놀이〉 뒤에는 임금을 향하여 만세를 외치는 산호 의식이 거행되었습니다. 구경 나온 백성들 역시 만세를 따라 부르며 임금과 왕실의 안녕과 번영을 축원하였다고 할 수 있습니다.

광화문 축제의 새날을 기다리며

1865년 4월 광화문 앞에서는 경복궁 중건의 정당성을 만방에 알리고 중세적인 왕실의 위엄과 영속성을 보여주고자 했던 마지막 중세 축제가 거행되었습니다. 당대의 관객이며 기완별록의 저자인 벽동병객이 표현한 것처럼 한바탕 꿈을 꾼 듯 생각되는 화려하고 장엄한 장관이었습니다.

그런데 불과 40년 뒤인 20세기 초에 이러한 공연문화의 전통이 흔적도 없이 사라졌습니다. 20세기 초 시작된 민속학 또는 연극사 연구에서 몇몇 탈춤과 인형극이 민속극으로 논의되었을 뿐 누구도 금강산의 팔선녀며 봉래산의 신선에 대하여 말하지 않았습니다. 산대라고 하면 탈춤으로만 생각했지 장엄한 중세문화의 상징물이라는 상상조차 못하고 있었습니다. 현전하는 탈춤 외에 서유기의 내용을 연극으로 꾸미거나 민화의 장면을 극적으로 연출하는 등 다양한 연극 전통에 대한 가능성조차 열어놓지 못하고 있었습니다.

산대희와 더불어 중세 축제의 전통이 사라진 것은 왕실의 몰락과 더불어 진행된 불가피한 변화였다고 할 수 있습니다. 그러나 불과 한 세대 전까지 찬란하게 빛난 공연문화의 전통을 기억조차 해내지 못한 까닭은, 우리 문화를 훼손하려 했던 어떤 음모에서 나온 것일 수도 있습니다. 일제 때 훼손된 경복궁이 하나둘씩 제 모습을 찾고 있는 것처럼 우리 공연문화의 전통도 발굴하고 바로잡아야 합니다.

얼마 전 광화문 복원을 위해 이전의 광화문이 헐렸다는 기사를 봤습니다. 경복궁 중건 당시 세워진 광화문은 1927년 일제가 조선총독부를 지으면서 경복궁 동북쪽으로 옮겼습니다. 그리고 한국전쟁 때 폭격으로 파괴돼 석축만 남아 있었던 것을 1968년 박정희 전 대통령이 현재의 자리에 중건했습니다. 하지만 시멘트 콘크리트 건물이었다고 하지요. 이번에 복원되는 광화문은 고종 때 중건했던 경복궁 정문의 자리를 되찾아 목조로 세운다고 합니다.

광화문이 복원되어 일반에게 공개되는 날 1865년 광화문 앞에서 거행되었던 마지막 중세 축제의 현장도 함께 되살려보는 것은 어떨까 합니다. 중세는 근대를 극복하여 새로운 시대를 열어갈 문화적 원천이라고 합니다.

지금까지 1865년 경복궁 중건 행사를 중심으로 중세 축제의 현장을 살펴보았습니다.

오늘을 끝으로 배우와 관객의 문화사를 지향했던 제 강의를 마무리하고자 합니다. 그동안 즐겨 들어주신 청취자 여러분께 감사드립니다. 국악특강 한국문화 시리즈 전통연희, 진행에 사진실이었습니다.

제2부 창조인문학의 새날을 열다

제1장 인문학 잠긴 문을 한손으로 밀치도다

1. 〈왕의 남자〉의 필연을 위한 '서울학 인프라'

전통문화의 경제적 가치를 이끌어내기 위해서는 경제적 가치가 적은 일에 먼저 투자해야 한다. 서울의 궁궐과 그 속에서 이루어진 전통문화를 문화상품으로 만들어 컬쳐노믹스(culturenomics)를 실현하기 위해서는 서울의 궁궐과 왕실문화에 대한 인식과 형상을 바로 세워야 한다. 궁궐의 일상을 재현하는 일 등이 바로 그런 사업에 해당할 것이다.

왕실문화를 포함한 서울지역 전통문화에 대한 인식과 형상을 바로 세우고 인문학적 상상력이 예술적 상상력과 쉽게 조응하는 기회를 만들기 위하여, 인문학과 예술, 과학 기술 등을 통합하는 '서울학 인프라'를 구축할 것을 제안한다.

서울시립대학교 부설 서울학연구소가 일찍이 서울의 역사, 지리, 문화, 예술에 대한 연구를 통합하는 서울학을 주도해 왔다. 이제 인문학으로서 서울학을 넘어 예술 현장과 디지털 인프라를 연결하는 서울학 인프라를 논의해야 한다. 그것이 〈왕의 남자〉의 우연을 필연으로 만드는 길이다.

- 본문 중에서

2008년 오월, 서울의 궁(宮)이 활짝 열렸다. '하이 서울 페스티벌'을 사계절의 축제로 전환한 서울시의 기획에 따라 봄 축제로 조선시대 궁궐 공간을 활용한 여러 가지 행사가 이루어졌다.

그림 1 '오월의 궁'에서 펼쳐진 「팔색무도회」

종로를 따라 거리축제로 진행된 「만민대로락」, 경복궁에서 거행된 「세종, 용상에 오르다」, 창덕궁에서 공연된 「천년만세」, 창경궁에서 재현된 「궁궐의 일상」, 덕수궁에서 공연된 「덕수궁가족음악회」, 「퓨전, 아름다움으로 만개하다」, 경희궁에서 공연된 고궁뮤지컬 「명성황후」 등을 통해서 비어 있던 궁궐 공간이 전통과 현대의 문화로 가득 찼다. 시청 앞 서울광장에는 '오월의 궁'이 디지털 이미지로 구현되어 「열린궁전 상상공작소」, 「팔색무도회」 등 시민이 함께 참여할 수 있는 다양한 행사들이 진행되었다(그림 1).

서울의 중심에 자리 잡은 궁궐과 그 안에서 수 백 년을 이어온 궁정문화는 '서울다움'을 보여줄 가장 값진 문화유산이다. 마침 서울의 전통문화가 지닌 경제적 가치에 대한 원고를 써야 하는 입장에서 필자는 여러 가지 행사 가운데 창경궁에서 진행된 「궁궐의 일상」에 주목하고 지켜보았다. 연출자를 미리 만나 몇 가지 자문을 해준 바도 있었지만, 무엇보다도 영화 〈왕의 남자〉에서 다루었던 궁중 광대의 이야기가 궁궐의 일상 속에 포함되었기 때문이다.

〈왕의 남자〉는 조선시대 궁정 공연문화의 연구가 씨앗이 되어 연극을 거쳐 대중문화산업으로 꽃핀 모범적인 생산 과정을 거쳤다. 서울의 전통문화가 지닌 경제적 가치를 보여준 대표적인 사례라고 할 수 있다.

영화 〈왕의 남자〉의 원작이
된 연극 〈이(爾)〉(그림 2)는 필
자의 연구와 강의에서 출발하였
다. 석사학위논문에서 궁중의 광
대놀음인 소학지희(笑謔之戱)의
공연방식과 연극적 특성을 분석
하였고 박사학위논문인 「조선시
대 서울지역 연극의 공연상황
연구」에서는 궁정배우의 성격을
지닌 경중우인(京中優人)의 실
체와 공연 활동에 대하여 논의
하였다. 우리가 익히 알고 있던
떠돌이 광대패가 아닌 왕실과
양반 사회를 중심으로 활동하며

그림 2 연극 〈이〉(2000) 포스터

상당한 사회적 지위와 명성을 얻을 수 있었던 경중우인의 존재와 활동은
당시 학계와 대중들에게 알려지지 않았던 새로운 사실이었다.

궁정배우를 두어 임금에게 웃음을 주고 정치적 풍자를 전달하는 전통
은 동서양에 두루 나타난다. 우리나라 궁중의 광대놀음이란 학계에서 '소
학지희(笑謔之戱)'라는 이름으로 알려져 있다. 이 용어는 당대의 고유명사
는 아니었으나 후대 학자들이 사용해 온 명칭이다. 궁중의 광대놀음은 실
제 일어났던 시사적(時事的)인 일을 소재로 삼아 웃음과 풍자를 전달하는
소극(笑劇)을 말하는데 현재까지 대략 열 가지 정도의 작품에 대한 기록
이 전하고 있다.

1998년 2학기 한국예술종합학교 연극원 전문사 과정의 「한국공연예술
연구」 강의에는 극작 전공 학생과 이론 전공 학생이 두 명 수강하였다.
필자는 둘에게 각각 다른 과제를 부여하였는데, 극작 전공 학생에게는 조
선전기 궁정배우의 존재 양상과 공연 활동을 소재로 하는 희곡 작품을 쓰

도록 주문하였다. 수업시간에 공길(孔吉), 공결(孔潔), 귀석(貴石), 광문(廣文) 등 광대놀음으로 이름난 배우의 활동을 비롯한 궁정 공연문화 전반에 대하여 강의하였다. 극작 전공 학생은 연산군에 관심이 많았고, 자연스럽게, 연산군을 조롱하다 벌을 받은 공길이 주인공이 되었다.

연산군 앞에서 〈늙은 유생의 놀이[老儒戱]〉를 하며 임금을 풍자한 기록은 다음과 같다.

> 배우 공길(孔吉)이 늙은 유생의 놀이[老儒戱]를 하며 말하였다.
> "전하는 요순(堯舜) 같은 임금이요 저는 고요(皐陶) 같은 신하입니다. 요순은 언제나 있지는 않지만 고요는 언제나 있습니다."
> 또한 『논어(論語)』를 외며 말하였다.
> "임금은 임금답고 신하는 신하답고 아비는 아비답고 자식은 자식다워야 합니다. 임금이 임금답지 않고 신하가 신하답지 않으니 비록 곡식이 있은들 먹을 수가 있겠습니까?'
> 왕은 그 말이 불경하다고 해서 곤장을 치게 하고 먼 지방으로 귀양을 보냈다.
>
> ─ 『연산군일기』 60권 22장

두루 알다시피 요임금과 순임금은 태평성대를 상징하는 성군(聖君)들이다. 고요는 요임금과 순임금은 보좌한 충실한 신하이다. 공길이 극중인물인 늙은 유생이 되어, 처음에는 연산군이 요순 같은 임금이라 하고 자신은 고요 같은 신하라 하여 한껏 임금을 추어주는 듯하더니 요순은 언제나 있는 것이 아니라 하여 결국 연산군이 성군이 아니라는 사실을 드러내고 있다. 더 나아가 공길은 『논어』의 구절을 외면서 성군은커녕 임금답지 않은 임금으로 연산군을 조롱하고 있는 것이다.

극작 전공 학생이 과제로 발표한 작품의 제목은 〈희희낙락(喜戱落樂)〉이었다. 밤낮없이 놀다가 몰락한 연산군의 이미지를 떠올리게 하는 제목이었다. 공길과 장생, 연산군과 장녹수의 사랑과 질투, 역사적 사실과 허구의 조화, 극중극으로 재구성하여 삽입한 소학지희의 공연 장면 등은 작가가 지닌 상상력의 힘을 잘 보여주는 것이었다. 연산군과 공길, 장생을 동성애적 삼각관계로 설정한 것에 대해서는 불만스러웠지만 대중을 자극할 수 있는 효과적인 장치였다는 사실에는 동의한다.

애초에 원했던 광대정신을 강하게 부각시키고자 공길의 정신적 지주이며 반역을 꿈꾸는 현실저항적인 광대로 '장생'이란 인물을 추천하였다. 장생은 〈홍길동전〉의 작자인 허균이 쓴 〈장생전(蔣生傳)〉의 주인공으로, 필자는 박사학위논문에서 그가 비렁뱅이가 아닌 떠돌이 광대라는 사실을 밝힌 바 있었다. 허균이 묘사한 장생의 예인적 면모는 다음과 같다.

> 장생은 어떤 사람인지 알지 못한다. 기축년 사이에 서울에 와서 걸식을 일삼았다. …(중략)… 담소(談笑)를 잘 했으며 특히 노래를 잘 불렀다. 노래를 하면 애처로워 남의 마음을 움직였다. 언제나 자줏빛 비단옷을 입고 있었으며 더우나 추우나 바꿔 입지 않았다. 어떤 술집이나 기생집 치고 그가 드나들며 교류하지 않은 곳이 없었다. 술을 보면 번번이 끌어당겨 가득 채우고 노래를 불러 그 흥이 다하고서야 돌아갔다. 혹은 술이 반쯤 취하면 눈먼 점쟁이, 술 취한 무당, 게으른 선비, 소박맞은 여편네, 밥 비렁뱅이, 늙은 젖어미들의 시늉을 하되 가끔 실물에 가깝고, 또 얼굴 표정으로 십팔 나한을 흉내 내되 흡사치 않음이 없고, 또 입을 찌푸리며 호각, 퉁소, 피리, 비파, 기러기, 고니, 두루미, 따오기, 학 따위의 소리를 짓되 참인지 거짓인지를 분간하기가 어려웠으며, 밤이면 닭 울음, 개짖는 소리를 흉내 내면 이웃집 개 닭이 모두 따라서 우짖었다. 아침이면 야시(野市)에 나가 구걸을 하는데 하루에 얻는 것이 거의 서너 말이나 되었다. 몇 되를 먹고 나면 다른 거지에게 흩어 주었기에 나가면 뭇 거지아이들이 뒤를 따랐다.

장생은 언제나 자줏빛 비단옷을 입고 다녔다고 하는데 그것은 일반 사람들과 그를 구별하는 표지이다. 그는 각종 기예를 겸비한 예능인이므로, 아침이 되면 시장에 나아가 걸식을 일삼았다고 한 것은, 기예를 팔아 생활해 나가는 직업 배우였음을 말해준다. 호남지방을 떠돌다가 기축년(1589)에 서울로 올라왔다고 하지만 서울의 궁정에 올라가 공연한 기록이 없으므로 주로 민간에서 활동하였다고 할 수 있다.

장생은 농담과 노래를 잘했을 뿐 아니라 '흉내 내기'로 익살을 부리는 것에 능통했다. 그의 익살은 동작과 표정 뿐 아니라 언어의 측면까지 두루 걸쳤을 가능성이 있다. '눈먼 점쟁이, 술 취한 무당, 밥 비렁뱅이' 등은 우스꽝스러운 유형적 인물로서 동작과 표정만으로 흉내를 낼 수 있지만, '게으른 선비, 소박맞은 여편네, 늙은 젖어미'등은 인물의 내력과 특정한 사건이 곁들여지지 않고는 표현하기 어려운 인물들이다. 이들은 장생이 연출해낸 일인극의 극중인물이었을 가능성이 높다. 우스갯짓과 우스갯소리, 춤과 노래 등은 전통적으로 배우의 예능이 되어 왔으며 소학지희의 연출에 필요한 예능이기도 하다.

장생은 임진왜란이 일어난 1592년 술을 실컷 먹고 노래하며 춤추다가 서울 종로의 수표교 위에 쓰러져 죽었다. 그의 시체는 하룻밤 사이에 온데간데없이 사라져 버렸는데 5년 뒤 친구인 홍세희 앞에 나타나 자신이 살아있다는 사실을 밝히고 홍세희의 위기를 예언해 구출해 주었다는 내용도 함께 전한다. 이글을 쓴 허균 역시 장생과 교유하였다고 하며 그를 신선(神仙)의 부류로 평가하였다.

장생은 역모에 가담할 만큼 현실지향적인 인물이 아니었고 오히려 인생을 달관한 거리의 예술가였다. 그러나 그에게서 느껴지는 자유로운 영혼이 권력에 굴하지 않는 광대의 예술정신과 통한다고 보았기에 반역을 꿈꾸는 극중인물로 추천하였던 것이다.

〈희희낙락〉은 제목을 〈이(爾)〉로 바꾸어 2000년 겨울 문예회관 대극장의 무대에 올랐고 그해 주어진 굵직한 연극상을 휩쓸었다. 작품의 아이디어와 콘텐츠를 제공했음에도 불구하고 공식적인 공로를 인정받지 못한 인문학자의 입장에서는 누군가가 받은 화려한 조명이 부럽기도 하고 씁쓸하기도 했다.

그러나 연극 〈이〉의 인기가 거듭되던 어느 핸가 텔레비전 뉴스 시간에 앵커가 '소학지희' 운운하며 설명하는 장면을 보고 예술작품이 지니는 영향력에 대하여 놀라지 않을 수 없었다. 수년간 여러 대학의 강의에서 소학지희와 궁중광대에 대해서 열변을 토했지만 그 내용은 강의실 밖을 나가지 못했다. 그런데 연극 〈이〉의 성공과 더불어 '소학지희' 네 글자가 공중파 방송을 타게 되었으니 말이다.

그러더니 급기야는 연극 〈이〉를 원작으로 영화 〈왕의 남자〉가 세상에 나오면서 '공길', '장생'이란 이름은 수많은 영화팬들의 가슴을 설레게 만드는 대상이 되어버렸다. 한국은행이 제공한 자료에 의하면 영화 〈왕의 남자〉는 1,350억 원의 생산유발액, 594억 원의 부가가치유발액, 1,808명의 취업유발계수라는 경제적 파급효과가 있다고 한다(그림 3).

그림 3 인터넷 「세계일보」 2006.02.13. 기사

『조선왕조실록』이 디지털 서비스로 제공되기 이전 필자는 수십 권짜리

전집을 뒤지며 자료를 찾고 작은 어휘 하나를 붙들고 논리와 상상을 오가며 어려운 연구를 진행했다. 사실 필자의 노력과는 상대도 안될 만큼 열심히 학문에 정진하는 많은 학자들이 있다. 그런데 고맙게도 필자는 강의 시간에 재능이 뛰어난 극작가를 만나 인문학적 상상력을 세상에 전할 소중한 기회를 얻게 되었다.

연극 〈이〉와 영화 〈왕의 남자〉에 대하여 관객이 열광하는 것은 공연문화의 전통에서 발굴한 새로운 역사적 사실과 작가의 상상력이 잘 조화를 이루었기 때문이다. 작가의 상상력을 자극하고 뒷받침한 것은 인문학의 성과이다. 필자의 연구와 강의에서 연극으로 다시 영화로 이어진 전통문화 콘텐츠의 산업적 성공은 어쩌면 우연한 기회였는지도 모른다. 그러한 우연성을 필연성으로 정착시키는 일이 가능하고 또한 절실하다.

창경궁에서 거행된 「궁궐의 일상」에서는 명정전, 환경전, 양화당 등 궁궐의 경내 곳곳에서 조선시대 왕실의 풍경을 보여주는 행렬과 행사를 꾸며 보여주었다. 한국민속촌에서 전통적인 민가와 사대부가의 풍속을 재현해 보여주는 것과 마찬가지로 현장에서 궁궐의 일상과 풍속을 살필 수 있는 야심찬 기획이었다.

하루에 두 번 정해진 시간에 왕실의 행렬을 비롯하여 제1마당 〈궁중광대와 놀다〉, 제2마당 〈궁궐내전이야기〉를 공연하였다. 어의(御醫)의 진맥을 받아보거나 도화서(圖畵署)의 화원이 되어 그림을 그려보고 왕실의 의상을 갖추어 입고 예절을 익히는 등 관람객들이 참여하는 상설 체험 행사도 준비되었다.

「궁궐의 일상」에 등장하는 왕실문화의 소재들은 대부분 영화 〈왕의 남자〉나 TV드라마 〈대장금〉, 〈정조 이산〉 등을 통해 잘 알려진 내용으로, 같은 소재를 여러 가지 매체로 표현하는 'One Source Multi Use'의 양상을 띤다고 할 수 있다. 영상 매체를 통하여 간접적으로 수용한 극중 인물이나 상황을 직접 대면하고 체험할 수 있는 장점을 노린 것이다.

무엇보다도 극중공간인 궁궐에 현존하며 시공을 초월한 교감을 얻을 수 있다는 점은 영상 매체가 넘볼 수 없는 현장예술의 미학이다. 조선시대 궁궐 건축의 공간미학과 조형미 등을 함께 탐색할 수 있다는 점도 고궁을 활용한 기획 행사의 매력이다.

제1마당 〈궁중광대와 놀다〉는 연극 〈이〉와 영화 〈왕의 남자〉의 소재가 되었던 궁중광대의 전통과 현전하는 탈춤을 접목하여 연출하였다. 공연 공간은 환경전(歡慶殿) 마당에 마련되었다(그림 4, 그림 5).

그림 4 환경전 마당에 마련된 〈궁중광대와 놀 **그림 5** 〈궁중광대와 놀다〉 공연 장면
다〉의 무대와 객석

조선시대 임금이 궁중에서 광대놀음을 즐긴 공간은 임금의 일상적인 집무 공간인 편전(便殿)의 뜰이나 후원(後園)이었다. 경복궁의 사정전(思政殿), 창덕궁의 선정전(宣政殿), 창경궁의 인양전(仁陽殿) 등이 조선시대 궁궐의 편전에 해당한다.

〈궁중광대와 놀다〉의 공연공간으로 사용한 환경전은 임금의 침전(寢殿)이었다. 창경궁에서 임금이 광대놀음을 즐긴 장면을 재현하기 위해서는 인양전 마당을 활용했어야 한다. 그러나 지금은 인양전을 찾아볼 수 없고 그 자리에 함인정(涵仁亭)이 들어서 있다. 함인정은 환경전의 남쪽에 있고 앞으로 마당이 넓게 펼쳐져 있다(그림 6). 너른 마당은 본래 궁중광대의 공연공간이었던 인양전의 마당인 것이다. 〈궁중광대와 놀다〉가 이러한 역사적 고증에 관심을 두었더라면 장소를 조금 옮겨 함인정 마당에서 공연할 수 있었을 것이다.

플라스틱 의자를 늘여 놓아 마련한 관람석도 궁궐과 어울리지 않았다. 궁궐의 공간미학을 해치지 않는 자연스런 관람석을 모색했어야 한다. 작품 내용 가운데 임금이 극중인물로 등장하는 것도 옳지 않다. 임금의 모습은 어진(御眞)으

그림 6 함인정과 그 너머 환경전

로만 그릴 뿐 기록화에도 묘사할 수 없어 빈 어좌(御座)만 그려놓는다. 광대놀음 중에 임금 역할을 하는 광대는 있을 수 없는 것이다.

〈궁중광대와 놀다〉의 시놉시스는 조선시대 궁중광대로 놀던 광대들이 각 지역의 탈꾼으로 지내다가 다시 궁중에 들어와 한판 논다는 설정에서 시작한다. 동일한 공간에서 수백 년을 사이에 둔 과거와 현재가 공존하고 있는 것이다. 조선시대와 현대의 공연환경도 혼재되어 있다. 따라서 임금을 위한 행사였던 과거의 규칙을 불특정 다수의 관객을 위한 공연 행사에 요구하기란 무리일 수도 있다. 그러나 그것은 이 작품이 왕실문화를 소재로 한 '창작극'이었다는 전제에서 가능한 말이다.

결과적으로 〈궁중광대와 놀다〉는 '궁궐의 일상'을 보여주는 재현 행사가 아니라 궁궐의 일상에서 아이디어를 얻고 엇비슷한 궁궐 공간을 무대와 객석으로 활용한 창작극이었다. 역사적 고증이 부족한 상태로 궁궐의 일상을 재현했다고 하기는 어렵다. 이 기발하고 재미난 창작극은 궁궐이 아닌 전문 공연장에서도 충분히 살아남을 것이다.

그러나 소중한 국가 문화재인 궁궐이 활짝 열리는 축제 기간에는 오랜 역사와 문화의 켜에 걸맞은 장중하고 우아한 궁궐의 일상을 만나고 싶다. 궁궐 문을 들어서면 우리가 고증하고 상상할 수 있는 완벽한 궁궐의 일상

과 행사가 펼쳐지게 할 수는 없을까. 당연히 얻는 돈보다 드는 돈이 많겠지만, 이 기간에 궁궐을 찾는 많은 내국인들이 자부심을 갖고 더 많은 외국인들이 감탄을 토해낼 살아 있는 역사문화의 현장을 보고 싶은 것이다.

전통문화의 경제적 가치를 이끌어내기 위해서는 경제적 가치가 적은 일에 먼저 투자해야 한다. 서울의 궁궐과 그 속에서 이루어진 전통문화를 문화상품으로 만들어 컬처노믹스(culturenomics)를 실현하기 위해서는 서울의 궁궐과 왕실문화에 대한 인식과 형상을 바로 세워야 한다. 궁궐의 일상을 재현하는 일 등이 바로 그런 사업에 해당할 것이다.

민간 기업들은 경제성이 없는 일에 투자할 까닭이 없다. 관이나 국가가 주도하여 장기적인 상품 가치를 내다보고 이러한 손해 보는 투자에 참여할 수밖에 없다. '하이 서울 페스티벌' 같은 관 주도의 축제가 바로 그러한 장기적인 투자의 장이 될 것이다. 축제 현장은 예술 생산을 위한 영감의 원천이 되어야 하며 불특정 다수 고객을 위한 아트 마켓(art-market)이 되어야 한다(그림 7).

그림 7 「열린궁전 상상공작소」의 서울탈 만들기 체험에 참여한 아이

서울시는 더 많은 인력과 물력을 투자해서 서울 지역 전통문화의 정체성을 살리고 알리는 일에 집중했으면 좋겠다. 전통문화를 명품문화로 재창조할 길이 훤히 보이는데 지원액이 부족하다는 이유로 실행하지 못하는 사태가 더 이상 일어나지 않기를 바란다. 〈궁중광대와 놀다〉를 포함해서 올해 '하이 서울 페스티벌'에 제안한 몇 가지 상상과 조언은 제작비의 문제로 실현되지 못한다고 들었다.

예술 현장의 독자성을 확보하여 예술적 상상력에 방해를 받지 않으려는 이유로 학자들의 개입을 경계하는 예술 생산자들의 태도에도 문제가 있다. 예술 생산 과정에서 이론과 현장이 만나는 지점에 대한 규칙이 없기 때문에 발생하는 일이다. 인문학적 상상력과 예술적 상상력이 충돌하고 화해하면서 함께 갈 길을 모색해야 컬처노믹스를 전망할 수 있다.

많은 동료 학자들은 각자 인문학적 상상력의 보물단지를 갖고 있다. 그러나 보물단지를 펼쳐 보일 예술 현장과 어떻게 만나는지 알지 못하는 경우가 많다. 소통의 길을 찾은 경우라도 예술 생산 과정에서 아이디어와 콘텐츠를 제공하는 인문학자들의 위상이 분명하지 않은 상황이라 선뜻 자신의 보물을 내놓기를 꺼려하게 된다.

지난 정부의 교육인적자원부에서 추진하기 시작한 '인문한국 프로젝트'는 인문학의 소통과 실천을 위한 획기적인 정책이었다. 10년을 내다보는 이 사업 역시 인문학적 성과를 삶과 예술의 현장에 활용할 통로를 찾는 일이 중요한 문제이다. 한국문화콘텐츠진흥원이 주도한 문화콘텐츠 개발 사업 역시 문화예술 현장에 실천할 연계 사업을 적극적으로 모색해야 한다.

왕실문화를 포함한 서울지역 전통문화에 대한 인식과 형상을 바로 세우고 인문학적 상상력이 예술적 상상력과 쉽게 조응하는 기회를 만들기 위하여, 인문학과 예술, 과학 기술 등을 통합하는 '서울학 인프라'를 구축할 것을 제안한다. 서울시립대학교 부설 서울학연구소가 일찍이 서울의 역사, 지리, 문화, 예술에 대한 연구를 통합하는 서울학을 주도해 왔다. 이제 인문학으로서 서울학을 넘어 예술 현장과 디지털 인프라를 연결하는 서울학 인프라를 논의해야 한다. 그것이 〈왕의 남자〉의 우연을 필연으로 만드는 길이다.

'왕의 남자' 창작의 단초 제공 사진실 교수

"문화산업이 꽃이라면, 인문학은 씨앗
이 아닐까요. 요즘 학문을 하는 망외(望
外)의 기쁨을 누리고 있습니다."

인문학자 사진실(史眞實·41, 중앙대
음악극과) 교수는 영화 '왕의 남자'의 성
공을 먼발치에서 지켜보는 소감을 이렇
게 밝혔다. 인문학, 그 기초학문의 씨앗
이 엄청난 부가가치를 창출하는 연금술적 현실에 대해 놀라고 있기 때
문이다.

영화 '왕의 남자'의 원작은 극작가·연출가인 김태웅 씨의 연극 '이
(爾)'다. 더 거슬러 오르자면 희곡 '이'의 작가 김씨에게 창작의 영감·
섬광의 부싯돌을 제공한 사람의 하나가 사교수이다. '왕의 남자'가 꽃이
라면, '이'는 뿌리이자 줄기요, 사교수의 논문과 강의는 남들이 본 적이
없고 알아주지도 않는 흙씨인 셈이다.

사 교수는 1998년 2학기 한국예술종합학교 연극원 전문사 과정의 '한
국공연예술연구' 시간에 공길(孔吉)·공결(孔潔)·귀석(貴石)·광문(廣
文) 등 광대놀음의 유명배우들을 비롯해 궁중 공연문화 전반에 대해 강
의했다. 그는 궁중 광대놀음인 '소학지희(笑謔之戲)'의 작품 분석으로

---

1 영화 왕의 남자가 나오게 된 배경과 창조인문학에 대한 사진실 교수의 생각이 잘 드러
나 있는 인터뷰여서 소개한다. 2006년 1월 31일 경향신문에 소개되었고, 인터뷰 기자는 김
중식 기자이다.

석사논문(1990)을, 그 궁중 코미디를 연기한 배우는 유랑예인집단이 아니라 서울의 왕실·관료 사회에서 공연했던 '경중우인(京中優人)'이라는 학설을 담은 박사논문(1997)을 내놓은 터였다.

당시 그의 수업을 들은 학생은 두 명. 그곳에 연산군에 대해 관심이 지대하던 김씨가 있었다. 사씨는 김씨에게 조선전기 궁정배우의 존재 양상과 공연활동을 소재로 한 희곡 집필을 과제물로 냈다. '조선왕조실록 연산군일기' 60권 22장의 기록에 따라 연산군 앞에서 '노유희(老儒戲)'(늙은 유생의 놀이)를 하며 임금을 풍자(君君, 臣臣—임금은 임금다워야 하고, 신하는 신하다워야 한다)했다가 곤장 맞고 귀양간 공길이 주인공으로 낙점됐다. 또 사씨는 김씨에게 공길의 정신적 지주이자 현실저항적 광대로서 '장생'을 추천했다. 장생은 허균이 쓴 '장생전(蔣生傳)'의 주인공. 그의 박사논문 때 '장생은 배우였다'고 주장했던 인물이다. 소설 속 장생은 인생을 달관한 '거리의 예술가'였고 자유로운 영혼의 소유자였다. 그 결과 수업시간에 발표된 작품의 제목은 '희희낙락(喜戲樂落)'.

사 교수는 김씨가 제출한 초고(草稿)에 대해 "공길과 장생, 연산군과 장녹수의 사랑과 질투, 역사적 사실과 허구의 조화, 극중극으로 재구성해 삽입한 소학지희의 공연 장면 등은 작가가 지닌 상상력의 힘을 잘 보여주는 것이었다"고 회고했다. 그는 이어 "제 연구 또한 많은 연구 성과의 토대에서 가능한 것"이라며 "연구와 창작이라는 분야는 엄연히 다르지만 인문학의 성과가 작가의 상상력을 자극하고 뒷받침할 수도 있는 것이란 깨달음을 얻었다"고 말했다.

사교수에 따르면 궁정배우들의 활동은 동서양에 두루 나타난다. 우리나라에도 고려 때부터 있었다. '조선왕조실록'에는 세조·중종·명종·성종 등이 광대놀음을 크게 즐긴 임금으로 나와 있다. 조선시대의 궁중 광대놀음인 소학지희를 놀았던 배우가 바로 '경중우인'. 사서삼경 등 경전의 말씀을 비틀어가며 언어로 임금을 울리고 웃기는 지력(知力)을 갖춘 광대였다. 중앙 관청의 관노(官奴)나 세력가의 사노(私奴) 신분으로 서울 사대문 안에 거주했다. 그들이 궁궐에서 놀 때는 의금부(현재의 국정원에 해당)의 관리를 받았다. 임금과 소수 측근이 참석하는 왕실 내부의 행사이므로 왕의 신변 보호 및 보안이 필요했기 때문이다.

영화에서 역사적 상상력의 범주를 벗어난 부분으로 사교수는 '경극' 장면을 꼽았다. 연산군 때는 중국에서 지방유희를 집대성한 경극(베이징 오페라)이 본격적으로 성립하기 이전이기 때문이다. 사교수는 "우리극 양식으로도 표현이 가능한 장면을 굳이 경극 양식을 빌려 표현한 것은 역사적 사실과 다를 뿐더러 영화 '패왕별희'를 기억하는 외국 관객들에게 '왕의 남자'의 독창성을 조금 떨어뜨리는 결과로 작용할 듯하다"고 아쉬워했다.

그는 "대중예술·기초예술·기초학문이 그 성과를 공유하는 '학예산(學藝産) 협동'의 사례가 앞으로도 풍성해지기를 기대한다."면서 "개인적으로는 연극·영화를 통해 한국 연극사 연구의 성과가 부분적이나마 대중에게 알려지는 상황을 보면서 재능 있는 작가를 만난 행운을 크게 감사하고 있다."고 말했다.

2. 창조인문학, 그 법고창신(法古創新)의 행복한 모험
- 대한민국 창조인문학을 위한 제언1

　인문, 예술, 기술을 융합하는 상상과 생산의 인문학인 창조인문학을 세워야 한다. 현실공간과 공존하는 사이버공간과 우주공간에 대한 문화생산을 통하여, 현재 IT 기술·사이버문화 강국에서 미래문화·우주문화의 강국으로 가는 견인 동력을 확보하자. 또 콘텐츠 창조 주체로서 창조인문학 전공자의 인문산업 진출을 통해 새로운 직업, 고용 창출과 벤처 창업을 추진해야 한다.

　이를 위해 인문정보의 집적 및 체계화, 인문기술의 개발 및 활성화, 아트웨어 발굴 및 기획을 통해 기반을 마련하고, 인문교양 대중화, 글로벌 창작공방을 통한 인문예술의 소통 커뮤니티, 문화수익창출을 위한 인문예술 운용 사업, 인문경영을 위한 창업과 R&D 지원, 글로벌 인류 문화원형 프로젝트, 세계의 토착 신화 등 스토리텔링 발굴 및 자원 확보, 인문산업의 성과 전시 및 홍보 사업 지원 등을 통해 확산하고, 인문·예술·기술 융합을 위한 학제 간 연구 역량 강화, 창조인문학 전공자(인문정보, 인문지식, 인문기술, 인문예술, 인문경영 등) 양성을 위한 융합 교육 시스템 구축, 창조인문학 파이오니아(pioneer) 양성, 국립연구기관 창조인문연구원 설립, 산학 연계 인문벤처 창업 지원, 고용 지원 등 체계적이고 종합적인 프로젝트들을 실행할 것을 제안한다.

---

1 이명박 대통령 직속 미래기획위원회 위원 및 '문화예술, 인문학 재도약 데스크포스 팀장'으로서 활동하며 창조인문학 프로젝트 실행을 제안하였고, 온고이지신(溫故而知新)을 통한 인문학과 문화산업의 발전에 심혈을 기울였다. 이 제안은 1인 창조기업 및 박근혜 정부의 창조경제 아이디어로 이어지기도 하였다. 관련 자료들은 국가 대통령기록물로 보관되어 있어, 사진실 교수의 컴퓨터에 저장되어 있는 〈창조인문학 프로젝트〉 자료를 소개한다.

창조인문학 프로젝트

1. 추진배경

(1) "창조인문학"의 성립과 인문학의 패러다임 전환

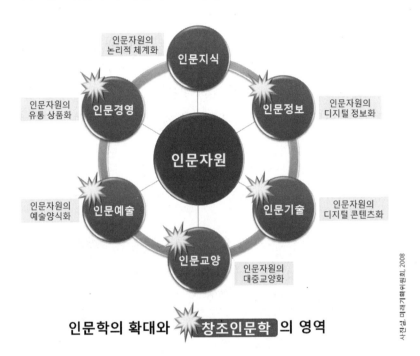

◆ 창조 인문학이란 인문, 예술, 기술을 융합하는 상상과 생산의 인문학
- 소프트파워가 미래산업의 화두로 부각된 시점에서 인문지식 중심이
  었던 인문학의 영역 확대와 다원화 필요성
- 인문정보, 인문기술, 인문교양, 인문예술, 인문경영[2] 등 창조인문학의
  영역을 통하여 인문자원을 축적하여 공유하고 다시 각각의 영역으로

---

2 경영에 인문자원을 활용한다는 차원이 아닌 인문자원을 상품으로 유통시키는 과정을
탐구하는 차원의 전문 영역을 의미.

가져와 문화 생산과 창조를 선도

◆창조인문학을 활성화함으로써 전통적인 인문학이 다루는 인문지식
의 상생적 발전의 계기 마련
 - 지금까지 국가 지원 인문학 프로젝트는 인문지식에 집중되었고 인문
   정보와 인문기술, 인문교양에 지원이 시작되는 상황
 - 인문자원을 예술양식화하는 인문예술, 인문자원의 유통과 상품화를
   모색하는 인문경영은 국가적 지원 영역으로 인식되지 않음
 ※ 영화 〈왕의남자〉는 인문지식이나 인문정보 차원에서 예술 창작으로
 직결된 것이 아니라 인문자원을 가공하여 예술가에게 제공하는 인문예술
 의 영역을 통해 생산되었다는 사실에 주목

(2) 창조인문학을 통한 미래문화의 선진 영역 확보

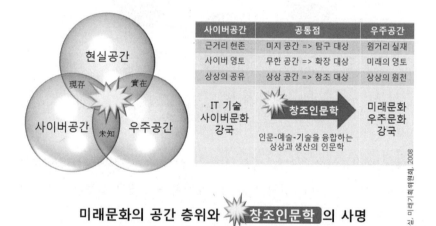

미래문화의 공간 층위와 창조인문학 의 사명

◆현실공간과 공존하는 사이버공간과 우주공간에 대한 문화생산을 통
하여 미래문화의 선진 영역 확보 필요
 - 사이버공간과 우주공간은 미지(未知) 공간으로 탐구 대상이며 무한

(無限) 공간으로 영토 확장의 대상이며 상상(想像)의 공간으로 문화예
술 창조의 대상이며 공유의 장(場)
- IT 산업의 발달로 사이버공간을 구축하는 선진 기술을 확보한 우리나
라는 상상의 원천이며 미래의 영토인 우주를 끌어들임으로써 미래문
화의 원천 확보 가능

◆창조인문학을 통하여 현실공간, 사이버공간, 우주공간을 넘나드는
상상력과 꿈을 제공하며 미래산업의 화두인 소프트파워의 경쟁력 강화
전망

◆현실공간과 사이버공간 사이에서 분열되지 않는 건강한 인격과 조화
로운 인간관계, 신뢰받는 공동체를 유지하기 위한 전인적(全人的), 즉 인
문학적 인간상 구현이 요구됨

◆창조인문학은 현재 IT 기술·사이버문화 강국에서 미래문화·우주문
화의 강국으로 가는 견인 동력이 될 전망

(3) 창조인문학이 주도하는 인문산업의 발흥

◆창조적 실용주의에 기반한 창조인문학은 산업의 영역에서 인문산업
으로 발흥
- 창조인문학 프로젝트의 결과를 인문산업으로 직결시켜 향후 사회의
신성장동력으로서 인문산업 또는 인문벤처를 발흥시키는 상생적 획
기적 계기 마련
- 인문학이 생산의 주체가 되어 학문의 성과를 예술 창조 및 문화산업
현장에 활용하는 실천 역량 강화 및 인재 양성 필요
※ 인문학의 발전을 위해서 인문학적 상상력에 기반한 물질적인 것들

이 다수 생산되고 문화산업적으로 운용되는 프로젝트 필요

※ 인문학과 기술 또는 예술의 결합이라는 측면은 구체적 인문학 주도의 콘텐츠 기획과 창작 과정이 운영되지 않는 상황에서 실효성 없음

※ 디지털 문화원형사업도 인문학이 주체가 된 예술상품기획 과정에서 진행되어야 활용 방안 제시 가능: 현행 문화콘텐츠 사업이나 예술 현장에서는 인문학 전문가들이 소외되어 원천 자료 제공자에 그쳤음

◆콘텐츠 창조 주체(contents creator)로서 창조인문학 전공자의 인문산업 진출: 고용 창출과 벤처 창업 장려

- 예술 및 기술 전문가가 인문자원을 활용하는 경우 인문학의 체계나 고유 영역의 깊이에 도달하기 어렵고 편향되거나 왜곡될 우려

※ 인문학자들이 예술 및 기술 전문가들의 스탭으로 참여하던 현행 문화콘텐츠 생산 방식으로는 인문학과 현장의 불신과 소외를 부추기는 결과 초래

- 인문정보, 인문기술, 인문교양, 인문예술, 인문경영 분야의 직업군을 특화 양성함으로써 인문자원이 산업 현장에 도달하기까지 신속성과 정확성을 기하는 동시 인문학적 상상력과 소통할 기회 마련

◆창조인문학을 매개로 학술/창작, 전문가/일반인 등 장르/계층간 격차와 칸막이를 해소하여 원활한 상호 연계·활용을 유도

◆창조인문학 연구와 교육을 심화하고 대중 교양을 확산하며 인문학적 상상력과 문화생산의 선순환 구조 조성 필요

2. 추진내용

(1) 토대 구축

◆인문정보의 집적 및 체계화 사업 지원
- 아날로그적 인문 자원을 디지털 방식으로 정보 처리하여 DB로 집적
  하고 체계화, 창조인문학 전반의 토대 마련
※ 디지털 조선왕조실록, 한국향토문화전자대전 등 이미 지원 사업 진
행중
※ 인문학의 성과인 학술논문의 본문을 검색과 접근 가능하도록 인문
정보 체계 구축: 현행 자료 접근 방식은 복잡하고 불안정
- 인문정보 처리와 집적의 범위를 무형의 인문자원까지 확대
- 인문정보의 다국적 공유 및 해외 DB와 상호연계망 구축
- 원활한 정보 축적과 연계활용을 위한 기술 및 시스템 개발
※ 인문자원 등 공공콘텐츠 이용 활성화를 위한 유통인프라 구축, 위탁
관리체계 구축, 디지털식별자 부착 및 메타데이터 통합(메타데이터 레지
스트리), 품질인증체계 구축

필요기술 : 인문정보학의 상호운영 기술

① 인문 지식자원에 기계적 가독성을 위한 전자 텍스트 마크업(Mark-up) 체계, ② 지식상호간 소통을 위한 하이퍼텍스트(Hyper-Text) 구현 기술 ③ 검색과 연계 활용을 위한 하이퍼미디어(Hyper-Media) 구현 기술 ④ 인문 지식 자원의 표준적인 메타 데이터(Meta Data) 형식 개발 및 관련 정보의 공유 기반을 제공하는 데이터 레지스트리(Data Registry)의 구축 ⑤ 특정 영역의 전문 지식에서 쓰이는 기본 개념 및 개념들 간의 관계를 명시적으로 규정하여 지식자원의 기계적 소통을 도모하는 온톨로지(Ontology) 기술

◆인문기술의 개발 및 활성화 사업 지원
- 인문자원을 기술과 융합하여 디지털콘텐츠로 가공하는 새로운 응용
  기술 및 수요 창출
※ 인문학 차원 입체적 고증·복원을 대폭 강화, 다양한 산업적 활용
가능하게 개선
※ 정지형 텍스트적·정지영상 지식을 동영상 및 가상현실 등으로 복
원·서비스
- 공공콘텐츠 활용 고부가 가치의 콘텐츠 개발 제공
※ 공공기관이 보유·관리하고 있는 문화, 역사, 과학기술, 영상물, 고
문헌, 기타 정보 등 인문자원의 디지털콘텐츠 전환 및 공유 목표
※ 현행 한국문화콘텐츠진흥원의 CT 지원 사업을 인문기술의 입장에서
재접근 필요

◆아트웨어 발굴 및 기획 사업 지원: 문화콘텐츠 상품화 기반 구축
- 콘텐츠 상품의 근간이 되는 R&D 사업으로 문화지식과 문화표현기법
  을 적용한 시각,청각,촉각 등 통감각적 아트웨어 개발
- 미래형 예술상품과 문화상품은 아트웨어의 구성에 의해 인문학적 상
  상력과 창의적 기술 활용이 가능

(2) 개발 확산

◆인문교양 대중화 사업 지원
- 인문자원을 가공하여 출판이나 강의 등 다양한 매체로 대중에게 전달
  하는 사업 지원
- 논문이나 저서 형태의 인문지식 보유자 스스로 인문교양 사업에 참여
  하도록 유도하여 인문자원의 편향과 왜곡 방지
 * 인문지식을 인문교양으로 전환하는 과정에서 발생하는 자료 수집과

인용 등에 대한 출간 윤리 마련
  - 위키(Wiki) 기반의 협업을 통한 인문교양의 공동 창출과 집대성 병행

◆인문예술의 소통 커뮤니티 : 글로벌 창작공방 운영 사업
 - 인문예술 아이디어 및 시놉시스 뱅크 운영
 - 인문학적 상상력과 꿈의 예술상품 개발 사업 지원
 ※ 국내는 물론 아시아 등 세계 각국의 상상력이 풍부한 젊은 우수인력
을 결집, 국내 인문자원을 활용한 창의적 실험적 예술 및 콘텐츠의
Factory로 조성
 ※ 통·융합형 다원 예술 등의 창작활동을 자유롭게 수행하고, 과정과
결과를 상품화, 교육·전시·홍보 등과 적극 연계

◆문화수익창출을 위한 인문예술 운용 사업
 - 문화지식개발과 문화표현체제 구축
 - 인문학을 통한 문화지식 구성
 - 국가 및 지자체 등 문화브랜드 정체성 기획 사업
 - 인문학 콘텐츠 기반 예술상품 기획 사업
 ※ 창조인문학 기반에서 문화콘텐츠 전문기획자를 양성하고, 인문학
활성화를 위해선 다양한 예술상품의 기획과 창작이 필요→예술상품기반
구축을 통해 문화상품기획과 제작이 활발→인문학 지형의 확장
 - 인문학 콘텐츠 비주얼리서치 사업→기획, 홍보전략 수립

◆인문경영을 위한 창업과 R&D 지원
 - 인문자원을 가공하고 상품화하여 유통시키는 기업 활성화
 - 인문, 기술, 예술의 인적 자원 융합형 창업 장려
 - 인문벤처 펀드 조성 장려

◆인문예술과 인문경영을 연계한 기업 내 인문산업연구소 설립 지원
- 인문자원에서 문화산업까지 논스톱 생산 시스템 구축

◆글로벌 인류 문화원형 프로젝트 사업
- "한국적인 것이 세계적인 것" ⇒ "한국 속에 세계를 품어야 세계적인
  것" : 세계문화의 원형 발굴 및 인문자원 확보
※ 해당지역 신화의 최고 전문가와 국내 전문가의 팀 연구 시도: 순수한
소통을 위하여 영어가 개입하지 않은 소통 필수, 전문 통역사 고용 필요
※ 우선과제로서 아시아 등 제3세계 문화원형 발굴 아카이브 구축 사
업: 예) 디지털 아시아 문화원형 DB 구축 사업

◆스토리텔링 발굴 자원 확보 사업 지원
- 세계의 토착 신화 등 스토리 발굴-정보화 사업 : 상품화되지 않은 원
  초적 정신문화의 인문자원 확보
- 생애담에 기초한 인물 스토리 발굴-정보화 사업 : 인간 개체의 삶이
  곧 인문자원
- 역사와 철학 자원을 활용한 스토리 발굴-정보화 사업
- 문화원형을 활용한 '스토리 발굴-가공-창작' 사업

◆인문산업의 성과 전시 및 홍보 사업 지원
- 창조인문학 페스티벌
※ 인문자원의 원천 자료에서 인문정보, 인문기술, 인문교양, 인문예술,
인문경영에 이르는 생산 과정을 전시 홍보
※ 창조인문학 또는 인문산업 가치 사슬(value chain)의 선순환 구조에
대한 인식 공유
- 미디어아트3 페스티벌
※ u-IT기술 등 세계적인 첨단기술이 융합된 작품의 제작 및 전시와 관

련 기술의 산업체가 접목된 이벤트 기획으로 순수 예술을 포함한 관련 분야의 비즈니스 연계 행사개최(세계적인 미디어 아트 페스티벌)

※ 예) 디지털아트 전시, 관련 기술 소개, 컨퍼런스, 산업제품 발표, 인적교류, 시민체험행사 등

(3) 구조 정착

◆인문·예술·기술 융합을 위한 학제 간 연구 역량 강화
- 누리사업이나 인문한국 프로젝트 등 대규모 연구개발 지원사업에서 인문·예술·기술 융합형 사업 비중의 대폭 확대

◆창조인문학 융합 교육 사업 지원
- 대학의 학부 및 대학원 과정에서 창조인문학 전공자(인문정보, 인문지식, 인문기술, 인문예술, 인문경영 등) 양성을 위한 융합 교육 시스템 장려 사업
- 교육지식부의 WCU 사업과 연계 (세계수준의 연구중심대학 육성사업, 08.6.20 공고)
- 서울대 자유전공학부 설립 참조

◆창조인문학 파이오니어(pioneer) 양성 사업 지원
- 대학 및 연구소 거점 (가칭)창조인문학 아카데미 운영 사업
- 인문·예술·기술 분야의 준전문가를 대상으로 하는 다학문적 집중 교육 시스템을 조직·운영할 수 있도록 지원

---

3 사진, 비디오, 오디오, 컴퓨터, 디지털아트와 인터랙티브 미디어를 통한 커뮤니케이션을 창출하는 연구와 창작을 하는 분야. 미국 유럽 일본 등 문화적 선진국들은 미디어아트 기반사업을 기관별로 다양하게 운영하고 있음.

※ 특정 대학 또는 연구소를 선정하여 인문·예술·기술 분야의 준전문가를 대상으로 하는 다학문적 집중 교육 시스템을 조직·운영(1~2년 과정, 1000명 양성 목표)

◆창조인문학과 인문산업의 흐름을 주도할 국립연구기관 (가칭)창조인문연구원이나 (가칭)인문산업연구원 설립
 - 창조인문학 또는 인문산업의 발전 방향 제시 모델 마련
 - 국립연구기관을 통하여 집중적인 연구와 인재 양성을 실현하고 대학 부설 연구소의 연구과제에 대한 관리와 축적 기능

◆융합형·개방형 교육제도 개선
 - 초·중등 공교육 내 융합형 교과과정 확대, 문·이과 구분의 실질적 철폐, 대학 내 융합형 학점제 도입 등

◆산학 연계 인문벤처 창업 지원
 - 문화산업 관련 단체나 기업체와 연계한 산학협동 장려
 - 인문산업대학 및 연구소에 관련 기업체의 투자 유도
 - 산학협동체가 이윤을 배분할 수 있는 시스템 구축, 대학 내 인문산업의 자립 유도

◆인문산업 고용 창출 및 증대 사업
 - 예술현장 및 과학기술 영역에 인문산업 종사자 고용 방안 마련, 한시적 지원 후 완전 고용 창출
 ※ 예술 관련 국립기관 및 사설단체, 기업에 창조인문학 전공자 진출 장려, 예술 및 기술 생산의 지원 및 주도 역할
 ※ 상상과 꿈을 파는 창의적 인재의 직업 모델 마련

3. 기대효과

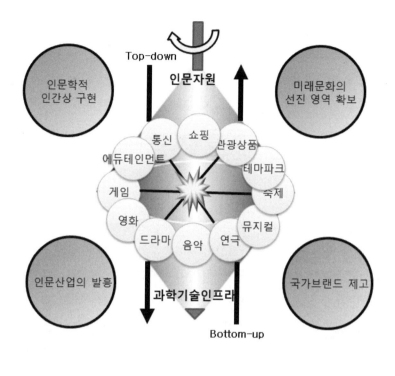

문화산업을 위한 창조인문학 의 동력구조

◆창조인문학과 인문산업의 위상 확보 및 대응 문화산업의 지속적 가치 창출을 위한 선순환 동력 구조 정착

◆인문교양과 창의력을 지닌 인문학적 인간상을 구현하고 개인의 열정과 꿈을 실현할 새로운 직업군 창출

◆소프트파워 강화를 통한 국가 브랜드 제고 및 사회적 자본 확충

◆세계문화, 우주문화, 미래문화의 선진 영역 확보

제2장 전통의 창조적 복원을 꿈꾸다

1. 하늘로 열린 초월 공간, 왕실극장 연경당(演慶堂) 복원 프로젝트1

음악, 연희 등 전통 공연예술의 현대적 재창조와 무대양식화 작업에는 언제나 극장공간에 대한 고민이 뒤따른다. 지난 2007년, 한국문화예술위원회에서 주관하는 전통예술 무대양식화 사업에서는 전통적인 극장 공간의 실체를 찾기 위하여 조선 순조 대 진작(進爵)의 공간이었던 창덕궁 연경당의 복원 연구를 시작했다. 건축사학자 김봉렬, 무대예술가 윤정섭, 공연예술사학자 사진실이 주축이 된 이 연구에서 연경당의 건축 구조와 공연 미학에 대한 이론적 논의가 이루어졌고, 연경당 진작 현장의 그림을 토대로 한 3D 그래픽과 모형이 제작되었다. 180여 년 전의 '왕실 극장' 연경당에서 어떤 공연이 어떠한 의미를 가지고 진행되었으며, 무대와 객석의 공간은 어떤 모습을 하고 있었는지 살펴보자.

---

1 출처: 「'하늘로 열린 초월 공간' 조선의 왕실 극장 연경당: 연경당의 극장적 구조와 공연 미학」, 『계간 문화예술』 2008~2009겨울호(331호), 한국문화예술위원회. 이 글을 학술적으로 심화한 글은 「연경당 진작의 공간 운영과 극장사적 의의」라는 제목으로 『오래된 예술 새로운 무대: 한·중·일 공연예술 찾기』(민속원, 2008)에 수록되어 있다.

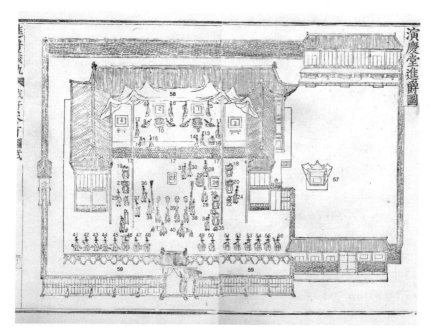

〈순조무자진작의궤〉 중 〈연경당진작도〉

1828년 연경당에 하늘 문이 열리다

1828년 음력 6월 1일 오전 7시, 녹음방초가 꽃보다 아름다운 한여름의 싱그러운 아침, 순조의 왕비이며 효명세자의 어머니인 순원왕후(純元王后)의 40세 생신을 축하하는 왕실 잔치인 진작(進爵: 궁중 잔치 때 임금에게 술을 올리던 일)이 거행되었다. 장소는 창덕궁 후원 깊숙이 자리 잡은 연경당(演慶堂), 기쁜 일을 연행(演行)한다는 뜻을 지닌 작은 공간이다. 내시들은 새벽같이 임금의 어좌(御座)와 순원왕후의 보좌(寶座), 그리고 왕세자의 시연위(侍宴位)와 배위(拜位)를 설치했다. 장내에 은은한 향기를 뿜어줄 향안(香案)이며, 술을 올리는 수주정(壽酒亭), 차를 올리는 다정(茶亭), 꽃과 휘건을 올리는 탁자 등도 빠트리지 않았다. 임금과 왕비는 미리 도착하여 각각 동쪽과 서쪽 온돌방에 마련된 대차(大次)에 있었고, 왕세자는 연경당 정문 밖의 소차(小次)에 대기하고 있었다.

진작이 시작되기 3각(45분) 전, 희죽(戱竹)이 대나무로 만든 장식대로 악대(樂隊)를 선도하며 자리로 나아갔다. 2각(30분) 전에는 집사인 중사(中使)가 왕세자의 소차 앞으로 가서 진작의 준비가 끝났음을 아뢰

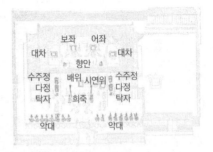

고, 1각(15분) 전에 다시 나아가 자리에 오를 것을 아뢰었다. 왕세자가 익선관과 곤룡포를 갖추어 입고 나와 중문을 거쳐 배위에 오르자 악대가 세취(細吹)로 선인자(先引子)를 연주하기 시작했고, 악관이 무동(舞童)들을 인도하여 자리로 나아갔다. 음악이 계속되는 동안 상궁이 임금과 왕비의 대차에 차례로 나아가 자리에 오를 것을 아뢰자, 임금과 왕비는 연복(燕服) 차림으로 각각 어좌와 보좌에 올랐다. 임금과 왕비가 자리에 오를 동안 왕세자는 '국궁(鞠躬: 무릎을 꿇어앉으시오)-사배(四拜: 네 번 절하시오)-흥(興: 일어나시오)-평신(平身: 몸을 바르게 하시오)'의 순서로 예를 올렸다.

음악 연주가 끝나고 왕세자는 배위에 무릎을 꿇고 앉았다. 세취가 곡목을 바꾸어 제천악(齊天樂)을 연주하고 무동들은 정재(呈才: 대궐잔치 때

연경당에서 밤에 거행된 '야진별반과(夜進別盤果)'의 상황을 어좌의 시점에서 그린 상상도(윤여송 그림). 무대에서는 〈춘대옥촉〉의 공연이 이루어지고 있으며, 어좌의 양쪽에 행사의 진행을 돕는 상궁들이 도열하고 있다.

벌이던 춤과 노래) 〈망선문(望仙門)〉을 연
행하기 시작하였다. 선인(仙人)을 기다린다
는 뜻의 망선문은 본래 당나라 대명궁(大
明宮)에 딸린 문이었다. 당나라 장안에 세
운 이궁(離宮) 대명궁 안에는 태액지(太液
池)라는 연못이 조성되었고 그 안에 봉래
산(蓬萊山)이 조성되었다고 한다. 이는 한
무제가 세운 건장궁(建章宮) 태액지의 전통
을 계승한 것이다. 한 무제는 태액지 안에
봉래(蓬萊), 방장(方丈), 영주(瀛洲) 등의 산
을 만들었는데, 이는 거대한 자라가 지고

정재 〈망선문〉

다니며 불로초와 불사약이 난다는 삼신산(三神山)으로 진시황이나 한 무
제가 장생불사의 욕망을 이루기 위해 도달하고자 했던 신화적 공간이다.
봉래산은 신선이 오기를 기다린다거나 스스로 신선이 되기를 바란다는
뜻을 담고 있다. 대명궁의 문 가운데 '망선문'이 있는 이유가 그것이다.
  연경당에서 〈망선문〉을 연행할 때는 하얀 깃털로 장식한 옷깃과 허리
띠를 두른 네 명의 무동이 공작의 깃털로 만든 작선(雀扇)을 들고 나와 망
선문의 형상을 만들어냈다. 당(幢)을 잡은 다른 두 명의 무동은 문을 드나
들며 춤추고 효명세자가 만든 가사를 노래했다.

  붉은 기운 감도는 구중궁궐이 하늘 문으로 통하고,
  궁궐을 감싸는 구름의 길조가 하늘 향기와 가까우니,
  이리로 학을 탄 신선이 내려올 것이옵니다.

  역대 임금들이 그렇게 갈망하던 신선이 학을 타고 '지금 여기' 연경당의
현장에 내려온다는 노랫말이다. 하얀 깃털로 장식한 무동의 의상은 신선
을 태운 학을 연상시킨다. 긴 부채 네 개로 망선문이 세워지는 순간 연경

당은 역대 임금들이 신선을 기다리던 역사 공간이 되고, 봉래산 신선을 만날 수 있는 신화 공간이 되었다. 한여름 싱그러운 그 아침, 연경당에 '하늘 문'이 열렸다.

시공간을 넘나드는 초월성

하늘 문이 열리면서 신선들이 내려왔다. 〈망선문〉에 이어진 정재 〈경풍도(慶豐圖)〉는 신선들이 임금에게 풍년이 들어 기뻐하는 광경을 담은 그림 〈경풍도〉를 바친다는 설정을 담고 있다. 세취가 〈옥촉신(玉燭新)〉을 연주하기 시작하자 무동 한 명이 〈경풍도〉를 받들고 등장하고, 그 뒤에 다섯 명의 무동이 대오를 지어 따라왔다. 그림을 든 무동은 다음과 같은 노래를 부른다.

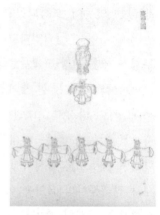

정재 〈경풍도〉

> 아, 위대하신 우리 임금님! 성대한 명성 크게 빛나네.
> 두루 융성한 일덕(一德)이여! 높은 이름을 누릴 만하네.
> 거룩하신 상제께서 아름다운 상서를 내려주셨네.
> 그 상서는 무엇인가? 아홉 줄기의 가화(嘉禾)라네,
> …(중략)…
> 봉궐(鳳闕)에서 조회를 여니 임금께 바치옵니다.

그림을 바치는 무동은 하늘의 상제가 보낸 선인(仙人)의 역할을 한다. 무동은 그림과 함께 상제의 선물인 가화를 가져오는데, 가화는 한 줄기에 아홉 이삭이 달렸다는 상서로운 벼를 말한다. 정재 〈망선문〉을 통하여 신선의 도래를 기다리는 주인공이 되었던 임금과 왕비가 드디어 하늘에서 학을 타고 내려온 선인을 만나게 되는 것이다.

〈경풍도〉에 이어지는 〈만수무(萬壽舞)〉
는 고려 때부터 전승된 당악정재 〈헌선도
(獻仙桃)〉를 응용한 작품이다. 세취가 〈다
려(多麗)〉를 연주하기 시작하자 선인이 다
가와 삼천 년의 봄빛을 담은 복숭아를 바치
며 왕세자가 지은 〈만수무〉를 부른다.

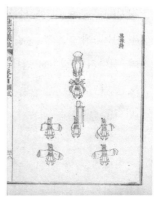

요지(瑤池)의 섬돌 가 복숭아가 열리니
삼천 년의 봄빛이 옥쟁반에 가득하네.   정재 〈만수무〉
삼천 년의 봄을 군왕을 위하여 축수하오니
상서로운 태양이 붉게 떠오릅니다.

선인은 곤륜산 서왕모(西王母)의 명으로
'지금 여기' 연경당에 날아온 것이다. 서왕
모는 삼천년 만에 한번 열리는 신령한 복숭
아를 관리하면서 인간의 수명장수를 주관
하는 여신으로 알려져 있다. 서왕모가 주
목왕을 초청하여 곤륜산 요지(瑤池)에서 잔
치를 베풀었다거나 한 무제를 찾아와 신령
스런 복숭아를 바쳤다는 등의 고사가 함께
전해진다.

정재 〈영지〉의 공연 장면

수천 년의 시간을 초월하여 신화의 소재
가 반복되고 재창조되는 양상은 정재 〈영지(影池)〉를 통해서도 확인할 수
있다. 〈영지〉의 창작 동기와 노랫말은 다음과 같다.

〈패문운부〉에 한 무제가 망학대(望鶴臺)에서 달그림자가 연못 안에 비치
는 것을 보고 연못 이름을 영아지(影娥池)라고 하였다. 〈도서집성〉, 〈원씨액

정기(元氏掖庭記)〉에 황제가 일찍이 대궐 안 연못(禁池)에 배를 띄웠는데, 그의 사(詞)에 이르기를 '밝은 달빛이여, 수면은 거울 같구나. 일렁이는 달빛이여, 항아의 그림자를 잡네.'라고 하였다. (중략) 영지를 설치하는데 모양은 네모난 연못과 같다. 무동 세 명은 영지의 앞에서 세 명이 뒤에서 서로 상대하며 춤춘다.

찰랑대는 맑은 연못에 달그림자 비치는데
선인께서 물결을 완상하시누나.
생황과 피리로 연주하는 아름다운 음악에
너울너울 노래하며 춤추네.

창작의 전거(典據)에 등장하는 한 무제는 연못에 비친 달그림자를 보고 서왕모의 복숭아를 훔쳐 먹고 달 속으로 달아난 항아(姮娥)를 떠올리며 '항아를 비춘다'는 뜻의 연못 이름 '영아지'를 지었다. 〈원씨액정기〉에서 언급한 황제는 명나라 때의 인물로, 달 밝은 밤 궁궐의 연못에서 뱃놀이를 하다가 그런 한 무제의 고사를 떠올리고 '항아의 그림자를 잡네.'라는 표현을 사용하여 노래를 지었다. 이를 고사로 삼아, 순조 대 정재에서는 그림자가 비치는 연못을 들여다보며 즐기는 악가무(樂歌舞)를 완성한 것이다.

정재 〈영지〉의 무대 세트인 '영지'는 매우 사실적인 기법으로 만들어졌다. 나무판자를 이용해 네모난 연못의 형태를 두 겹으로 만들었는데, 안쪽 연못에는 실제로 물을 담았다. 연못 둘레에는 연꽃과 연잎을 꽂고, 바깥쪽은 녹색으로 칠하고 물고기나 게 따위의 모양을 조각했다. 못 한가운데는 나무로 가산(假山)을 만들어 설치하고 산봉우리 꼭대기에 백조(白鳥)를 올려놓았다(이는 봉래산을 상징한 것이다). 바깥 연못에는 난간을 설치하고 족대(足臺)를 달았다. 효명세자는 역사적 실존 인물의 고사를 전거로 삼아 무대의 스펙터클을 만들어낸 것이다.

오랜 옛날부터 구축되어온 신화 세계는 끊임없이 그 신성성을 갱신하여 현실에서의 의미와 영향력을 지닌다. 따라서 신화 세계란 공간적 차원의 초월계라고 할 수 있다. 〈망선문〉, 〈경풍도〉, 〈만수무〉, 〈영지〉 외에 연경당 진작의 정재 대다수는 신선의 이야기를 무대 위에 꾸며내어 '미지의 세계'에 대한 상상과 체험을 우도하고 있다. 또한 연경당에 열린 하늘문은 '역사 공간'을 향해 있기도 하다. 역사상 실존했던 임금들이 즐기던 연악(宴樂)과 풍류를 수백 년이 지난 순조 대 연경당에서 반복함으로써, '먼 과거의 역사' 체험이 가능해진다. 정재에 구현된 신화의 이미지는 공간을 초월한 상상과 체험을 가능하게 하고, 실존했던 역사의 이미지는 시간을 초월한 상상과 체험을 가능하게 한 것이다.

예악(禮樂)을 위한 공간성

연경당 진작의 상황을 위에서 비스듬히 내려다본 시점으로 그린 상상도(윤여송 그림). 왼쪽 건물인 본체가 행사장이며, 마당을 거의 덮을 정도의 보계를 가설하여 무대 공간으로 사용하였다.

이처럼 연경당은 때로 시공간을 초월한 상상의 세계인 극중 공간이 되기도 하지만, 현실적으로는 예와 악을 구현하는 연회 공간이며 물리적인 건축 공간이다. 〈동궐도〉와 〈의궤〉에서 확인되는 연경당은 남향 'ㄷ'자형 구조로 바닥에는 박석을 깔았고 행각(行閣) 대신 담장을 둘렀으며, 남쪽에는 판장담을 설치하고 크고 작은 두 개의 문을 두었다. 'ㄷ'자형 구조는 기(氣)가 빠져나간다 하여 전통적으로 기피했던 구조로 살림집에는 쓰이지 않았다고 한다. 담장과 마당에 깐 박석, 위계를 달리 하는 두 개의 출입문은 연경당이 주거용이 아닌 행사용 건축물이었을 가능성을 보여준다. 남쪽의 판장담은 조립식으로 만들어져, 필요할 때 뜯어내어 대규모 행사를 거행할 수 있었다.

극장 구조의 입장에서 연경당을 분석하면, 'ㄷ'자 형태의 본채가 객석이 되어 무대를 3면에서 감싸는 구조를 이룬다. 동서쪽 온돌방에 둔 임금과 왕비의 휴식 공간인 대차는 현대 극장의 로비와 같은 객

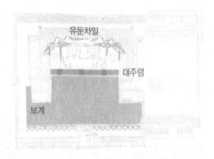

석 부속 공간의 역할을 한다. 무대가 되는 안마당에는 덧마루인 보계(補階)를 설치하여 평평하고 넓은 공간을 확보하였고, 반투명의 차일(遮日: 햇빛을 가리는 천)과 커다란 주렴(朱簾: 붉은 명주실을 꼬아 만든 발)으로 무대 공간의 조명과 분위기를 고조시켰다. 연경당 동쪽으로 연결된 마당과 남북으로 배치된 개금재(開錦齋)와 운회헌(雲會軒)은 연회의 집사자와 출연자가 사용한 무대 부속 공간으로 보인다.

연경당의 대청에는 어좌와 보좌가 마련되고 양쪽 누다락에는 왕실 친인척들의 좌석이 마련되었다. 누다락은 기단에서 반 층 정도 높이 지어져, 몸을 노출시키지 않고도 마당이나 보계의 광경을 내려다볼 수 있었다. 또한 분합문을 올린 상태에서 주렴을 달아 안팎의 직접적인 시선을 차단했다. 서쪽 누다락 안에는 세자빈 이하 명온공주(明溫公主), 숙선옹주(淑善翁主), 숙의박씨(淑儀朴氏), 영온공주(永溫公主) 등 내명부(內命婦) 네 명의 좌석이 마련되었다. 동쪽 누다락에는 특별히 축화관(祝華觀)이라는

이름을 붙였는데, '화(華) 나라 봉인(封人)이 요임금에게 세 가지 축원을 올렸다'는 고사를 활용하면서 '성대한 경사를 축하'한다는 뜻을 담아 중의적인 의미를 지닌 특별한 관람루의 성격을 드러냈다. 축화관과 임금의 대차 사이에는 널찍한 반침(半寢: 큰 방에 딸린 작은 방)을 두어 척신들이 담소를 나누는 공간으로 사용했다. 반침과 축화관에는 영명위(永明尉) 홍현주(洪顯周), 동녕위(東寧尉) 김현근(金賢根), 영안부원군(永安府院君) 김조순(金祖淳), 지돈녕(知敦寧) 조만영(趙萬永) 등 척신들의 좌석이 마련되었다.

〈동궐도〉에 나타난 순조 대 연경당의 모습

의례와 공연은 마당이 아닌 보계 위에서 이루어졌다. 일반적으로 보계는 월대(月臺: 궁전 앞에 세워둔 섬돌)의 높이에 맞추어 가설하였는데 연경당은 월대가 낮을 뿐 아니라 건물을 따라 툇마루가 둘러 있어 월대에 맞출 경우 높이차가 생겨 공간 활용이 어렵게 된다. 툇마루에 걸쳐 보계를 가설함으로써 더욱 간편하고 견고하게 시공하였을 가능성이 있다. 보계의 넓이는 28간(92㎡)으로 여러 종류의 기능성 목재를 사용하여 무게를 지탱할 수 있게 가설하고 그 위에 홍좌판(紅座板)을 깔아 평평한 공간을 확보했다.

보계는 단순히 공간을 확장하는 차원을 넘어 진연의 이념인 예악론(禮樂論)을 구현하기 위한 '그릇'으로 가설되었다. 〈예기(禮記)〉의 〈악기(樂記)〉에서는 예와 악을 위한 수단으로 '그릇[器]'과 '꾸밈[文]'의 개념을 제시하고 있다. 진연에서 그릇은 예와 악을 구현하기 위하여 필요한 물질적인 설비와 도구를 말하며, 그릇을 운용하는 방법이 바로 '꾸밈'이다. 의례의 측면에서 보계는 위와 아래, 올라가거나 내려가는 등의 '꾸밈'을 위하여 고안되었다. 위계에 맞는 자리를 배치하고 아래위로 오르내리는 의례 절차를 위하여 높이가 다르면서 필요한 넓이를 확보할 수 있는 시설이 필요했던 것이다. 또한 보계는 위계적 평등에 대한 수평공간을 확보하거나 구획을 짓는 설비이기도 했다.

연경당에는 공연에 방해가 되는 자연현상에 대비하는 장치도 마련되어 있었다. 보계 위에는 여덟 개의 기둥을 세우고 상하층 월대를 덮는 전정(前庭) 유둔차일(油芚遮日)을 설치했다. 유둔차일은 물이 스며들지 않도록 기름을 먹인 차일로, 'ㄷ'자 전각의 처마 위로 설치하여 비가 올 때 빗물이 전정에 떨어지지 않게 했을 것이다. 처마 밑에는 대나무 홈통을 좌우로 벌려 설치하고 빗물을 받을 물통을 충분한 크기로 만들어 두었다. 차일에 빗물이 고이지 않도록 높이와 굴곡을 조절하여 빗물의 흐름을 유도하였으리라 여겨진다. 북쪽 처마에는 낙조를 가릴 흰 무명 차일을 치고 연경당 동쪽 마당에 설치한 왕세자의 편차(便次) 위에도 흰 무명 차일을 쳤다.

차일을 받치는 기둥 역시 의례와 공연을 위한 기능적 설비가 된다. 그림 자료에 따르면 안쪽 기둥 네 개는 정당(正堂)의 남쪽 툇마루와 보계의 경계선에 세워졌고, 바깥쪽 기둥 네 개는 하층월대와 마당의 경계선에 세워졌다. 기둥은 전각의 기둥과 나란히 배치하여 임금의 시야를 가리지 않게 했고, 한 쌍씩 대칭으로 세움으로써 자리 배치와 동선을 위한 상징적인 벽체를 이루었다.

남쪽 툇마루와 보계의 경계에는 대주렴(大朱簾)을 설치하고 세 개의 염문(簾門)을 달았다. 대주렴 안팎의 명암차로 전내에서는 대주렴을 투시하여 무대를 볼 수 있지만 보계 쪽에서는 전내를 들여다보기 어렵게 된다. 염문은 전내와 보계를 넘나들며 의례를 진행하는 통로로, 의례 내용에 따라 사용하는 위치가 바뀌었다.

보계와 차일, 주렴 등을 가설하고 어좌 이하 배설 위차를 마련함으로써 의례와 공연을 통합하는 연희 공간의 구조가 이루어졌다. 연경당의 공간성은 예(禮)의 차별성과 질서, 악(樂)의 동질성과 조화를 함께 지향하였다고 할 수 있다. 궁정 연향의 전통에 비추어 볼 때 정재 종목의 수는 늘어나고 규모와 수식(修飾)이 간소화된 측면을 확인할 수 있는데, 이는 의례성이 약화되고 공연성이 강조된 사실에 기인한다.

효명세자의 꿈

연경당 진작의 연회공간은 대주렴(大朱簾)을 경계로 전내와 보계로 나누어진다. 전내는 임금과 왕비가 속한 공간이고 보계는 왕세자 이하 내시, 악관, 악사, 무동들이 속한 공간이다. 연경당 동서쪽 누다락에 자리 잡은 내명부와 척신들도 주렴 바깥 공간에 속해 있다고 할 수 있다. 주렴을 통과해서 전내와 보계를 모두 드나들 수 있는 것은 단 한 사람, 효명세자뿐이었다.

효명세자는 술을 올리는 진작의 주체로서, 시연위에 앉아 정재를 관람하기보다는 배위에 오르거나 어좌와 보좌 앞에 나아가 의례를 거행하는

경우가 많았다. 처음에 배위에서 사
배를 올리는 것을 시작으로 임금과
왕비에게 술잔을 올리는 의례를 거행
할 때는 주렴 안쪽으로 들어갔다가
상식(尙食)이 임금과 왕비에게 별미
와 탕, 차를 올릴 때까지 배위에 머
물렀다.

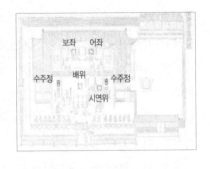

　왕세자가 행하는 모든 의례 절차는 정재와 병행되므로 왕세자는 출연
자의 위상을 지닌다고 할 수 있다. 특히 임금과 왕비에게 술을 올리는 진
작의 절차에서는 배위에서 수주정에 나아가고 수주정에서 주렴문을 통과
하여 어좌와 보좌 앞에 나아갔다가 다시 배위로 돌아오는 긴 동선을 보여
주며 정재와 긴밀한 연행 구조를 이루게 된다.

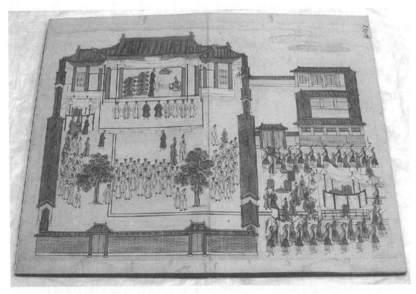

효명세자의 입학 의례 모습. 문학에 취미가 많던 효명세자는 대리청정을 앞두고 경세(經世)의
학문을 닦는 데 힘을 쏟았다고 한다.

〈만수무〉를 연행하는 동안 왕세자는 임금에게 술을 올리는 진작의 절차를 진행한다. 왕세자가 수주정에 나아가면 내시가 술동이에서 술을 떠서 술잔에 담아 왕세자에게 전한다. 그런데 〈만수무〉에서 극중인물인 신선이 "금빛 궁전에선 요임금의 술 단지에 북두 자루를 기울이고 화려한 누각에선 순임금의 음악이 남훈가(南薰歌)를 울리네."라고 노래하면서 현실의 의례와 극중 공간의 의례가 일치하는 상황을 연출하게 된다.

송축(頌祝)이나 송수(頌壽)의 내용을 담은 정재는 임금의 만수무강과 왕조의 영속성, 나라의 태평성대 등을 기원하는 제의적 진정성을 담지하고 있다. 이러한 진정성을 강화하기 위하여 극중 공간의 형상을 빌어 일상공간의 현실적 의미를 전달하는 연출 방식이 유용하였다고 할 수 있다. 임금과 왕실에 대한 송축을 핵심으로 하는 궁중악의 특성상 정재의 극중 공간은 궁중 연향이 이루어지는 궁궐인 경우가 많으며, 정재의 노랫말이 묘사하는 작중 공간 역시 궁궐인 경우가 많다. 먼 과거에 이루어진 옛 임금들의 풍류와 음악은 마치 상상 속의 추억처럼 시간을 초월한 공감대를 형성할 수 있게 해준다.

주렴 안쪽에 나아가거나 배위에 나아갔을 때 왕세자는 무대를 등지게 된다. 따라서 이러한 순간 왕세자는 관객의 구실을 할 수 없으며, 오히려 연출자의 입장에 선다고 할 수 있다. 악사와 무동의 대표로서 새로운 작품을 올리고 평가를 바라는 태도를 반영한 것으로 보인다. 그 후 시연위로 물러나와 술과 별미, 차를 제공받는 순간에야 비로소 왕세자는 관객이 된다. 이때 공연된 정재는 〈침향춘(沈香春)〉, 〈연화무(蓮花舞)〉, 〈춘앵전(春鶯囀)〉, 〈춘광호(春光好)〉, 〈첩승무(疊勝舞)〉, 〈최화무(催花舞)〉, 〈가인전목단(佳人剪牧丹)〉 등 일곱 가지였다. 진작이 이루어지는 동안, 효명세자는 연출자(혹은 배우)와 관객의 역할을 오가는 것이다.

연경당 진작이 거행된 순조 28년(1828) 효명세자가 대리청정을 시작한 지 2년째 되는 해였다. 순조는 장인 김조순(金祖淳) 등 외척의 세도정치로 약화된 왕권을 강화하고자 효명세자에게 대리청정을 명하고 정치 개혁을 시도하였다. 문학에 취미가 많던 효명세자는 대리청정을 앞두고 경세(經世)의 학문을 닦는 데 힘을 쏟았다고 한다. 그는 대리청정을 시작하면서 외조부인 김조순 계열을 숙청하고 정치 개혁을 시도했다. 재정이 궁핍했음에도 불구하고 1827년부터 1829년까지 대규모의 국가적 연향을 거행한 사실도 이러한 정치적 배경이 반영된 것이었다. 1828년 연경당 진작에서는 특히 신화와 역사의 초월적 이미지를 매개로 왕권의 절대성과 신성성을 과시하였고, 순조 등극 30주년을 맞이한 1829년에는 명정전과 자경전에서 내외진찬의 격식을 갖추어 궁중 연향의 전통을 극대화하였다.

연경당 진작에서 두드러지는 것은 왕세자의 통합적 기능이다. 효명세자는 세속공간과 구별되는 임금의 신성 공간을 연경당에 구축하고 그 사이를 넘나들 수 있는 유일한 존재인 자신을 부각시켰다. 그는 연경당 진작을 통하여 아버지 순조에 대한 지극한 효성을 예술적으로 형상화하였고 왕실의 권위를 회복하여 더 나은 왕조를 세우려는 희망을 꿈꾸었다고 할 수 있다.

2008년 겨울 연경당의 복원을 꿈꾸다

현재 남아 있는 건축 유산이나 〈의궤〉 등 문헌 기록을 참조할 때, 조선시대 궁궐은 의례와 연회를 위한 다목적 공간으로 지어졌다는 특성을 지닌다. 특히 편전(便殿: 임금이 평상시에 거처하는 궁전)이나 내전(內殿: 왕비가 거처하는 궁전) 등에서 진연(進宴: 나라에 경사가 있을 때 궁중에서 베푸는 잔치)을 거행할 경우 언제나 의례 절차와 더불어 정재의 공연이 수반되는 까닭에 극장 공간의 면모를 갖추어야 했다. 경축의 계기가 있을 때마다 궁궐 마당에 보계와 차일, 주렴 등을 설치해 일시적인 극장을 만들어내는 것은 조선시대 궁정극장의 규범이었다.

연경당은 독특하게도 연회 및 공연을 위한 '전용' 공간의 면모를 보인다. 본래 순조 대 왕실의 내연(內宴: 내빈을 모아 베푸는 궁중 잔치)을 거행하는 공식적인 공간은 왕비의 처소인 자경전(慈慶殿)이었다. 자경전은 전각과 행각이 만나 마당을 감싸는 사각형 구조로 되어 있어 다른 전각에 비하여 극장적 구조를 끌어내기에 적합하였으나, 왕비의 생활 공간인 까닭에 수시로 공간을 활용하는 데 어려움이 있었다고 추정된다. 연경당은 자경전에서 진연을 거행할 때 드러나는 극장적 구조를 수용하되, 편의성과 효율성을 고려하여 만들어낸 고정적인 건축공간이라 할 수 있다. 단적으로 말하면 '순조 대의 왕실 극장'이었던 것이다. 순조 대에 편찬된 〈한경지략(漢京識略)〉에 의하면 연경당은 순조 27년(1827) 효명세자가 진장각(珍藏閣) 옛터에 창건하였다. 진장각은 병풍 따위를 보관하는 왕실의 수장고였기 때문에 창덕궁 후원 깊숙이 자리 잡고 있었다. 그곳에 세워진 연경당은 내부 공간으로 자연의 풍광을 끌어들이거나 수시로 창작 실험과 연습을 하기에 좋은 여건을 갖추었다고 할 수 있다.

연경당 진작 복원 공연 장면(2008년 10월). 공간 확보의 문제로 복원 공연은 안채가 아닌 사랑채에서 이루어졌다.

연경당을 창건하여 국가 경영의 꿈을 문학과 예술로 피워냈던 효명세자는 순조 30년(1830) 22세의 나이로 요절하였다. 이후 연경당이 극장공간으로 사용되었다는 기록은 남아 있지 않으며, 어느 시점에 현재 연경당으로 개건되었다. 현재 연경당은 안채와 사랑채, 서재 등으로 구성된 궁집이나 사대부집의 구조를 지니고 있다. 개금재와 운회헌은 사라졌고 그 사이 넓은 마당도 없다. 다만 안채에서 순조 대 연경당의 'ㄷ'자 구조와 누다락의 모습을 찾을 수 있다.

지난 10월 초 연경당에서는 진작의 복원 공연이 열렸는데, 정작 공연은 연경당의 옛 모습을 간직한 안채가 아닌 사랑채에서 이루어졌다. 안채와 사랑채를 가르는 담장 옆에 심어진 커다란 정심수(庭心樹) 때문에 공간을 확보할 수 없었기 때문이다. 사랑채에 보계를 깔고 차일을 쳤지만 효명세자의 연경당 진작에서 드러나는 단아한 대칭구조를 만들어내기 어려웠다. 최첨단의 음향 설비가 없으면 창사(唱詞)나 음악을 제대로 들을

현재 연경당 안채(위)와 연경당의 서쪽 누다락에서 내려다본 마당(아래)

수 없는 분주한 분위기도 마음에 걸렸다. 관람객들을 행랑채나 서재로 안내하여 연경당 진작에 참석한 왕실의 초청객으로 끌어들이고 싶었지만 뜻대로 되지 않았다.

필자는 공연에 참여하여 안채며 사랑채 등을 살펴볼 기회를 가졌는데, 그 과정에서 더더욱 연경당 복원의 필요성을 절감했다. 안채의 누다락에서 마당을 내려다 볼 때는 그곳에 있었을 누군가의 기분을 상상할 수 있

었다. 180여 년 전 연경당 진작의 시공간은 상상 속에 있을 뿐이지만 마치 경험했던 과거를 추억하듯 따뜻해지고 벅찬 느낌이었다. 궁궐이나 성곽 등 옛 터전을 무대로 거행되는 공연 행사가 주는 '추억의 미학'이라고 할 수 있다.

옛 터전에서 느껴지는 추억의 미학도 좋지만 효명세자가 만들어낸 조선후기 왕실 극장의 구조와 미학을 제대로 경험하고 싶었다. 연경당의 복원은 건축사적으로 매우 큰 의미를 지닐 것이다. 연경당의 극장적 구조와 공연 미학을 살린 현대 극장의 건축도 기대해볼 만하다. 연경당의 대청이나 누다락에 앉아 다른 관객들과 함께 예를 나누고 악을 즐기며 아름다운 녹음과 파란 하늘 너머로 초월을 꿈꾸는 고즈넉한 한때를 자꾸 꿈꾸게 된다.

순조 27년(1827) 대리청정을 시작한 효명세자는 성대한 국가 연회와 왕실 연회를 주도함으로써 아버지 순조에 대한 효(孝)를 부각하여 세도정치로 어지러운 정국을 타개하는 효치(孝治)의 통치술을 보였다. 효명세자는 왕실의 연회 전용 공간인 연경당을 건축하여 19종의 창작 정재를 발표하는 등 공연예술사에 큰 발자취를 남겼다.

순조 무자년 연경당 진작례 복원 공연
2008년 10월 6일(월) 창덕궁 연경당 본채
1회: 11:00-13:00   2회: 15:00-17:00

연경당은 뜻 깊은 경사(慶事)를 축하하는 잔치를 거행할 용도로 세워진 까닭에 '경사를 연행한다'는 뜻의 '연경(演慶)'이라는 이름을 붙였다. 연경당의 오른 날개인 누다락의 이름인 '축화관(祝華觀)'에서도 화(華)나라 봉인(封人)이 요임금에게 세 가지 축원을 올렸다는 고사를 활용하여 경축의 의미를 드러내고 있다.

동궐도와 의궤에서 확인되는 연경당은 남향 'ㄷ자'형 구조로 바닥에는 박석을 깔았고 행각(行閣) 대신 담장을 둘렀으며 남쪽 담장은 조립식 판장담을 설치하고 크고 작은 두 개의 문을 두었다. 'ㄷ자'형 구조는 기(氣)가 빠져 나간다 하여 전통적으로 기피했던 구조로 재실(齋室)이나

---

1 2008년 10월 6일, 창덕궁 연경당 본채에서 〈순조 무자년 연경당 진작례 복원공연〉이 열렸다. 필자는 직접 고증 및 연출자로서 이 공연에 참여했다. 연출자로서 활동한 소중한 자료이기에 공연팸플릿에 실린 '연출자의 글'을 소개한다.

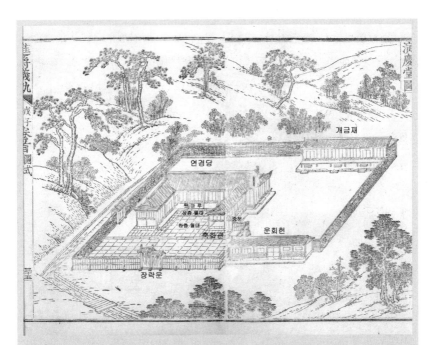

연경당의 옛 모습. 「연경당도」, 『순조무자진작의궤』

서당(書堂)에는 쓰였으나 살림집에는 쓰이지 않았다고 한다. 행각을 두지 않고 담장을 두르거나 마당에 박석을 깔고 위계를 달리 하는 두 개의 출입문을 두었다는 사실 등은 연경당이 주거용이 아닌 행사용 건축물이었을 가능성을 보여준다. 남쪽의 판장담은 조립식으로 필요할 때 뜯어내어 대규모 행사를 거행할 수 있었다.

극장 구조의 입장에서 연경당을 분석하면 연경당의 'ㄷ자' 본채가 객석으로 무대를 3면에서 감싸는 구조를 이룬다. 동서쪽 온돌방에는 임금과 왕비의 휴식공간인 대차(大次)를 두어 현대 극장의 로비(lobby)와 같은 객석 부속 공간을 두었다. 무대는 덧마루인 보계(補階)를 설치하여 평평하고 넓은 공간을 확보하였고 반투명의 차일과 커다란 주렴(朱簾)으로 무대공간의 조명과 분위기를 고조시킬 수 있었다. 연경당 동쪽에 연결된 마당과 남북으로 배치된 개금재(開錦齋)와 운회헌(雲會軒)은 연회의 집사자와 출연자가 사용한 무대 부속 공간으로 보인다.

순조 대 연경당은 현존 연경당으로 개건되어 안채와 부속채, 행랑채 등 120간으로 구성된 살림집의 면모를 보이게 된다. 그러나 일반적으로 안채에는 두지 않는 누다락이 남아 있어 순조 대 연경당의 극장 구조를 일부 보존하고 있다.

연경당 진작의 연회공간은 주렴을 경계로 전내(殿內)와 보계(補階)로 나누어진다. 전내는 임금과 왕비가 속한 공간이고 보계는 왕세자 이하 내시, 악관, 악사, 무동들이 속한 공간이다. 연경당 동서쪽 전각 안에 자리 잡은 좌우명부

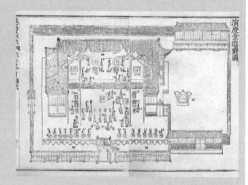

연경당에서 진작을 거행하는 모습, 『순조무자진작의궤』

와 척신들도 주렴 바깥 보계의 연장선상에 있다고 할 수 있다. 주렴을 통과해서 전내와 보계를 모두 드나들 수 있는 사람은 행례(行禮) 주체인 왕세자뿐이다.

연경당 진작의 첫 번째 정재인 〈망선문무(望仙門舞)〉에서 궁궐의 안팎을 가르는 망선문은 연회공간의 전내와 보계를 가르는 대주렴과 일치한다. 망선문 안쪽에 하늘로 통해 있는 선계(仙界)를 설정하여 그곳에 사는 임금과 왕비의 신성성을 강조하였다. 계속되는 정재의 공연을 통해 신선들이 내려와 축수(祝壽)를 해주고 함께 온갖 놀이를 즐기는 궁실(宮室)의 풍요와 풍류를 표현하게 된다.

왕세자는 의식을 거행하는 행례 주체인 동시에 작품을 창작하고 연출한 정재 주체이기도 하였다. 낮 행사에 선보인 17종의 정재 가운데 10종이 공연되는 동안 그는 배위(拜位)에서 북향하여 무릎을 꿇고 있

었다. 작품의 수요자이기보다는 생산자의 입장에서 새로운 정재를 올리고 축수하는 태도를 반영한 것이다. 효명세자는 자신의 문학적 재능과 예술적 안목을 매개로 의례공간과 공연공간을 통합하는 기능을 수행하였다.

창작 정재의 공연 방식에서 눈에 띄는 것은 작중공간을 형상화하는 다양한 무대미술의 등장이다. 〈춘대옥촉(春臺玉燭)〉의 경우 송 태종(宋太宗)이 지은 노래인 「등춘대(登春臺)」를 모티프로 만들었는데, 조립식 또는 이동식 무대세 트인 윤대(輪臺)를 만들어, 봄날을 완상하는 대의 형상을 꾸몄다. 〈무산향(舞山香)〉에서는 여러 궁녀 가운데 홀로 군왕의 총애를 받는 여인이 춤추는 장면을 연출하기 위하여 침상(寢床) 모양의 무대

〈춘대옥촉〉

세트인 대모반(玳瑁盤)을 만들었다. 〈영지(影池)〉에서는 그림자가 비치는 연못을 구현하기 위하여 난간 안쪽에 수통(水桶)을 설치하여 실제로 물을 채워 표현하였다.

연못을 상징한 무대 세트는 고려 때부터 전승된 당악정재 〈연화대(蓮花臺)〉에 사용되는 지당판(池塘板)의 전통과 연결된다. 지당판은 판자에 그림을 그려 만든 연못 모형이었다. 오랜 기간 창작 정재가 부재한 만큼 무대미술의 발전적 변화가 이루어지지 못하다가 연경당 시기에 이르러 사실적인 무대 세트가 등장하게 되었다.

사실적인 방식과는 반대로 상징적이거나 추상적인 무대세트도 선보였다. 〈망선문(望仙門)〉에서는 작선(雀扇) 4개를 들어 망선문의 형상을

꾸몄다. 본래 망선문은 당나라 대명궁(大明宮)의 서쪽 문인데, '신선을 기다리는 문'이라는 이름에서 모티프를 얻어 임금이 사는 궁궐 공간의 신성성을 드러내었다. 〈춘앵전(春鶯囀)〉에서는 돗자리 하나로 봄밤 달빛 아래 꾀꼬리 소리에 취한 인물의 서성거림을 표현하였다. 무용수를 돗자리 위에 한정하여 춤추게 함으로써 양귀비가 취한 듯 제자리를 맴돌며 서성거리는 춤동작을 연출한 것이다. 돗자리는 춤동작의 공간적 제약을 부각시켜 작중인물의

〈춘앵전〉

내면과 연결하는 추상성을 지녔다고 할 수 있다.

연경당 진작은 조선후기 왕실 공연문화의 비약적 발전을 보여주는 귀중한 자취이다. 고정적인 건축물로서 무대와 객석 및 부속 공간을 안배한 궁정극장의 모습을 보여주었으며 독창적인 무대미술과 공간 운영의 미학을 발휘하였다.

극장의 면모를 보여주는 옛 모습은 거의 사라졌지만 건물이나 마당의 구석 어디서라도 180여 년 전의 숨결이 느껴지는 것만 같다. 궁궐이나 성곽 등 옛 터전을 무대로 거행되는 공연 행사가 주는 추억(追憶)의 미학이다. 경험하지 못한 상상 속의 추억을 더듬기에 좋은 가을이다.

〈영지〉

2. 곤륜산이 지나간다, 왕실 축제 복원 프로젝트

사진실 교수는 중세 왕실 축제를 창조적으로 재창조하는 프로젝트에 끊임없는 관심과 노력을 기울여 왔다. 연구기획서 「왕실의 연희 축제 연구」는 중세 도시 축제의 고전 가치를 복원하고, 조선의 왕실 축제를 21세기 문화콘텐츠로 성대하게 부활시키려는 커다란 밑그림이다.

그 토대를 바탕으로 서울문화재단의 지원을 받아 극단 〈홍두〉와 함께 「왕실 축제의 3D 복원을 위한 시나리오」를 완성했으며, 이 시나리오에 근거하여 산대나례와 환궁의식의 3D 복원이 진행되었다. 종묘에서 광화문에 이르는 서울거리에서 성대하고 화려한 산대나례와 환궁의식을 창조적인 축제로 복원시키고자 한 사진실 교수의 오랜 꿈이 언젠가 결실 맺기를 기대해본다.

왕실의 연희 축제 연구

1. 연구의 목적

(1) 연구의 필요성

본 연구과제 「왕실의 연희 축제 연구」의 목적은 조선시대 궁궐과 도성에서 거행된 왕실 연희 축제[Royal Feast of Theatrical arts]의 양상과 의미를 밝혀 중세 도시 축제의 고전 가치를 복원하고 현대적으로 재해석하는데 있다.

왕실의 연희 축제는 재인 광대들의 다채로운 연희예술이 집대성되는 국가적인 공연 행사를 말한다. 국가기관인 장악원(掌樂院)에 소속된 악공이나 기녀뿐만 아니라 서울과 지방의 민간 재인과 광대들이 대거 참여한다는 점에서 여타의 왕실 행사와 차별성을 지닌다. 공연종목 역시 왕실의 공식문화와 민간의 비공식문화를 함께 아우르는 특성을 지닌다. 연희 축제는 왕실과 신민(臣民)이 함께 참여하는 국가적 대동제(大同祭)였다고 할 수 있다.

조선시대 왕실의 연희 축제는 '나례(儺禮)' 또는 '나희(儺戱)'로 불렸다. 본래 나례는 고려 중기 중국에서 전래된 벽사의식(辟邪儀式)으로 방상시(方相氏) 가면과 십이지신(十二支神)의 가면 등을 쓰고 잡귀를 쫓는 흉내를 내는 행사를 이른다. 모든 제사의식과 마찬가지로 나례를 거행한 후에는 뒤풀이 겸 난장놀이로서 재인 광대들의 잡희(雜戱)를 공연하였다.

조선시대 이후로 '나례' 또는 '나희'라는 용어는 민간의 재인 광대들이 참여하는 왕실의 연희 축제를 가리키는 말로 의미가 확장되었다. 귀신 쫓는 의식의 뒤풀이가 아닌 왕실 내부의 공연 오락 행사나 국가적인 거리 축제 등을 그렇게 부르게 된 것이다.

조선 왕실 관련 기록에 나타나는 '나례'는 본래적인 벽사의식, 왕실 내부의 공연 오락 행사, 국가적인 거리 축제 등 세 가지 의미로 혼용되었으므로 기록의 문맥에 대한 주의가 필요하다. 세 종류의 나례는 각각 '구나(驅儺)', '관나(觀儺)', '설나(設儺)'라는 용어로 변별할 수 있다. 이 가운데 관나와 설나의 행사를 왕실의 연희 축제로 다루고자 한다. 설나의 행사는 산대(山臺)나 채붕(綵棚)과 같은 거대한 무대 설비를 가설했기 때문에 산대나례(山臺儺禮) 또는 채붕나례(綵棚儺禮)라고 불린다.

관나는 연말에 거행하는 왕실 내부의 공연 오락 행사로서 임금과 신하가 민간 재인들의 광대놀음을 즐기며 격식 없는 연희를 거행한다. 관나에서 공연되는 광대놀음은 오락적 기능을 지닐 뿐 아니라 민간의 풍속과 정치의 득실을 임금에게 알리는 정치적 성격을 지녔다. 한해가 저물어가는 세밑 삭막한 궁궐마당을 떠들썩한 난장으로 바꾸어 벽사진경(辟邪進慶)을 기원하는 제의적 성격을 지니기도 하였다.

산대나례는 임금이 종묘(宗廟)에 제사를 지내고 궁궐로 돌아올 때나 중국사신이 도성에 입성할 때 광화문 앞 큰 거리에서 거행한 의전적(儀典的)인 공연 행사로서 거리를 순행(巡行)하며 이루어지므로 거리 축제의 성격을 지닌다. 산대나례를 거행할 때는 나라의 온 백성들이 함께 축하한다는 의미로 전국 각지의 재인 광대들을 불러 모아 다채로운 볼거리를 연출하였다. 산대나례를 통하여 왕실과 민간의 문화가 교섭하고 각 지방의 토착문화가 교류하는 만남의 장이 펼쳐졌다.

관나와 산대나례는 『국조오례의(國朝五禮儀)』에 명시된 오례(五禮)와 밀접한 관련이 있지만 민간의 재인 광대들을 동원하는 행사였던 까닭에 상세한 기록을 남기지 못했다. 진연(進宴)이나 진찬(進饌) 등의 왕실 연향이 의궤와 기록화로 남겨진 사실과 대비된다. 당대인의 공식적인 입장으로는 왕실의 연희 축제가 민간의 잡희(雜戱)를 구경하는 오락 행사로서 일종의 필요악으로 인식되었기 때문이다.

그러나 현대 공연영상산업이나 문화관광산업의 측면에서 볼 때는 왕실 연희 축제의 위상이 왕실 의례에 못지않게 중요하다. 왕실의 연희 축제에 주목해야 하는 이유는 대략 네 가지로 열거할 수 있다.

첫째, 왕실 연희 축제의 대동놀이적 성격이 현대 축제의 이념과 상통한다. 관나의 경우 광대놀음을 통해서 민간과 왕실의 직접적인 언로(言路)를 마련하고자 하였다. 산대나례의 경우 명분상으로는 왕실의 기쁨을 만방에 알리고 왕조의 영속성을 널리 주지시키려는 이념적 성격을 지니지만 실제로는 도성 안 백성들이 광화문 앞 큰 거리에 모여 당대 최고의 광대놀음을 즐기는 축제의 한마당이 되었다. 산대나례는 또한 구중궁궐 깊숙이 세속에서 격리되어 있던 임금의 모습을 도성 안 백성들이 직접 목도할 수 있는 흔치 않은 기회가 되기도 하였다. 이때 형성된 임금과 왕실에 대한 담론은 왕실과 민간 백성들을 연결하는 통합적 기능을 수행하였다고 여겨진다.

둘째, 왕실 연희 축제에서 추구한 화려한 볼거리가 현대의 대중 독자 및 청관중이 지향하는 시청각적 스펙터클과 상통한다. 연희 축제는 여타의 왕실 행사와 다르게 신화적 상상력과 민간문화의 생동감을 유감없이 발휘하였으며 거대한 토목공사에 맞먹는 대규모의 무대 설비 공사를 병행하였다. 필요한 인력과 물력을 조달하기 위하여 민간 백성들의 고통이 수반되었다는 사실을 간과할 수는 없다. 그러나 잃어버린 중세 왕실문화의 장엄(莊嚴)을 되찾기 위해서 연희 축제의 고전 가치를 밝히는 논의가 필요하다.

셋째, 종묘에서 광화문에 이르는 서울의 중심거리를 축제 공간으로 실현할 수 있어 중세 도시 서울의 역사 문화적 위상을 높일 수 있다. 이미 서울의 축제에서 어가 행렬이 재현되어 왔으나 구체적인 역사 문화적 문맥이 뒷받침되지 않은 단순한 가장행렬에 불과하였다고 할 수 있다.

2007년 〈Hi Seoul 페스티벌〉에서는 1795년 정조의 화성 행차 가운데 일부를 재현하였다. 정조는 어머니 혜경궁 홍씨의 회갑을 맞아 어머니와 동갑인 부친 사도세자의 능이 있는 화성 행궁에서 회갑연을 거행하고자 서울에서 화성(지금의 수원)까지 행행(行幸)하였다. 정조의 행차는 창덕궁정문인 돈화문에서 출발하여 숭례문을 지나 노량진의 배다리[주교(舟橋)]를 건너 노량행궁과 시흥행궁, 사근참행궁을 거쳐 화성행궁으로 이어지는 왕복 8일간의 여정이었다.

정조의 화성 행차는 『원행을묘정리의궤(園幸乙卯整理儀軌)』에 소상하게 기록되었고 8폭 병풍인 「화성능행도(華城陵幸圖)」 등에 사실적으로 묘사되었다. 사료가 풍부한 만큼 연구 성과도 집적되어 "조선왕조를 통틀어 가장 장엄하게 치러진 행사"로 규정되었다. 여타의 어가 행렬에 비하여 정조의 화성 행차 재현은 구체적인 정치사 및 문화사의 맥락을 기반으로 하였다는 점에서 매우 진전된 왕실문화의 면모를 보여주었다.

그러나 여전히 남는 문제는 정조의 화성 행차가 조선시대 서울의 왕실문화를 대표하는 상징성을 갖는가 하는 점이다. 조선후기는 왕실문화가 간소화되고 공연오락문화의 주도권이 왕실에서 민간으로 넘어간 시기이다. 조선시대 왕실문화의 본령은 조선전기 임진왜란 이전의 양상에서 찾을 수 있다. 더구나 정조의 화성 행차는 서울에서 수원으로 중심 이동이 이루어지므로 서울을 대표하는 왕실 축제로 보기 어렵다.

본 연구과제에서 다루는 조선전기의 산대나례는 선조(先祖)의 신주(神主)를 종묘에 안치하는 부묘(祔廟) 의식 후에 이어지는 환궁 행사의 일환으로 거행되었다. 의식을 거행하고 종묘의 문을 출발한 노부(鹵簿)를 동반한 어가 행렬이 종묘의 동구 밖에 이르면 길 양쪽에서 의금부와 군기시가 주관하는 재인 광대의 잡희인 〈나례〉가 거행된다. 뜻 깊은 의식을 수행한 임금을 환영하고 칭송하는 의미를 담고 있다. 이를 시작으로 성균관 유생들이 임금에게 송축(頌祝)의 가요를 바치는 〈가요헌축(歌謠獻軸)〉, 장악원(掌樂院)의 기녀와 악공들이 가요와 정재를 바치는 〈교방가요(敎坊歌謠)〉, 기로소(耆老所) 원로들의 〈가요헌축〉 등이 종묘에서 광화문에 이르는 연도를 따라 거행된다.

광화문에 이르면 길 양쪽에 각각 4계절의 산을 상징하는 산대가 세워져 있고 산대의 위와 아래 마당에서 재인 광대들의 다채로운 공연이 시작된다. 핵심 사료인『조선왕조실록』에 의하면 산대나례를 포함한 환궁 행사의 절정기는 세종에서 선조까지이다. 세종대에「오례의(五禮儀)」를 정비하면서 부묘에 따른 환궁 행사와 산대나례의 일을 규정하여 오래도록 지속되었으나 임진왜란 때 경복궁이 소실되고 왕실과 민간의 재정이 궁핍해지는 등 여러 가지 이유로 왕실 연희 축제인 산대나례가 축소되었다.

관나와 산대나례 등 왕실의 연희 축제는 의궤처럼 집약적인 기록을 남기지 않았지만『조선왕조실록』을 비롯한 역사서와 개인 문집 등에 중요한 기록이 많이 남아 있다. 한편 인조 4년에 발간된『나례청등록(儺禮廳謄錄)』은 중국사신을 환영하기 위한 산대나례의 준비 절차에 관한 기록이지만 조선전기 왕실 연희 축제의 모습을 추정할 수 있는 귀중한 자료이다. 이두로 편찬된 이 책은 초벌 번역된 이후 더 이상의 연구가 진척되지 못하였다. 그간 산대나례와 연관된 자료들이 여럿 발굴되었으므로 진전된 시각을 바탕으로 새로운 해석이 가능하리라 기대한다.

(2) 나례(儺禮)·산대(山臺) 연구의 현황

연속되지 않은 기록의 파편들을 연결하고 종합하는 왕실 연희 축제의 연구는 분명 많은 어려움이 예상된다. 그러나 지금까지 관나와 산대나례 등 왕실 관련 연희 행사에 대한 선행 연구가 많이 축적되어 본 연구과제를 수행하는 데 든든한 바탕이 된다.

나례는 조선시대 공연 문화의 중심으로 알려져 왔으므로 연극사의 전개에서 매우 중요하게 다루어지는 항목이다. 나례와 관련된 개별적 연구들은 주로 나례가 연극의 형성과 발달에 미친 영향을 고찰하는 데 관심을 기울였다. 나례에 대한 초창기 연구는 1920년대 당시 전승된 탈춤 산대놀이[山臺戱]가 나례 또는 〈처용무(處容舞)〉와 어떤 연관성을 지니는가에 집중되었다. 탈춤이 나례의 직접적인 전통을 계승했는지 아닌지의 논쟁은 최근까지도 이어지고 있다.

탈춤이 궁중의 산대 나례에서 비롯되어 형성되었다는 견해는, 궁중에 올라가 나례의 공연에 참가했던 재인들이 나례가 폐지되자 지방에 분산되어 탈춤을 형성하고 퍼뜨렸다고 보았다. 이 견해는, 재인 집단의 존재 방식에 주목하였다는 점에서 의의가 있으나, 그들을 연극의 주체로 파악하지는 않았으며 그 위상의 변모에도 관심을 두지 않았다. 궁정 등 상층이 일방적으로 연극문화의 주도권을 쥐고 있다는 가정을 전제로 하는 것이다. 사회사적 변동에 따라 문화의 주도권이 민간 부문으로 넘어가는 등 변화가 있을 수 있다는 점을 간과하였다.

민간 예능인의 존재 양상, 곧 지방에 분포되어 있으면서 중앙에 상송되는 양상에 착안하여 오히려 민간의 탈놀이가 궁중의 산대희에 영향을 주었다는 견해가 제기되었다. 민간의 탈놀이 등 민속예술이 궁중의 산대잡극을 형성했고 그 이후로도 산대 잡극과 민속 탈놀이는 서로 영향을 주고받았다는 것이다.

민속예술로서 탈춤의 독자성을 강조하는 입장에서는 탈춤 산대놀이의 연행자는 산대 나례에 동원되었던 직업적인 예능인이었는데, 산대 나례에 동원되었다는 자부심을 나타내기 위하여 '산대'라는 명칭을 차용하였을 뿐 실제 탈춤의 형식은 농촌탈춤에서 가져와 공연하였다고 하였다. 내용이나 형식의 측면에서 나례의 영향을 전적으로 배제한 것은 탈춤이 지니는 민중예술적 성격 때문이다. 탈춤의 기원이나 형성 과정에서 궁정을 거쳐 왔다면 남아 있을 정제된 양식의 흔적이 보이지 않는 것이다. 그러나 현전 탈춤과 궁정 공연문화의 관련성을 전적으로 부정하는 것은 문제가 있다. 탈춤의 궁정 공연 여부가, 탈춤의 형성 과정을 판가름하는 기준은 될 수 없기 때문이다. 현전 탈춤의 어떤 부분이 나례 산대희에서 공연되었다는 것이 사실로 입증된다 할 지라도, 탈춤이 궁정 공연의 산물이라고 말할 수는 없다.

강이천(姜彛天)의 서사시 〈남성관희자(南城觀戲子)〉가 소개되면서 서울 지역의 공연환경과 탈춤 〈산대놀이〉의 연행 양상에 대한 논의가 활발해졌다. 서울의 상업 지역을 중심으로 산대놀이가 성행하였고 서울의 탈춤이 각 지방 탈춤의 시원이 된다는 견해가 제시되었다. 작품에 나타난 산대놀이의 내용과 나례의 연행 방식을 비교하여 나례의 어떤 요소가 어떻게 탈놀이에 영향을 주었는가 증명한 논의도 있었다. 중국에서 기원하여 우리나라의 궁정, 관아, 민간에서 거행된 나례에 대하여 고찰하면서 현전 탈놀이의 등장인물이나 극적 형식과 유사한 측면들을 찾아내었다.

국가적인 공연 행사였던 나례의 번성과 쇠퇴의 과정은, 공연 예술의 변화와 발전 양상을 담고 있다. 공연 행사로서의 나례를 둘러싼 관습의 변화, 사회적 관계의 변화 등은 당대의 공연 환경을 만들어내고 개별적인 연극 또는 공연 예술 양식을 창출하는 기반이 된다고 할 수 있다. 나례 연구는 탈춤이라는 개별 양식의 역사적 전개 과정을 밝히기 위해서도 중요하지만 왕실의 연희 축제라는 관점에서 포괄적인 접근이 요구된다.

나례에 대한 왕실문화의 용례를 분석하여 '구나(驅儺)', '관나(觀儺)', '설나(設儺)'의 변별성을 밝힌 논의는 그동안 혼동되어온 나례 관련 기록을 해석하기 위한 개념적 토대를 제시하였다. 나례를 '귀신 쫓는 의식'으로만 바라보던 관점에서 벗어나 왕실의 연희 축제로 바라볼 수 있는 틀이 마련되었다.

세 가지 나례 가운데 연희 축제의 성격을 지니는 관나와 설나를 공연미학의 관점에서 바라보면 관나는 구경하고[觀] 즐기는 데 공연의 도달점이 있고, 설나는 늘여 세우고[設] 과시하는 데 그 도달점이 있었다. 관나는 배우들의 놀이를 구경하기 위한 왕실 내부의 연희 축제였고, 설나는 임금의 행차를 환영하고 칭송하기 위한 의전적인 거리 축제였기 때문이다.

관나와 설나의 공연공간은 각각 단일공간과 복합공간의 특성을 지닌다. 단일공간은 무대와 객석의 물리적 거리가 가까우며 배우와 관객이 동일한 공간 내에 현존하는 시간이 정해져 있고 비교적 길다고 할 수 있다. 복합공간은 무대와 객석의 물리적 거리가 멀고 현존하는 시간이 정해져 있지 않아 예측하기 어렵고 비교적 짧다고 할 수 있다. 공연공간의 특성에 따라 공연종목의 성격이 규정되거나 취사선택된다는 사실도 중요한 연구 성과에 속한다.

국역『조선왕조실록』의 전산화 작업이 진행되어 사료에 대한 접근성과 정확도에 획기적인 발전이 이루어졌다. 나례와 산대에 대한 논의도 급속도로 확산되어 관련 분야의 박사학위논문이 나오게 된다. 조선시대 서울 지역 연극의 공연상황을 다루면서 조선전기 왕실 주도의 연극문화가 조선후기 민간 주도의 연극문화로 전환되는 양상이 드러났다. 그 과정에서 도성의 거리가 공연공간으로 바뀌는 축제 공간에 대한 접근이 용이하게 되었다. 또한 산대의 조설(造設) 방식과 의미를 분석하는 논의를 통해서 산대문화의 동아시아적 보편성과 문화사적 의미를 이해할 수 있었다.

산대(山臺)와 유사하게 사용되는 용어인 '綵棚', '山棚', '鰲山' 등은 중국의 문헌에도 자주 나오는 까닭에 풍부한 용례를 중심으로 그 변별성을 파악하려는 논의가 일기도 하였다. 그러나 용례들이 혼용된 경우가 많아 그 개념의 경계를 확정해내기란 어려웠다. 산대에 대한 논의는 '山'과의 관계에 집중되었는데 대체로 세 가지의 견해가 있었다; (1) 산의 외형을 본뜬 무대 (2) 壇(무대면)이 산처럼 높은 무대 (3) 산에 세워진 무대.

1998년 산대를 묘사한 화첩인 〈봉사도(奉使圖)〉가 발굴되면서 문헌기록에만 기대어 오해를 낳았던 산대 연구에 큰 진전이 있었다. 문헌기록에 나타난 내용과 그림의 내용을 통합적으로 연구하여 산대의 규모와 모양, 산대 잡상 연출 방식 등을 밝혀낼 수 있었던 것이다. 특히『경도잡지(京都雜誌)』에 실린 '산희(山戲)'와 '야희(野戲)'의 기록과 〈봉사도〉의 산대나례 공연 장면을 연계하여 해석할 수 있었던 것은 큰 성과이다.

1999년 발굴 소개된 가사집『기완별록(奇玩別錄)』은 1865년 경복궁 중건 당시 경복궁 옛터 앞 연도에서 거행된 연희 축제의 모습을 묘사한 기록이다. 이때의 연희 축제는 조선 전기 왕실이 가장 번성했던 때의 산대

나례는 아니지만 왕실의 위엄을 되살리고 왕실문화의 복원을 꿈꾼 획기적인 연희 축제였다. 이 자료를 통해서 조선 왕조 500년을 관통하는 왕실 연희 축제의 지속성을 확인할 수 있다.

2) 연구방법 및 내용

1차년도
왕실 연희 축제의 문헌학적·역사적 연구
－문헌기록과 시각 이미지의 데이터베이스 구축

1차년도의 연구는 '왕실 연희 축제의 문헌학적·역사적 연구'이다. 『조선왕조실록』, 『승정원일기(承政院日記)』, 『일성록(日省錄)』 등의 역사서와 개인문집, 『악학궤범(樂學軌範)』과 같은 악서(樂書), 『나례청등록(儺禮廳謄錄)』과 같은 행정 기록 등을 광범위하게 조사하여 연희 축제 관련 사료를 수집하여 번역하고 이미 번역본이 있는 경우는 원문과 대조하여 재번역하는 방식으로 문헌학적 토대를 마련한다. 또한 기록화와 풍속화 등에서 왕실 연희 축제를 재구하는 데 유용한 시각 이미지 등을 발굴하여 데이터베이스를 구축한다.

문헌학적 토대 연구는 자료 번역과 주석에서 끝나는 것이 아니라 왕실 연희 축제의 형성과 변천 과정을 밝히는 역사적 연구와 병행하고자 한다. 나례의 용어와 개념, 산대와 채붕의 용어와 개념 논의를 비롯하여 왕실 의례와 왕실 연희 축제의 연관성, 왕실 연희 관리기구의 양상과 변천, 경중우인(京中優人)과 외방재인(外方才人)의 존재양상과 예능활동 등에 집중하게 될 것이다. 선행 연구에서 다루어진 각론을 유기적으로 통합하는 문화사 연구를 지향한다.

2차년도

왕실 연희 축제의 고전 가치 탐색

-중세 도시 축제의 동서양 문화 비교

2차년도의 연구는 왕실 연희 축제의 고전 가치를 탐색하는 연구를 진행한다. 동아시아 및 유럽의 중세 도시 축제의 양상을 비교하여 관나와 산대나례 등 왕실 연희 축제의 중세적 보편성을 밝히게 될 것이다. 중세 축제가 지닌 공동체성과 제의적 진정성 등을 복원함으로써 현대 공연영상산업과 문화관광산업의 지향점이 될 고전적 가치를 발굴할 수 있다.

산대나례의 경우 동아시아 보편의 '신성한 산'인 삼신산(봉래, 영주, 방장) 및 곤륜산의 상징성을 조형예술 및 공연예술로 형상화하였다. 중국에서 산대는 '오산(鰲山)'이라는 이름으로 알려져 있으며 황제가 지방을 순행할 때 지역의 제후들이 길가에 세우고 음악과 연극 등을 공연하여 송축의 의미를 전달하였다. 일본의 경우 현전하는 최대의 축제인 교토의 기온마쯔리[祇園祭]에서 산대문화의 양상을 확인할 수 있다. 동아시아 3국의 산대문화는 중세 도시 축제의 근간을 이루었으며 기독교문화가 중심이 된 유럽의 중세 도시 축제와 비견된다.

산대나례는 광화문 앞 행사뿐 아니라 종묘 제사 후 이어지는 환궁의식의 일환으로 거행되었다. 종묘의 동구 밖에서 광화문에 이르는 거리 축제이며 조선의 도읍지인 한양의 중심 거리를 축제 공간으로 전환시킨 중세 도시 축제로 접근할 수 있다. 중세 도시 축제는 종교적 중심과 정치적 중심을 잇는 행렬이 근간이 되며 동아시아를 넘어서 유럽의 중세 도시 축제와 비교할 수 있는 보편성으로 이어진다. 토착문화의 특수성은 산대나례를 위하여 전국에서 동원된 민간 재인의 활동과 레퍼토리를 통해서 확인할 수 있다.

3차년도

왕실 연희 축제의 현대적 의미 탐색

－문화관광산업 및 공연영상산업의 측면

3차년도의 연구는 왕실 연희 축제의 고전적 가치와 스펙터클을 토대로 현대 공연영상산업 및 문화관광산업을 위한 현대적 의미를 창출하고 현장에 기여할 재창조 방안을 모색한다. 연극, 영화 및 애니메이션을 위한 시놉시스 개발, 왕실문화축제 기획 등 다양한 현장과의 연계를 염두에 두고 있다.

왕실문화를 소재로 성공을 거둔 영화 〈왕의 남자〉는 왕실 연희 축제의 하나인 '관나(觀儺)'의 행사와 서울의 배우인 경중우인(京中優人)의 존재양상을 기반으로 만들어졌다. 산대나례는 관나보다 더욱 장엄한 왕실 연희 축제로서 조선 왕실의 중세적 번영을 상징하는 행사였다. 산대나례의 거행이라는 거대한 사건에는 왕실 사람들, 조정의 신하, 나례도감의 관원, 성균관 유생, 장악원의 기생과 악공, 경중우인과 외방재인, 도성의 구경꾼, 장사치 등 수많은 인물 군상들의 관계가 얽혀 있다. 또한 '신성한 산'을 상징하는 산대의 그래픽 복원 역시 그 자체로서 큰 의미를 지닌다고 할 수 있다.

3) 결과 활용방안

연구 결과의 활용 방안은 크게 출판, 교육, 예술현장 참여의 세 측면에서 접근할 수 있다. 왕실문화총서의 기획 의도와 부합하기 위해서 본 연구과제의 결과물은 왕실문화총서의 한 권으로 간행될 것을 희망한다. 왕실 연희 축제 연구의 영역을 개척하고 연구를 지속해온 만큼 국가기관에서 기획하는 왕실문화총서에 동참할 수 있기를 기대한다. 저서는 이해하기 쉬운 친절한 설명과 전문적 지식을 동시에 포괄하는 집필 및 편집 방법을 원칙으로 하며 기록화, 건축물 사진, 상상도, 공연 사진 등 다양한 시각 이미지를 활용하고자 한다.

본 연구과제의 내용은 각 대학의 국악 및 연극 관련 학과에서 개설한 한국연극사, 한국연희사, 전통연희연구, 축제연구, 왕실문화연구 등의 교재로 활용될 수 있다. 실기 학과의 경우 본 연구과제의 내용을 바탕으로 연극이나 음악극, 축제 등을 기획하고 공연팀을 운영하는 등 실기교육의 측면에서도 활용할 수 있다.

본 연구과제의 3차년도 중점 연구 내용은 '왕실 연희 축제의 현대적 의미 탐색'으로 예술 현장의 실천을 지향하고 있다. 연구로 가능한 범위는 왕실문화축제 기획, 연극, 영화, 애니메이션을 위한 시놉시스 개발 등으로 예술 현장의 전문가와 연계하여 공연영상산업 및 문화관광산업에 기여할 수 있다.

특히 조선시대 왕실의 연희 축제를 기반으로 하는 왕실문화축제를 개발함으로써 서울의 한복판에 있는 궁궐건축공간을 생동하는 왕실문화 향유 공간으로 전환할 수 있다. 조선전기 산대나례를 포함한 환궁의식을 지향하되 『기완별록』에 묘사된 경복궁 중건 당시의 연희 축제를 재현하는 것이 좋은 방안이다. 현재 복원 중인 광화문이 완공되는 시점에 이루어질 행사도 함께 포괄하는 것도 고려할 수 있다.

산대나례와 환궁의식의 3D 복원을 위한 시나리오

#1 종묘 앞

환궁의식의 3D 복원 이미지

종묘의 담 둘레에 소나무가 심어져 있다. 그를 배경으로 거대한 규모의 노부(鹵簿)가 배치되어 있다(세종·단종 대 노차배반 사례 참조). 종묘의 문 앞에 시신(侍臣)이 좌우로 나누어 서있으며, 가마꾼들이 임금이 탈 연(輦)을 대문 밖에 남향하여 놓고 대기하고 있다.

임금: (원유관遠遊冠에 강사포絳紗袍를 입었다. 가마꾼들이 끄는 여輿를 타고 문밖으로 나온다.)

판통례: (부복하고 꿇어앉아) 여(輿)에서 내려 연(輦)을 타라.

임금: (여輿에서 내려 남향으로 대기해 놓은 연輦을 탄다.)

판통례: (부복하고 꿇어앉아) 어가(御駕)는 진발(進發)하라.

*노(輅)의 경우, 천우장군天牛將軍이 임금 옆에 탄다.

판통례가 계청하고 부복하였다 일어나면, 어가(御駕)가 움직인다. 어가(御駕)가 시신(侍臣)의 말 타는 곳[上馬所]에 이르면,

판통례: (부복하고 꿇어앉아) 어가(御駕)가 잠시 멈추어 시신(侍臣)들에
　　게 타라고 하교(下敎)하소서.

임금: (고개를 끄덕인다.)

판통례: (물러나서 통찬通贊을 향해) 시신(侍臣)들은 말을 타라.

통찬: (전창傳唱하여) 시신(侍臣)들은 말을 타라.

시신(侍臣)들이 모두 말을 탄다.

판통례: (부복하고 꿇어앉아) 어가(御駕)가 진발(進發)하라. (일어나서
　　옆에서 어가를 인도한다.)

고취악대: (어가가 움직이면 연주를 시작한다.)

종친 및 문무백관: (어가가 움직이면 몸을 굽힌다.)

임금: (연을 타고 몸을 굽힌 종친 및 문무백관 사이를 지나간다.)

종친 및 문무백관: (어가가 지나가면 몸을 바로 하여 차례로 시위(侍衛)
　　하고 도종(導從)하기 시작한다.)

* 세종 대 노차배반 사례

군사(軍士)

문관(文官)　　　무관(武官)

양산(陽繖)

대가(大駕)

양선(陽扇)　　　양선(陽扇)

홍문대기(紅門大旗)

삭기(矟旗)　　　삭기(矟旗)

중기(中旗)　　　중기(中旗)

백택기(白澤旗)　　　백택기(白澤旗)

백호기(白虎旗)

현학기(玄鶴旗)　　　백학기(白鶴旗)

(깃발의 문양 클로즈 업)

웅골타자(熊骨朵子)　　　웅골타자(熊骨朵子)

표골타자(豹骨朵子)　　　표골타자(豹骨朵子)

은골타자(銀骨朵子)　　　은골타자(銀骨朵子)

금골타자(金骨朵子)　　　금골타자(金骨朵子)

쟁(錚)　　　북[鼓]

금등자(金鐙子)　　　금등자(金鐙子)

금·은장도(金銀粧刀)　　　금·은장도(金銀粧刀)

당기(幢旗)　　　당기(幢旗)

은도끼[銀斫子]　　　은도끼[銀斫子]

금도끼[金斫子]　　　금도끼[金斫子]

공작선(孔雀扇)　　　공작선(孔雀扇)

청색일산(靑色日傘)　　　청색일산(靑色日傘)

홍색일산(紅色日傘)　　　청색일산(靑色日傘)

붉게 수(繡)놓은 안장을 차린 말　　　붉게 수(繡)놓은 안장을 차린 말

고취악대(鼓吹樂隊)　　　고취악대(鼓吹樂隊)

보루자(寶樓子)

책루자(冊樓子)

요여(腰轝)

향정자(香亭子)

용선(龍扇)　　　봉선(鳳扇)

양산(陽繖)

선왕(先王)의 상로(象輅)

공신(功臣)의 누자(樓子)

청색일산(靑色日傘)　　　홍색일산(紅色日傘)

공작선(孔雀扇)　　　공작선(孔雀扇)

봉선(鳳扇)　　　봉선(鳳扇)

푸르게 수(繡)놓은 안장을 차린 말　　　푸르게 수(繡)놓은 안장을 차린 말

악부(樂部)　　　악부(樂部)

보루자(寶樓子)

책루자(冊樓子)

요여(腰轝)

향정자(香亭子)

양산(陽繖)

왕태후의 상로(象輅)

내관(內官)

친속(親屬),

군사(軍士)

* 단종 대 노차배반 사례

중부령(中部令)

판한성(判漢城)

예조판서(禮曹判書)

호조판서(戶曹判書)

대사헌(大司憲)

병조판서(兵曹判書)

시위군(侍衛軍) 제1대 〈반주창(半朱槍)을 잡음〉

시위군(侍衛軍) 제2대 〈장검(長劍)을 잡음〉

시위군(侍衛軍) 제3대 〈궁시(弓矢)를 몸에 참〉

갑주(甲冑)를 갖추고 장검(長劍)을 잡은 군사   갑주(甲冑)를 갖추고

장검(長劍)을 잡은 군사

기(旗)를 잡은 군사

【우군(右軍)은 백기(白旗), 중군(中軍)은 홍기(紅旗), 좌군(左軍)은

청기(靑旗)】

둑(纛)을 잡은 군사

고(鼓)를 잡은 군사   금(金)을 잡은 군사

호군(護軍) 혹은 진무(鎭撫)【영솔자】

군사

【내직(內直)·사준(司樽)·별감(別監)·갑사(甲士)·총통위(銃筒衛) 이외

의 군사(軍士) 및 시종관(侍從官)은 모두 말을 탄다.】

도성위(都城尉)의 각대(各隊)

취각(吹角) 2인   취각(吹角) 2인

【2인은 중각(中角)을 잡고, 2인은 소각(小角)을 잡음. 기복(器服)을

갖춤】

우군 절도사(右軍節度使)

진무(鎭撫) 1인   진무(鎭撫) 1인

【기복(器服)은 절제사(節制使)와 같으며 뒤에도 이를 모방(模倣)하여
한다.】

총통위(銃筒衛)의 각대(各隊)

【갑주(甲胄)를 갖추고 기계(器械)를 가지고서 여러 대(隊)로 나뉨】

우군(右軍) 각대(各隊)

대가노부(大駕鹵簿) 홍문 대기(紅門大旗)

【대기(大旗)는 1인이 잡고 2인이 당기고 2인이 끼며, 중기(中旗)는 1인이
잡고 2인이 당기고, 소기(小旗)는 1인이 잡고 1인이 당김. 청의(靑衣)와
피모자(皮帽子)를 착용】

홍개(紅蓋)   홍개(紅蓋)

【각기 1인이 잡는데 청의(靑衣)와 자건(紫巾)을 착용. 무릇
산(繖)·개(盖)·청선(靑扇)을 잡는 사람도 동일】

주작·청룡기(朱雀靑龍旗) 황룡기(黃龍旗) 백호·현무기(白虎玄武旗)

금고(金鼓)

【고(鼓)는 왼쪽에서 2인이 잡고, 금(金)은 오른쪽에서 2인이 잡음.
홍의(紅衣)와 피모자(皮帽子)를 착용】

육정기(六丁旗) 주작기(朱雀旗) 육정기(六丁旗)

백택기(白澤旗) 고명요여(誥命腰轝) 백택기(白澤旗)

【여사(轝士)가 10인이니 곧 근장(近仗)이다.
자의(紫衣)·흑건(黑巾)·학창(鶴氅)·홍대(紅帶)·청행등(靑行縢)·운혜(
雲鞋)를 착용】

시고(諡誥)·시책(諡冊)·시보(諡寶)의 요여(腰轝)

예조 낭청(禮曹郎廳)【조복(朝服)을 갖추고 그 뒤를 따름】

삼각기(三角旗)·각단기(角端旗)·용마기(龍馬旗)

삼각기(三角旗)·각단기(角端旗)·용마기(龍馬旗)

천하태평기(天下太平旗)

현학기(玄鶴旗)　　백학기(白鶴旗)

취각(吹角) 3인　취각(吹角) 3인

【2인이 대각(大角)을 잡고, 중각(中角)이 2인, 소각(小角)이 2인】

안장(鞍粧)을 갖춘 어마(御馬) 1필(匹)　　안장(鞍粧)을 갖춘 어마(御馬)

1필(匹)

【각각 2인이 끈다. 청의(靑衣)·종립(椶笠)·운혜(雲鞋)를 착용】

표골타자(豹骨朶子) 3개　　표골타자(豹骨朶子) 3개

【각각 1인이 잡음. 홍의(紅衣)와 피모자(皮帽子)를 착용.

과부(瓜斧)·필한(罼罕)·등도(鐙刀)·정절(旌節)·당봉(幢棒)·작자(斫子)

·용봉작선(龍鳳雀扇)을 잡는 사람도 동일】

금고(金鼓)

안장(鞍粧)을 갖춘 어마(御馬) 1필(匹)　　안장(鞍粧)을 갖춘 어마(御馬)

1필(匹)

웅골타자(熊骨朶子) 3개　　웅골타자(熊骨朶子) 3개

영자기(令字旗) 가귀선인기(駕龜仙人旗)　　가귀선인기(駕龜仙人旗)

영자기(令字旗)

【이를 잡는 사람은 홍의(紅衣)와 피모자(皮帽子)를 착용. 금고(金鼓)와

자기(字旗)를 잡는 사람도 동일】

고자기(鼓字旗)　　금자기(金字旗)

안장(鞍粧)을 갖춘 어마(御馬) 1필(匹)　　안장(鞍粧)을 갖춘 어마(御馬)

1필(匹)

은장도(銀粧刀) 은교의(銀交倚) 은장도(銀粧刀)

각답(脚踏)

【1인은 교의(交倚)를 받들고, 1인은 각답(脚踏)을 잡음. 자의(紫衣)와

자건(紫巾)을 착용. 우관(盂罐) 잡은 사람도 동일.】

금장도(金粧刀)　　금장도(金粧刀)

주작당(朱雀幢)·청룡당(靑龍幢)　　백호당(白虎幢)·현무당(玄武幢)

은관자(銀灌子)·은우(銀盂)

안장(鞍粧)을 갖춘 어마(御馬) 1필(匹)　안장(鞍粧)을 갖춘 어마(御馬)
1필(匹)

은립과(銀立瓜) 2개 금립과(金立瓜) 1개　은립과(銀立瓜) 2개
금립과(金立瓜) 1개

금고(金鼓)

안장(鞍粧)을 갖춘 어마(御馬) 1필(匹)　안장(鞍粧)을 갖춘 어마(御馬)
1필(匹)

금횡과(金橫瓜) 1개와 은횡과(銀橫瓜) 1개　금횡과(金橫瓜) 1개와
은횡과(銀橫瓜) 1개

은교의(銀交倚)

각답(脚踏)

안장(鞍粧)을 갖춘 어마(御馬) 1필(匹)　안장(鞍粧)을 갖춘 어마(御馬)
1필(匹)

은작자(銀斫子)2개 금작자(金斫子) 2개　은작자(銀斫子)2개
금작자(金斫子) 2개

청양산(靑陽傘)　청양산(靑陽傘)

요여(腰輿)

【여사(輿士)는 30인,
자의(紫衣)·흑건(黑巾)·학창(鶴氅)·홍대(紅帶)·청행등(靑行縢)·운혜(
雲鞋)를 착용】

한(旱) 1개　필(畢) 1개

모절(旄節) 2개　모절(旄節) 2개

정절(旌節) 2개　정절(旌節) 2개

소연(小輦)

【여사(輿士)는 40】

은월부(銀鉞斧) 2개 금월부(金鉞斧) 2개 은월부(銀鉞斧) 2개

금월부(金鉞斧) 2개

금고(金鼓)

안장(鞍粧)을 갖춘 어마(御馬) 1필(匹) 안장(鞍粧)을 갖춘 어마(御馬)

1필(匹)

사복관(司僕官) 2인

【상복(常服)을 갖추고는 칼을 차고 뒤따름】

봉선(鳳扇) 4개   봉선(鳳扇) 4개

청개(靑蓋) 1개   청개(靑蓋) 1개

작선(雀扇) 5개   작선(雀扇) 5개

홍개(紅蓋) 1개   홍개(紅蓋) 1개

용선(龍扇) 1개   용선(龍扇) 1개

가사금(假司禁) 8인   가사금(假司禁) 8인

【기복(器服)을 갖추고 주장(朱杖)을 잡고 좌우로 나누어서 의장(儀仗)한

밖에 나열】

전부고취(前部鼓吹)

축거(杻炬) 50개   축거(杻炬) 50개

【의장(儀仗)한 밖에 나열해 있고, 제색인(諸色人)이 받들어 드는데

상의(常衣)와 흑립(黑笠)을 착용】

망촉(望燭) 50개   망촉(望燭) 50개

【의장(儀仗)한 안에 나열해 있으며, 권무(權務)가 받들어 들며

상복(常服)에 흑각대(黑角帶)를 착용하며, 촉롱(燭籠)을 잡는 자도 동일】

향정(香亭)

【봉담인(捧擔人) 5인은

자의(紫衣)·흑건(黑巾)·청행등(靑行縢)·운혜(雲鞋)를 착용하고, 내직

별감(內直別監) 2인은 공복(公服)의 차림으로 도보(徒步)로 따르면서

계속해 향(香)을 올림】

홍촉롱(紅燭籠) 1개 수정장(水晶杖)·금월부(金鉞斧) 홍촉롱(紅燭籠) 1개

【장(杖)은 왼쪽에, 월(鉞)은 오른쪽에 있으며, 충의위(忠義衛)에서
공복(公服) 차림의 각기 1인이 받들어 잡음】

청촉롱(靑燭籠) 1개   청촉롱(靑燭籠) 1개

별감(別監) 2명·소친시(小親侍) 2명 홍양산(紅陽繖) 별감(別監)

2명·소친시(小親侍) 2명

【충의위(忠義衛)의 26인이 공복(公服)을 갖추고는 그중 1인이 받들어
잡고 나머지는 도보(徒步)로 따름】

백촉롱(白燭籠) 1개   백촉롱(白燭籠) 1개

은마궤(銀馬几)

【1인이 받들어 잡으며, 청의(靑衣)에 흑립(黑笠)을 착용】

대왕신연(大王神輦)

【여사(轝士)는 16인이다.】

청선(靑扇) 1개   청선(靑扇) 1개

【충의위(忠義衛)에서 공복(公服)을 갖추고서 각기 1인이 받들어 잡음】

현무기(玄武旗)

후전대기(後殿大旗)   후전대기(後殿大旗)

가사금(假司禁) 2인   가사금(假司禁) 2인

【기복(器服)을 갖추고는 주장(朱杖)을 잡음】

후부고취(後部鼓吹)

왕후노부(王后鹵簿)

내시(內侍) 8인   내시(內侍) 8인

【상복(常服)을 갖추고는 주장(朱杖)을 잡고 좌우로 나누어서
의장(儀仗)한 밖에 나열】

백택기(白澤旗)   백택기(白澤旗)

고명요여(誥命腰轝)

시책보(諡冊寶)·가상존호책보(加上尊號冊寶)의 요여(腰轝)

예조낭청(禮曹郎廳)

【조복(朝服)을 갖추고 뒤따름】

은등(銀鐙) 2개　　은등(銀鐙) 2개

금등(金鐙) 2개　　금등(金鐙) 2개

안장(鞍粧)을 갖춘 어마(御馬) 1필(匹)　　안장(鞍粧)을 갖춘 어마(御馬)
1필(匹)

은장도(銀粧刀) 2개　　은장도(銀粧刀) 2개

금장도(金粧刀) 2개　　금장도(金粧刀) 2개

안장(鞍粧)을 갖춘 어마(御馬) 1필(匹)　　안장(鞍粧)을 갖춘 어마(御馬)
1필(匹)

은립과(銀立瓜) 2개　　은립과(銀立瓜) 2개

금립과(金立瓜) 2개　　금립과(金立瓜) 2개

은우(銀盂)·은관자(銀罐子)

은횡과(銀橫瓜)·금횡과(金橫瓜)　　은횡과(銀橫瓜)·금횡과(金橫瓜)

안장(鞍粧)을 갖춘 어마(御馬) 1필(匹)　　안장(鞍粧)을 갖춘 어마(御馬)
1필(匹)

모절(旄節) 2개　　모절(旄節) 2개

은교의(銀交倚)

각답(脚踏)

은부월(銀斧鉞)·금부월(金斧鉞)　　은부월(銀斧鉞)·금부월(金斧鉞)

안장(鞍粧)을 갖춘 어마(御馬) 1필(匹)　　안장(鞍粧)을 갖춘 어마(御馬)
1필(匹)

사복관(司僕官) 1인 사복관(司僕官) 1인

【상복(常服)을 갖추고서 칼을 차고 따름】

작선(雀扇) 3개　　작선(雀扇) 3개

청개(靑蓋) 1개　　청개(靑蓋) 1개

주화단선(朱畵團扇) 4개　　주화단선(朱畵團扇) 4개

홍개(紅蓋) 1개　　홍개(紅蓋) 1개

요여(腰轝)

전부고취(前部鼓吹)

향실(香室)

축거(柷炬) 50개   축거(柷炬) 50개

【의장(儀仗)한 밖에 나열해 있고, 제색인(諸色人)이 받들어 드는데
상의(常衣)와 흑립(黑笠)을 착용】

망촉(望燭) 50개   망촉(望燭) 50개

【의장(儀仗)한 안에 나열해 있으며, 권무(權務)가 받들어 들며
상복(常服)에 흑각대(黑角帶)를 착용하며, 촉롱(燭籠)을 잡는 자도 동일】

홍촉롱(紅燭籠) 1개   홍촉롱(紅燭籠) 1개

청촉롱(靑燭籠) 1개   청촉롱(靑燭籠) 1개

별감(別監) 2명 · 소친시(小親侍) 2명 홍양산(紅陽繖) 별감(別監)
2명 · 소친시(小親侍) 2명

【내시(內侍)가 상복(常服)을 입고 받쳐 잡으며, 청선(靑扇)을 잡는 것도
동일】

백촉롱(白燭籠) 1개   백촉롱(白燭籠) 1개

왕후신연(王后神輦)

청선(靑扇) 1개   청선(靑扇) 1개

내시(內侍) 4인

【상복(常服)을 갖추고서 주장(朱杖)을 잡음】

후부고취(後部鼓吹)

배향공신(配享功臣)의 요여(腰轝)

예조낭청(禮曹郎廳)

대전(大殿)의 대가노부(大駕鹵簿)

중군(中軍)의 각대(各隊)

홍문대기(紅文大旗) 1개   홍문대기(紅文大旗) 1개

홍개(紅蓋) 1개   홍개(紅蓋) 1개

주작기(朱雀旗) · 청룡기(靑龍旗) 황룡기(黃龍旗)

백호기(白虎旗) · 현무기(玄武旗)

금고(金鼓)

육정기(六丁旗) 주작기(朱雀旗) 육정기(六丁旗)

백택기(白澤旗)　백택기(白澤旗)

고명(誥命)

대보(大寶) · 시명보(施命寶) · 유서보(諭書寶) · 소신보(昭信寶)

상서소윤(尙瑞小尹) 1인

승(丞) · 주부(注簿) · 직장(直長) · 녹사(錄事) 2인

삼각기(三角旗) · 각단기(角端旗) · 용마기(龍馬旗)

삼각기(三角旗) · 각단기(角端旗) · 용마기(龍馬旗)

천하태평기(天下太平旗)

현학기(玄鶴旗)　백학기(白鶴旗)

취각(吹角) 3인　취각(吹角) 3인

안장(鞍粧)을 갖춘 어마(御馬) 1필(匹)　안장(鞍粧)을 갖춘 어마(御馬)
1필(匹)

표골타자(豹骨朶子) 3개　표골타자(豹骨朶子) 3개

금고(金鼓)

안장(鞍粧)을 갖춘 어마(御馬) 1필(匹)　안장(鞍粧)을 갖춘 어마(御馬)
1필(匹)

웅골타자(熊骨朶子) 3개　웅골타자(熊骨朶子) 3개

영자기(令字旗)　영자기(令字旗)

가귀선인기(駕龜仙人旗)　가귀선인기(駕龜仙人旗)

고자기(鼓字旗)　금자기(金字旗)

안장(鞍粧)을 갖춘 어마(御馬) 1필(匹)　안장(鞍粧)을 갖춘 어마(御馬)
1필(匹)

가서봉(哥舒棒) 5개　가서봉(哥舒棒) 5개

벽봉기(碧鳳旗)　　　벽봉기(碧鳳旗)

안장(鞍粧)을 갖춘 어마(御馬) 1필(匹)　　안장(鞍粧)을 갖춘 어마(御馬)
1필(匹)

금등(金鐙) 5개　　금등(金鐙) 5개

군왕천세기(君王千歲旗)

안장(鞍粧)을 갖춘 어마(御馬) 1필(匹)　　안장(鞍粧)을 갖춘 어마(御馬)
1필(匹)

은장도(銀粧刀) 2개　　은장도(銀粧刀) 2개

은교의(銀交倚)

각답(脚踏)

금장도(金粧刀) 2개　　금장도(金粧刀) 2개

백호당(白虎幢)·현무당(玄武幢) 1개　　주작당(朱雀幢)·청룡당(靑龍幢)
1개

은관자(銀罐子)와 은우(銀盂)

안장(鞍粧)을 갖춘 어마(御馬) 1필(匹)　　안장(鞍粧)을 갖춘 어마(御馬)
1필(匹)

은립과(銀立瓜) 2개　　은립과(銀立瓜) 2개

금립과(金立瓜) 2개　　금립과(金立瓜) 2개

은우(銀盂)·은관자(銀罐子)

은립과(銀立瓜) 2개 금립과(金立瓜) 1개　　은립과(銀立瓜) 2개
금립과(金立瓜) 1개

금고(金鼓)

안장(鞍粧)을 갖춘 어마(御馬) 1필(匹)　　안장(鞍粧)을 갖춘 어마(御馬)
1필(匹)

금횡과(金橫瓜) 1개와　　은횡과(銀橫瓜) 1개

은교의(銀交倚)

각답(脚踏)

안장(鞍粧)을 갖춘 어마(御馬) 1필(匹)   안장(鞍粧)을 갖춘 어마(御馬)
1필(匹)

은작자(銀斫子)·금작자(金斫子) 2개   은작자(銀斫子)·금작자(金斫子)
2개

청양산(靑陽繖) 1개   청양산(靑陽繖) 1개

소여(小轝)

한(旱) 1개   필(罼) 1개

모절(旄節) 2개   모절(旄節) 2개

정절(旌節) 2개   정절(旌節) 2개

소연(小輦)

은부월(銀斧鉞) 금부월(金斧鉞)   은부월(銀斧鉞) 금부월(金斧鉞)

금고(金鼓)

안장(鞍粧)을 갖춘 어마(御馬) 1필(匹)   안장(鞍粧)을 갖춘 어마(御馬)
1필(匹)

사복관(司僕官) 3인 사복관(司僕官) 3인

【상복(常服)을 갖추고서 칼을 차고 따름】

봉선(鳳扇) 4개   봉선(鳳扇) 4개

청개(靑蓋) 1개   청개(靑蓋) 1개

작선(雀扇) 5개   작선(雀扇) 5개

홍개(紅蓋) 1개   홍개(紅蓋) 1개

용선(龍扇) 1개   용선(龍扇) 1개

사금(司禁) 8인   사금(司禁) 8인

【기복(器服)을 갖추고서 주장(朱杖)을 잡음】

총통위(銃筒衛)

별시위(別侍衛)

【기복(器服)을 갖추고서 좌우로 나누어 의장(儀仗)의 밖에 있음】

충의위(忠義衛)·충순위(忠順衛)

【1행(行)이 되어 기복(器服)을 갖추고서 별시위(別侍衛)의 안에 있음】

내금위(內禁衛)

【기복(器服)을 갖추고서 충의위(忠義衛)·충순위(忠順衛)의 안에 있음】

보갑사(步甲士)

【기복(器服)을 갖추고서 철퇴(鐵椎)를 잡고 내금위(內禁衛) 안에 있음】

【총통위(銃筒衛) 이하는 대가(大駕) 뒤에 이르러 모두 횡행(橫行)으로

뒤를 옹호】

내직별감(內直別監)·사준별감(司樽別監)

【상복(常服)을 갖추고서 좌우로 나누어

충의위(忠義衛)·충순위(忠順衛)의 앞에 있음】

전부고취(前部鼓吹)

대호군(大護軍) 2인

【상복(常服)을 갖추고서 운검(雲劍)을 받들고 가운데서 나란히 감】

수정장(水精杖)·금부월(金斧鉞)　　수정장(水精杖)·금부월(金斧鉞)

중금(中禁) 12인　　중금(中禁) 12인

【자의(紫衣)와 자건(紫巾)을 착용】

소친시(小親侍) 6인과 별감(別監) 20인　　소친시(小親侍) 6인과 별감(別監)

20인

【흑의(黑衣)와 자건(紫巾)을 착용하고는 나누어서 중금(中禁) 밖에

있음】

홍양산(紅陽繖) 1개

은마궤(銀馬几) 1개

어연(御輦)

청선(靑扇) 1개　　청선(靑扇) 1개

【보갑사(步甲士) 뒤에 있음】

내금위 절제사(內禁衛節制使) 2인·충의위절제사(忠義衛節制使)·충순위

절제사(忠順衛節制使)· 운검(雲劍)을 찬 중추(中樞) 4인

갑옷[甲]을 받든 상호군(上護軍)·투구[胄]를 받든
상호군(上護軍)·궁시(弓矢)를 받든 상호군(上護軍)·책(策)을 가진
대호군(大護軍) 2인·궁시(弓矢)를 찬 호군(護軍) 8인·비신
호군(備身護軍) 8인·사복관(司僕官) 6인
【절제사(節制使)와 중추(中樞)가 1행렬(行列), 상호군(上護軍)과
대호군(大護軍)이 1행렬이 되고, 호군(護軍)과 사복관(司僕官)이 1행렬】
현무기(玄武旗)
후전대기(後殿大旗)　　후전대기(後殿大旗)
내직별감(內直別監) 6인 【횡행(橫行)】
내시(內侍) 및 상의원(尙衣院)·내의원(內醫院)의 관원
【별시위(別侍衛)의 안쪽에 있음】
사금(司禁) 2인　　사금(司禁) 2인
【주장(朱杖)을 잡고 좌우로 나누어 군사들의 밖에 있음】
후부고취(後部鼓吹)
중군(中軍)의 각대(各隊)
도진무(都鎭撫)·중군 절제사(中軍節制使)
진무(鎭撫) 1인　　진무(鎭撫) 1인
취각(吹角) 2인　　취각(吹角) 2인
승지(承旨) 6인 주서(注書) 2인 사관(史官) 1인
예조(禮曹)와 병조(兵曹)의 정랑(正郎) 1인
중군(中軍)의 각대(各隊)
종친 및 문무백관(文武百官)
감찰(監察) 2인
의금부 진무(義禁府鎭撫) 1인 의금부 진무(義禁府鎭撫) 1인
도성위(都城衛)의 각대(各隊)
시위군(侍衛軍)의 각대(各隊)

#2 종묘 동구 밖

환궁의식의 3D 복원 이미지

임금의 행차가 다가오면 종묘 동구 밖에 대기하고 있던 몇 대의 산대가 서서히 움직이기 시작한다. 가마꾼들이 매는 가마형 산대와 윤통이 아래에 달려 끌 수 있는 예산대로 이루어져 있다. 가마형 산대에는 주로 설화를 형상화한 잡상들과 동물형상의 잡상들이 설치되어 있다. 보다 규모가 큰 예산대에는 잡상이 설치된 것도 있고, 재인·광대가 그 위에 올라 타 있는 것도 있다.

임금의 행차가 종묘 동구에 이르면, 몇 대의 산대는 옆으로 이동하여 길을 터주고 몇 대의 산대는 임금의 행차를 앞에서 인도한다. 옆으로 비켜섰던 산대들도 임금의 행차의 맨 뒤에서 천천히 따라간다.

산대 위에서는 방상시가 등장하여 귀신을 쫓아내는 구나(驅儺)가 약식으로 공연되기도 하고, 재인·광대들의 잡희로 장관을 연출하는 설나(設

儺)가 진행되기도 한다. 본격적인 놀이들이 진행되기보다는 산대 위에서 행해질 수 있는 약식의 놀이들이 진행된다. 광화문 앞에서의 본격적 놀이를 준비하는 길놀이적 성격이 강하다.

사당패의 노래와 춤·무동놀이·사냥놀이·팔선녀놀이·금강산놀이·서유기놀이·신선놀이·상산사호놀이·선동놀이·기생놀이·축사놀이·백자도놀이 등이 예산대에서 잡상으로 놀아지거나, 재인·광대들에 의해 연출된다. 이 밖에도 버나돌리기나 땅재주, 장대타기 등의 흥겨운 기예가 펼쳐진다. 화포가 멀리 쏘아져 장관을 연출하기도 한다. 〈『봉사도』 잡희 장면과 『기완별록』 기록 참조. 이색의 시 '自東大門至闕門前山臺雜劇前所未見也'의 내용을 참조, 놀이꾼의 풍악, 처용무, 장대타기, 폭죽 등을 살린다면 더 큰 볼거리〉

구경꾼들은 산대와 재인·광대들의 놀이를 흥겹게 구경하는 동시에 임금이 이를 어떻게 즐기고 있는가를 유심히 살펴보기도 한다. 〈구경꾼의 이미지는 김홍도 등의 풍속화 참조〉

#3 종루 서쪽

종루는 2층의 높은 목조건물로 되어 있고, 누 위에 종을 달았다. 이 종루의 서쪽에 갓을 쓰고 도포를 입은 유생(복식 재구) 1천 70인이 어가를 기다리며 도열하고 있다.

임금 : (종루 앞에 어가를 멈추어 선다.)
승지: (부복하고 꿇어앉아) 유생들에게 헌가요(獻歌謠)를 하교(下敎)하소서.
임금: (고개를 끄덕인다.)
승지: (물러나서 일어나며) 헌가요(獻歌謠)를 거행하라.
통찬: (전창傳唱하여) 헌가요(獻歌謠)를 거행하라.

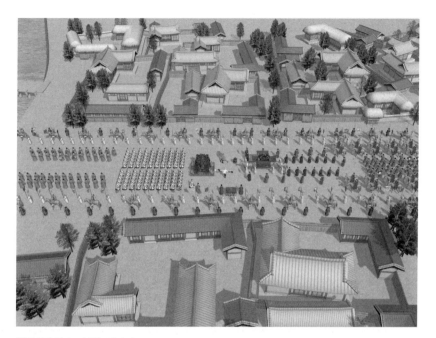
환궁의식의 3D 복원 이미지

유생 대표가 임금 앞에 나아가 꿇어앉는다. 유생 두 사람이 가요축을 넣은 함을 받들어 대표의 오른쪽에 꿇어앉는다. 대표가 가요축을 받들고 모든 유생들이 함께 꿇어앉는다. 승지가 대표에게 축을 받아 받들어 바친다. 내시가 전해 받아 임금에게 바친다.

성균박사: 밝고 밝으신 우리 임금께서는 성학(聖學)이 날로 향상(向上) 되고, 큰 덕은 하늘처럼 덮으셨습니다. 원량(元良)에 있을 때부터 삼선(三善)을 진실로 잘 실행하여 효우(孝友)가 일찍 나타났는데, 한 나라를 감무(監撫)하니 민물(民物)이 덕을 사모하여 모두가 이극(貳極)을 우러러 보았습니다. 별빛처럼 그 덕은 거듭 빛나고, 바다의 침윤(浸潤)처럼 은덕은 깊고, 구가(謳歌)가 같이 일어났습니다. 계서(繼序)를 잊지 않았으며, 효사(孝思)가 한이 없었습니다. 상중(喪中)에 있을 적에 마음이 상했는데, 거상(居喪) 중에는 공손

하고 말이 적었습니다. 전죽(?粥)의 식사(食事)와 안색(顔色)의 슬픔은 성훈(聖訓)을 따르고, 선왕(先王)을 모범하여 행동이 빠진 것이 없었습니다. 세월(歲月)이 빨리 가서 3년이 갑자기 닥쳐서, 갑작스럽게 길제(吉祭)에 임하게 되었습니다. 이에 난여(鑾輿)를 타니 규사(虬駟)가 허공(虛空)에 비등(飛騰)했습니다. 아아(雅雅)하고 어어(魚魚)하니, 의위(儀衛)가 뇌가(磊砢)하고, 기여(旗旟)가 아아(婀娥)하니, 혹은 오른편에 서기도 하고, 혹은 왼편에서기도 하였습니다. 이에 묘우(廟宇)에 들어가서 이에 신주(神主)를 합사(合祀)시켜 이에 두조(豆俎)를 올렸습니다. 공손한 태도로 홀[璋]을 받드니 직서(稷黍)가 향기 나고, 성악(聲樂)은 양양(洋洋)하였습니다. 신(神)이 위안(慰安)되었으니, 온갖 복록(福祿)을 받아 상서(祥瑞)를 낳고 복을 내리셨습니다. 법가(法駕)가 궁궐에 돌아오니, 해가 꼭 중천(中天)에 오고 훈풍(薰風)이 바야흐로 온화해졌습니다. 황구(黃口)의 아이와 백발(白髮)의 노인이 잡답(雜沓)하게 앞서고 뒤서서 수다스러우며, 머리를 모으고 있었습니다. 우리 임금을 우리가 떠받드니 성덕(聖德)은 탕탕(蕩蕩)하여 요제(堯帝)의 이마와 같았으며, 내가 지은 시(詩)를 내가 노래하니, 면면(綿綿)한 과질(瓜)은 주 왕가(周王家)에 빛이 났습니다. 백성이 편안하고 풍속이 번성하여 어린애가 부모(父母)를 사모하듯이 다투어 만수(萬壽)를 불렀습니다. 신(臣)의 무리들은 노둔하고 용렬하나 다행히 천재 일시(千載一時)를 만나서 오늘날을 보게 되었으니, 즐거운 마음을 분발(奮發)하여 강구연월(康衢煙月)을 영구히 축원하면서 종사(宗社)의 안녕을 노래합니다.

헌가요(獻歌謠)가 끝난 후, 승지가 어가 쪽으로 나아간다.

승지: (부복하고 꿇어앉아) 어가(御駕)가 진발(進發)하라. (일어나서 옆에서 어가를 인도한다.)

이어 어가와 노차행렬이 먼저 혜정교변으로 이동하기 시작하고 그 뒤를 예산대와 재인·광대들이 따른다. 유생들은 어가와 노차행렬이 지나가면 몸을 바로 하여 차례로 시위(侍衛)했다가 해산하기 시작한다.

#4 혜정교변

환궁의식의 3D 복원 이미지

혜정교(惠政橋) 동쪽에서 기녀들이 예산대의 일종인 침향산(沈香山)을 가설하고 헌가요(獻歌謠)와 정재(呈才)를 준비하고 있다. 침향산은 나무판자로 산 모양을 만들고 앞뒷면에 피나무로 산봉우리를 조각하여 붙이고 사찰과 탑, 부처와 승려, 고라니와 사슴 등의 잡상을 만들어 설치하고 채색하였다. 침향산 지당은 지당판 위에 산의 모형이 추가된 형태로 판 아래 윤통(輪桶) 네 개를 달아 끌 수 있게 하였고, 공연이 끝나면 길 가운데 세워둔 침향산을 끌고 가 신속하게 길을 터 줄 수 있게 만들었다.

임금 : (혜정교 앞에 어가를 멈추어 선다.)
승지: (부복하고 꿇어앉아) 정재를 하교(下敎)하소서.
임금: (고개를 끄덕인다.)
승지: (물러나서 일어나며) 정재를 거행하라.
통찬: (전창傳唱하여) 정재를 거행하라.

길 가운데 침향산(沈香山)과 지당구(池塘具)를 설치하고, 화전벽(花甎碧)을 깔고, 기녀 100명이 침향산 좌우에 갈라선다. 가요축(歌謠軸)의 함을 올려놓을 탁자를 길 왼쪽에 설치하고, 함을 든 여기 두 사람은 탁자 좌우에 선다(나이어린 기녀를 택한다). 대가(大駕)가 이르면 전부고취 악공 50명이 기녀들의 뒤에 좌우로 나누어 서고, 이어 〈여민락령〉을 연주하면 재기(諸妓)가 노래를 부른다(후부고취는 음악을 그친다). 박(拍)을 치면, 도기(都妓)가 손을 여미고 족도하며 앞으로 나아가 꿇어앉고, 함을 받든 여기 두 사람이 손을 여미며 꿇어앉아 엎드렸다가 일어나서 함을 받들고 나아가 도기의 오른쪽에 꿇어앉는다. 도기가 첨수(尖袖)로 두 기녀가 건네주는 가요축을 받들고 일어서서 나아가 꿇어앉으면 제기도 동시에 꿇어앉는다. 승지가 도기로부터 가요축을 전해 받들어 꿇어앉아 받치면, 내시가 전해 받아 함에 담아서 임금께 바친다. 도기는 부복하였다가 일어나 춤[四手舞]을 추고 물러가 제자리로 돌아가고, 제기도 동시에 부복하였다가 일어나 족도하면 음악이 그친다. 〈학무〉와 〈연화대〉의 정재도 상의와 같이 한다. 학무에서는 연못 혹은 바다 위에 연꽃이 피어 있는 형상을 한 공연도구인 지당판(池塘板)을 사용하며 청학과 백학 두 마리가 지당판 위의 연통(蓮筒)을 쪼면 그 속에서 두 동녀가 나오게 된다. 학무에는 창사가 없다. 따라서 학무와 연화대를 합설하였을 때 학무의 장경 연출과 연화대의 창사가 어울려 형식과 내용이 더욱 정밀해진다고 할 수 있다. 침향산 뒤 10보쯤에 화전벽을 깔고 연화대가 끝나기를 기다렸다가 전부고취와 후부고취가 환궁악을 연주하면, 침향산을 화전벽 뒤로 끌어가고, 제기는 뒤로 물러나면서 춤[金尺舞]을 추고 먼저와 같이 갈라선다. 대가가 앞으로 나아가 머물면 또 춤춘다[정재의 횟수는 미리 취품한다].

이때 정재의 반주를 위한 별도의 악대가 수반되지 않으므로 고취악대가 담당하게 된다. 대가의 앞뒤에 편성된 전부고취와 후부고취 중에서 정재의 반주는 전부고취가 맡는다. 전부고취 악공 50명은 기녀의 좌우로 분립(分立)하여 기녀가 가요를 부르고 정재를 출 때에 주악한다.

정재가 끝난 후, 승지가 어가 쪽으로 나아간다. 이때 기녀들은 길 가운데 세워둔 침향산을 끌고 가 신속하게 길을 터 준다.

승지: (부복하고 꿇어앉아) 어가(御駕)가 진발(進發)하라.
어가와 노차행렬이 기로소 앞으로 이동하기 시작한다. 침향산을 이끌고 있는 기생들은 뒤로 빠졌다가 예산대와 합류하여 그 뒤를 따른다.

#5 기로소 앞

기로소 앞에는 수십 명의 기로들과 백성들 중에 차출된 백여 명의 노인들이 어가를 기다리며 도열하고 있다. 또한 일본 고유 복장을 한 일본인 64명도 또한 서쪽에 차례로 서있다.

임금 : (기로소 앞에 어가를 멈추어 선다.)
승지: (부복하고 꿇어앉아) 기로들에게 헌가요(獻歌謠)를 하교(下敎)하소서.

임금: (고개를 끄덕인다.)

승지: (물러나서 일어나며) 헌가요를 거행하라.

통찬: (전창傳唱하여) 헌가요를 거행하라.

기로 대표가 임금 앞에 나아가 꿇어앉는다. 기로 두 사람이 가요축을 넣은 함을 받들어 대표의 오른쪽에 꿇어앉는다. 대표가 가요축을 받들고 모든 기로들이 함께 꿇어앉는다. 승지가 대표에게 축을 받아 받들어 바친다. 내시가 전해 받아 임금에게 바친다.

기로: 옥연(玉輦)이 조용히 구천(九天)에서 내려오니, 면류(冕旒) 차림으로 비궁(閟宮)에 제사하고 돌아왔네. 거리에는 난로(鸞鷺)가 나누어졌으니 풍운(風雲)이 성대하고, 산은 봉영(蓬瀛)이 솟았으니 일월(日月)이 한가롭네. 백발(白髮)의 강구(康衢) 노래는 봉필(鳳)을 맞이했고, 단성(丹誠)의 화산(華山) 축수(祝壽)는 용안(龍顏)을 절하였네. 이 마음을 환하게 하늘이 굽어보시니 지척(咫尺) 사이에서 천세(千歲)를 세 번 부르는 것이 방불하였네.

헌가요(獻歌謠)가 끝난 후, 승지가 어가 쪽으로 나아간다.

승지: (부복하고 꿇어앉아) 어가(御駕)가 진발(進發)하라.

이어 어가와 노차행렬이 먼저 광화문 쪽으로 이동하기 시작하고, 기로와 노인들은 어가가 지나가면 몸을 바로 하여 차례로 시위(侍衛)했다가 해산하기 시작한다.

#6 광화문 원경

광화문 앞 좌우의 연도에 사계절의 산대를 각각 세워, 모두 여덟 좌가 가설되었다. 산대 하나에는 90척 높이의 상죽(上竹)이 세 개씩, 80척 높이의 차죽(次竹)이 여섯 개씩 들어가고 수많은 기둥 나무가 소요되었다. 기둥 나무로 중심을 세우고 유연한 대나무인 상죽과 차죽으로 산의 외형을 만들었다. 산의 외형에 기암괴석과 기화요초를 장식되었다(대산대의 구체적 모습은 〈강희만수도 오산희대〉 자료 참조).

환궁의식의 3D 복원 이미지

이러한 대산대 주변에 가무백희를 준비하며 기생·재인·광대들이 대기하고 있다. 임금의 행차가 광화문 앞으로 다가온다.

임금: (광화문 앞에 어가를 멈춘다.)

전후고취: (임금의 어가가 멈추면 악을 그친다.)

판통례: (연(輦) 앞에 나아가서 부복하고 꿇어앉아) 연(輦)에서 내려 여
(輿)를 타라.

임금: (연에서 내려 여를 타고 문으로 들어간다.)

시신(侍臣): (임금의 뒤를 따라 전정(殿庭)에 이른다.)

액정서(掖庭署)에서 미리 어좌(御座)를 설치하고, 전의(典儀)가 종친 및
백관들의 자리를 설치해놓았다.

임금: (어좌에 앉는다.)

판통례: (왕세자 이하 문무 여러 관원을 나누어 인도하여 들어와 자리
로 나아간다.)

통찬: (창창(唱)하여) 반열(班列)을 정제(整齊)하라.

판통례: 구함(具銜) 신 아무 등은 대사(大祀)를 이미 마쳤으니, 경하(慶
賀)하는 것이 당연합니다. (구부렸다 엎드렸다 일어나서 제자리로
물러 나간다.)

통찬: (찬하여) 면, 복, 흥, 사배, 흥, 평신!

전후고취: (악을 시작한다.)

종친 및 문무백관: (모두 구부렸다 엎드렸다가 일어나서 사배하고 일어
나 몸을 바로 한다.)

전후고취: (악을 그친다.)

통찬: (찬하여) 꿇어앉으라.

종친 및 문무백관: (모두 꿇어앉아 산호(山呼), 산호, 재산호 한다.) 천
세(千歲), 천세, 천천세!

통찬: (찬하여) 면, 복, 흥, 사배, 흥, 평신!

전후고취: (악을 시작한다.)

종친 및 문무백관: (모두 구부렸다 엎드렸다 일어나서, 사배하고 일어

나 몸을 바로 한다.)

전후고취: (악을 그친다.)

   임금의 공식행사가 끝나면, 광화문 앞에 설치해 놓은 대산대를 중심으로 기생·재인·광대들의 가무백희가 시작된다. 임금의 행차를 뒤쫓아 오던 예산대들이 대산대 주변에 배치되고 행차에 동참했던 기생·재인·광대들이 본격적인 놀이에 합류한다.

   장생불사의 신화를 간직한 봉래산이 큰 길 좌우에 높이 솟아 왕조의 영속성을 상징하는 가운데 대산대 위에서 기녀들의 아름다운 가무가 진행된다. 탈춤이 연행되며 흥겨운 풍물놀이가 펼쳐진다. 그러한 흥겹고 유쾌한 분위기 속에서 재인·광대들은 버나돌리기, 땅재주, 줄타기 등의 백희를 연행하기 시작한다. 화포가 울려 그 분위기를 더욱 고조시킨다. 구경꾼들 역시 난장적인 축제의 힘에 이끌려 같이 춤을 추거나 어깨를 들썩이며 즐긴다.

산대나례와 환궁의식의 3D 복원을 위한 장면별 개요
- 조선전기 부묘 후 환궁의식의 절차

장면	#1	#2	#3
장소	종묘앞	종묘 동구밖	종루 서쪽
산대 결채	결채	결채 헌가잡상 윤거잡상 예산대	결채 헌가잡상 윤거잡상 예산대
인물	임금 집사자(執事者) 전부고취 후부고취 문무대신 시신(侍臣) 군병 가마군 ▶	임금 전부고취 후부고취 문무대신 시신(侍臣) 군병 가마군 의금부·군기시(甲) 재인·광대(甲) ▶	임금 전부고취 후부고취 문무대신 시신(侍臣) 군병 가마군 성균관유생 재인·광대(甲) ▶
탐구 과제	노부(鹵簿) 순서 전후부 고취악 악기편성 고찰 산호(山呼) 의식	재인·광대(甲) 공연장면 재구 헌가잡상 윤거잡상 예산대 재구 어가 행렬 전도 장면 재구	성균관유생 가요헌축 재구 유생 복식 고찰 재인·광대(甲) 헌가잡상 윤거잡상 예산대 등 정지 장면 재구
개요	어가 행렬 환궁 시작	의금부·군기시 나례	성균관유생 가요헌축

#4	#5	#6	#7
해정교변	기로소 앞	광화문 원경	광화문 근경
결채	결채	결채	결채
헌가잡상	헌가잡상	헌가잡상	
윤거잡상	윤거잡상	윤거잡상	
예산대	예산대	대산대	
침향산		예산대	
		다정산대	
임금	임금	임금	임금
전부고취	전부고취	전부고취	전부고취
후부고취	후부고취	후부고취	후부고취
문무대신 시신(侍臣)	문무대신 시신(侍臣)	문무대신 시신(侍臣)	문무대신 시신(侍臣)
군병	군병	군병	군병
가마군	가마군	가마군	가마군
재인·광대(갑)	재인·광대(갑)	재인·광대(갑)	기녀
기녀	기녀	기녀	
반주악대		의금부·군기시(을)	
		재인·광대(을)	
『악학궤범』 소재교방	기로 가요헌축	대산대 재구	광화문 안으로 진입하기
가요 분석 순서 고찰	복식 재구	재인·광대(을)	전 의전행사
		공연장면 재구	어가 거동 장면 재구
		대산대 예산대 헌가잡상	
		윤거잡상	
		배치 재구	
		어가 환궁 후	
		재인·광대(갑을)	
		공연장면 재구	
장악원	기로(耆老)	의금부·군기시	어가 행렬
교방가요(敎坊歌謠)	가요헌축(歌謠獻軸)	산대나례(山臺儺禮)	환궁 완료

제3장 작가적 상상의 통쾌함: 창작과 기획

1. 〈한양낭군 길들이기〉[1]

작가적 상상의 통쾌함

이삼백 년 전에도 서울과 평양은 화제의 중심에 있었다. 평양으로 원정을 가서 풍류를 겨룬 서울 예술가들의 이야기가 전하고, 서울 사람의 장사 밑천을 가로챈 평양 기생의 이야기도 전한다. 〈한양낭군 길들이기〉는 서울에 올라온 평양 기생이, 방탕하기로 소문난 왈자 서방을 '사람 만드는' 줄거리를 담고 있다.

원작은 고전소설 〈게우사〉로 대본은 그 줄거리를 따라 전개하되, 극중극 형식을 활용하여 〈게우사〉의 형성 과정에 대한 허구적 상상을 더하였다. 〈게우사〉는 18세기 후반 서

---

1 〈한양낭군 길들이기〉는 판소리 12마당 중의 하나인 〈게우사(戒友辭)〉를 원작으로 하여 사진실 교수가 창작한 음악극 작품이다. 2012년 3월 17일에 중앙대학교 아트센터에서 초연되었다. 팸플릿에 수록된 사진실 교수의 공연 소개글과 함께 〈한양낭군 길들이기〉 대본 전문을 소개한다.

울의 풍류 문화를 주도한 예술가와 후원자, 관객의 모습을 세밀하게 묘사한 작품으로, 전승이 끊긴 판소리 〈왈자타령〉의 소설 정착본으로 알려져 있다.

학계에서는 근원 설화의 내용과 서사무가 또는 재담소리의 형식이 합쳐져 판소리가 형성되었고 문자로 기록되어 판소리계 소설로 정착되었다고 한다. 그런데 〈게우사〉에서 김선달이 친구인 김무숙에게 '너를 두고 글짓기를 게우사라 노래지어 소리 명창에게 전하리라' 고 한 대목을 보면, 〈게우사〉가 소리 명창을 위한 사설로 창작되었을 가능성이 보인다. 김선달과 같은 작가의 존재도 크게 주목된다. 작가가 사설을 창작하여 소리꾼에게 전달하는, 새로운 방식의 판소리 전승 양상이 드러난 것이다.

〈한양낭군 길들이기〉는 작가인 최선달이 서울의 재담꾼 외무름에게 재담소리 사설을 써 주고 연습하는 과정을 큰 틀로 꾸렸다. 서울 경기 지역의 12잡가를 활용한 음악극이라는 기획 의도에 맞추어 설정한 것이다. 작품의 말미에서는 최선달이 〈게우사〉를 판소리 명창 모흥갑에 전달한다. 작품 속에서 외무름과 최선달의 대화로 표현하였듯이, 남쪽 지방에서 올라온 선소리 (당시에는 판소리를 이렇게 불렀다)가 전국적으로 인기 몰이를 하는 상황을 반영한 것이다. 판소리 〈왈자타령〉이 그렇게 형성되었다는 설정이기도 하다.

〈게우사〉에 얽힌 재담소리와 판소리의 세대교체며 〈왈자타령〉의 형성과정 등, 논문으로 쓰자면 복잡한 논증과정을 거져야 할 내용을 작가적 상상의 이름으로 그려내고 보니 참으로 통쾌하다. 김무숙이며 외물음, 선유놀음이며, 유산놀음 등 한국 연희 강의에서 다루었던 내용들이 무대 위에 오른다. 수업 시간에는 다소 힘겨워 했던 제자들이 인물들에게 생명을 주고 멋진 스펙타클을 만들어 내는 주체가 되었다. 자랑스럽다. 검증되지 않은 작가에게 대본을 맡겨 주시고 연출과 소리 지도, 안무를 해주신 여러 선생님들께 감사드린다.

〈한양낭군 길들이기〉 대본

시공간 배경

조선말기 1800년대 중후반
한양의 종로거리와 계동, 화개동, 북한산과 한강 주변

등장인물

최선달: 작가. 무숙의 친구. 의양의 부탁을 받아 무숙의 길들이기에 동참
하며 겪은 이야기를 〈게우사〉로 창작.

외무름: 전문 이야기꾼. 대갓집이나 왈자들의 놀음판에 불려가 재담소리
와 이야기를 공연.

김무숙: 한양에서 이름난 왈자. 미곡(米穀) 운송업으로 부자가 된 아버지
의 재산을 물려받아 방탕한 생활을 일삼음.

의양: 평양기생 출신으로 한양에 올라와 상의원(尙衣院) 약방 기생으로 구
실을 다님. 무숙의 구애를 받아들여 살림을 꾸렸다가 낭군 길들이기
에 돌입.

막득: 의양의 몸종. 의양의 지시에 따라 무숙을 길들이는 행동대장.

무숙 아내: 여중군자로 이름난 현모양처. 무숙의 방탕한 생활에 속수무책
으로 지내다 의양의 계책을 받아들여 남편 길들이기에 동참.

김별감: 왈자. 무숙의 친구. 의양의 부탁을 받아 무숙이 길들이기에 동참.

모흥갑: 선소리(판소리) 명창.

왈자 1, 2, 3

집장 군노 1, 2

코러스(왈자들과 가생들)

1. 최선달의 집 대청

최선달의 집 대청은 사막이 내려진 바깥쪽에 설정. 서안 앞에서 글을 썼다가 지우기를 반복하는 최선달의 모습.

외무름: 선달님, 저 외무름이 왔습니다요.

최선달: 그래 왔나. 어서 들어오게.

외무름: 선달님, 아직도 이야기 실마리가 안 풀렸습니까요? 지난번에 주신 이야기는 벌써 익히고 재담까지 붙여보았습죠.

최선달: 그래! 어디 한번 들어볼까, 자네 입담으로 내 이야기를 듣다 보면 뒷부분의 실마리가 풀리겠지! (말을 마치며 옆에 놓인 장구를 잡는다)

외무름: 예, 선달님, 그럼 장단을 주시지요. 꿍떡!

외무름의 재담이 시작되면 사막 안쪽의 조명이 켜지고 삼월삼진날 답청놀이의 풍경이 그림처럼 펼쳐져 있다.

외무름: 이때는 어느 땐고, 낙양성(洛陽城) 방화시(芳華時)로구나. 초목군생이 저마다 즐겨 곳곳마다 봄빛인데, 어른 아이 무리지어 문수(文殊), 중흥(重興)으로 백운봉(白雲峰) 올라가니, 공북(控北) 삼각(三角)은 진북(鎭北) 무강(無疆)이라. 장부의 흥금은 구름 밖에 펼쳐낸 듯 구천폭포에 세상 티끌 떨친 후에 행화(杏花) 방초(芳草) 지름길로 취흥이 도도하여 손길을 마주 잡고 답청가(踏靑歌) 일성 행유하고 청루 고당 높은 집에 어식비식 올라가니,

♬ 〈좌변에 앉은 왈자〉 ※ 작창 필요

좌반에 앉은 왈자, 상좌에 당하 천총
그 아래 바라보니 각사 서리 북경 역관
좌우 포청 대전별감 당당홍의 색색이라.
또 한편 바라보니 나장에 중원사령
무예별감 섞여있고 각전 시정 남촌 한량
노래 명창 황사진이, 가사 명창 백운학이,
거짓말 일수 허재순이, 이야기 일수 외무릅이

외무릅: (재담소리를 멈추고 멋쩍은 듯 웃으며) 선달님, 제 입으로 이야기
　　　일수 외무릅이라 하려니 쑥스럽습니다요.
최선달: 무슨 말인가, 쑥스럽긴. 한양에서 이야기꾼으로 자네만한 이가 있
　　　는가? 이야기 줄거리만 대주면 재담으로 척척 살을 붙이고 소리까지
　　　얹어 내니 천하제일일세.
외무릅: 이즈음은 선소리에 밀려 찾는 이가 줄었습죠.
최선달: 선소리? 그것도 좋긴 하지. 남녀의 육자배기에 인간사를 얹으니
　　　흥금을 울리는 맛이 있어. 요즘엔 왈자들의 놀음판에 선소리꾼도 오
　　　는구먼. 이름난 작자가 누구인가?
외무릅: 송흥록이니 모흥갑이니 이름난 자들이 있습니다.
최선달: 그래? 언제 한번 들어봐야겠군. 그나저나 어디까지 했지? 답청놀
　　　음에 모인 재주꾼들을 늘어놓고 있었지? 자네 이름 뒤에 송흥록이와
　　　모흥갑이도 넣게나.
외무릅: 예 알겠습니다.

♬ 거짓말 일수 허재순이, 이야기 일수 외무릅이,
선소리의 송흥록이 모흥갑이가 다 있구나.

2. 북한산 자락 탕춘대(蕩春臺)

이어지는 외무름의 소리 내용에 맞추어 무숙이가 등장한다.

　　외무름: 무숙이 들어가니 상하로 모인 왈자 중에 막아설 이 뉘 있으며 잡
　　　　아당길 이 뉘 있을까. 석양의 제비처럼 어식비식 들어올 제 호사 치레
　　　　볼 량이면,

　　　　♫ 〈엽자 동곳〉 ※ 작창 필요

　　　　엽자 동곳 대양 중의 산호 동곳 엇게 곳고
　　　　외올 망건 대모 관자 쥐꼬리 당줄
　　　　진품(珍品) 금패(錦貝) 좋은 풍잠(風簪) 이마 위에 쓰개 띠고
　　　　갑주(甲紬) 보라 잔줄 저고리 백갑주 누비바지
　　　　순밀화장도(純蜜花長刀) 학슬안경(鶴膝眼鏡) 당세포 중치막에
　　　　지품당띠 통대자 허리띠며
　　　　우단(羽緞) 주머니 오색 털 고운 쌈지
　　　　버들잎 뽄 고운 발 육날 미투리 둘러메고
　　　　불기지회(不期之會) 못거지의 한가운데 참여하냐.

사막이 올라가며 최선달과 외무름 쪽의 조명이 꺼진다. 두 사람 퇴장.

　　무숙: 모두들 평안하시오? 좌중에 통합시다.
　　왈자1: 무슨 말씀이오?
　　무숙: 좌우 벗님네는 내 말씀을 범연히 듣지 마오. 이내 몸 무숙이가 어려
　　　　서부터 부모님 은덕으로 호의호식 자랄 적에 독서당 글 배울 제 재주
　　　　있다 이르더니 양친이 모두 돌아가시니 문필 재주 사그라져 이전과는

딴판이오. 가산(家産)을 돌보지 않고 방탕하기 그지없어 이내 마음잡을 길이 없으니, 우리 선영(先瑩) 염려할사 우리 처자 봉사(奉祀) 접빈(接賓) 지식 없이 하다가는 좋은 형세 간곳 없고 거적쌈을 당하게 생겼소. 오늘 이 못거지에 상하 벗님과 의논하고 마지막으로 한번 놀음 크게 하고 오입쟁이 노릇 평생 끊어 집안을 돌보고자 하니 이 생각이 어떠하오?

왈자2: (왈자들이 웅성거리며 제각기 말을 하는 가운데 나서며) 얘, 무숙아, 좀자식아, 동원도리편시춘(東園桃李片時春)만 기억해라. 해마다 봄풀은 푸르러도 왕손(王孫)은 귀불귀(歸不歸)네. 알았지? 장진주(將進酒) 좋은 술을 날마다 곁에 두고 한 평생 시를 쓰며 마시던 이적선(李謫仙) 이태백은 고래를 타고 하늘로 승천하기만 하였으니, 두고 아껴 못 쓰는 건 구두쇠의 곳간이로다.

왈자3: (왈자2를 향해 손사래를 치며) 이 자식 미쳤구나. 내 신세 남의 신세 못 가리며 말을 말아라. 무숙아 네 말이 기특하다. 네 말대로 마지막으로 크게 놀 량이면 어떻게 놀랴느냐?

무숙: 바람둥이 왈자들은 못거지 놀음판의 허담(虛談), 주담(酒談), 흰소리로 악양루(岳陽樓) 가자, 고소대(姑蘇臺) 가자 계명산(鷄鳴山) 가자 봉황대(鳳凰臺) 가자 하되 그게 다 미친 자식 헛소리요, 그런 강산제일 경개 중원에 있는 게라. 멀고 먼 만리타국 가잔 말이 주담이지.

♬ 〈우리나라 제일경이〉 ※ 작창 필요

우리나라 제일경이 금강산 내외경과 그리로 내달아 관동팔경(關東八景)
의주 통군정, 안주의 백상루, 영변의 낙선대, 성천의 강선루
평양의 연광정, 부벽루, 모란봉, 칠성대, 보덕굴과 능라도, 영명사며
개성으로 들이달아 송악산 박연폭포, 파주 임진 좋은 강산
공주 금강산성이며, 전주 완산 한벽루며 진주의 촉석루, 밀양의 영남루

안동 태백 내외경과 동개골, 서구월, 남지리, 북향산을 다 돌아 아니 본 곳 없었으니

명기명창 풍류랑이 내 수단에 우러나고, 삼재팔난 고락풍진 모두다 겪어내고

의복 호사 좋은 노리개 금옥패물, 천금준마, 보라매, 일등 미색

원이 없이 놀아 보고 가니 무슨 한이 있을 소냐.

아서라, 다 던져두고, 이 놀음 저 놀음 유산(遊山)하기 술 먹기와 풍류 배반 좋은 가곡 미색 찾아 맘껏 놀고 입산수도 하오리라.

왈자3: 그럴듯하다마는, 장안의 미색들이 매양 보던 그것이오, 일상 듣던 풍류소리 눈귀에 익어 재미로운 줄 모를러니, 요새 들으니 평양 기생 의양이가 화개동 경주인집 안사랑을 치우고 들어왔다는 소문이 낭자 한데, 얼굴은 왕소군(王昭君)이요 태도는 양귀비(楊貴妃)라. 한양 성 내 소년들이 미쳐 발광 드나들되 인의예지 높은 마음 고절하기 짝이 없어 끝내 서방을 얻지 않고 사람을 골라 의탁하란다 하니 게 한번 놀아보면 어떠냐?

무숙: 고소원(固所願)이 불감청(不敢請)이라, 가다뿐 이르겠나.

무숙이를 앞세우고 왈자들과 기녀들이 삼삼오오 열을 지어 무대를 돌면서 노래를 부른다.

♬ 〈달거리〉

네가 나를 볼 양이면 심양강 건너와서 연화분에 심었던 화초 삼색도화 피었더라

이 신구 저 신구 잠자리 내 신구 일조낭군이 네가 내 건곤(乾坤)이지 아무리 하여도 네가 내 건곤이지

삼월이라 삼짇날에 강남서 나온 제비 왔노라 현신한다

이 신구 저 신구 잠자리 내 신구 일조낭군이 네가 내 건곤이지 아무리

하여도 네가 내 건곤이지

무대 오른쪽으로 퇴장할 때 조명은 점차 어두워져 저녁 무렵임을 나타
낸다. 멀리서 〈달거리〉 노랫소리가 계속 들리는 가운데 무대가 바뀐다.

3. 화개동 의양의 집

왼쪽으로 들어오는 왈자들, 무숙을 앞세우고 신부 집에 함을 팔러 가는 형
상으로 손에 등롱을 들고 노래를 부르며 무대 오른쪽 의양의 집으로 간다.

♬ 〈제비가〉

만첩산중 늙은 범 살진 암캐를 물어다 놓고 에- 어르고 노닌다

광풍의 낙엽처럼 벽허(碧虛) 둥둥 떠나간다

일락서산 해는 뚝 떨어져 월출동령에 달이 솟네

만리 장천에 울고 가는 저 기러기

제비를 후리러 나간다 제비를 후리러 나간다

복희씨 맺은 그물을 두루쳐 메고서 나간다

망탕산으로 나간다 우이여- 어허어

어이고 저 제비 네 어디로 달아나노

왈자3: 봄바람 불어오니 도화색이 은은하고 늘어진 버들가지 이슬을 머금
은 듯, 월상오동 좋을시고. 어떤가, 무숙이 자신이 있는가?

무숙: 삼각산 높은 봉과 수락산 화개동이 별유천지 이 아닌가. 놀림은 그
만 하고 어서 기척을 하게나.

왈자1: 이리 오너라, 이리 오너라.

무숙과 왈자 일행이 바깥사랑에 들어 주인과 인사를 나눈 후에 의양이를 청한다. 의양이가 단아한 모습으로 등장한다. 이상의 장면은 기녀들과 왈자들이 노래를 부르는 가운데 대사 없이 진행된다.

♬ 〈광객인 듯 취객인 듯〉 ※ 작창 필요

광객인 듯 취객인 듯 흥에 겨워 들어가니
월색은 뜰에 가득 배회고면(徘徊顧眄) 오락가락
채의(彩衣) 홍상(紅裳) 한 미인이 촛불 아래 정히 앉아
서시(西施) 태도 달기(妲己) 모양 대객하는 거동 보니
십오야 밝은 달이 구름 속으로 감추는 듯
연못에서 얻은 연꽃 군자 기상을 띄었는 듯
섬섬 약질 고운 얼굴 붉은 입술을 반개(半開)하네

무숙: (주인과 의양 앞으로 나 앉으며) 좌중에 통합시다.
주인: 무슨 말씀이오?
무숙: 저 사람 처음 보네. 무사한가?
주인: 평안합시요.
무숙: 시골이 어딘가?
주인: 평양이요.
무숙: 별호가 뉘신가?
주인: 의양이요.
무숙: 연세가 얼만가?
주인: 스무살이요.
무숙: 시사(時仕)하나?

주인: 예, 시사합니다.

무숙: 어디 하나?

주인: 약방(藥房)에 다니요.

무숙: 서방님은 뉘신가?

주인: 아직 없습니다.

무숙: 진정이요?

주인: 진정이요.

무숙: (잠시 머뭇거리다가 결심한 듯) 좌중에 통합시다. 저 기생 나와 살면
　　　어떠하오?

주인: 마땅한 말씀이요.

무숙: (의양을 향하여) 여보게, 평양집, 내라 자네 서방님 되면 못 쓰겠나?

의양: (예의를 갖추어 목례를 하며 묵묵부답)

왈자3: (나 앉으며) 좌중에 통합시다. 여보게, 평양집, 자네 뜻 높은 줄은
　　　잠시 보아도 알거니와 평양 같은 승경처에 자라나서 화려한 온갖 풍
　　　류 안목이 높으시니 강권하기 어렵네마는, 한양성 억만호에 떠도는
　　　말이, '남자 중에는 무숙이요 여자 중에는 의양이라' 이런 마땅한 서방
　　　님 외면하면 후회막급하리. 마땅히 헤아리쇼.

의양: (부끄러운 듯 시종 묵묵부답)

무숙: (좌우를 둘러보며) 술과 안주를 들이라.

일부 기녀들이 코러스가 되어 상차림을 묘사하는 노래를 부르는 동안
당상에 앉은 왈자와 기녀들이 술과 음식을 나누고 가객과 악공들이 연주
하는 장면이 무언으로 펼쳐진다.

　　　♫ 〈화류강진 교자판에〉 ※ 작창 필요

　　　화류강진 교자판에 금사화기 유리접시 부려놓고

귤병 편강 민강이며 대밀주, 소밀주, 호도당, 포도당에

옥춘당, 인삼당, 왜편, 호편 곁들이고

인삼정과, 모과정과, 새양정과 곁들이고

어물 완자 신선로에 번화하다 벙거지골

아귀찜 가리찜에 승강이를 곁들이고

어육, 제육, 어만두, 떡볶이가 소담하다

평양 세면 부비염에 황주 냉면 곁들이고

울산 전복 봉오림에 실백자를 곁들이고

양고음 우미탕에 누루미를 고았는데

설렁탕 한 동이는 하인청에 들여 놓고

육간대청 너른 마루 유리 양각등(羊角燈)을 달고

대촉대 소촉대에 공주 육촉 드리 꼽고

일등육각 영산(靈山) 오장 한 거리 느려 부쳐

지화자 높은 소리 화개동에 낭자하다

남녀창 우계면에 배반이 낭자할 제

홍문연 큰 잔치가 재미있기 이만하며

장락궁 태평연이 사치하기 이만할까

무숙: 좌중의 벗님네들, 한양성 남북촌의 옥녀가인 일등미색 허다히 많다
하되 잠시 정을 줄 뿐이지 백년을 함께 마음 놓고 살 이 없어 예나 제
나 모두 속고 사람 구할 길이 없어 허송세월 방심터니 오늘 못거지에
평양집을 보아노니 간절한 이내 마음 백년을 살까 하니, 좌중의 뜻은
어떠하며 저 평양집 마음은 어떠한고?

왈자1: 마땅한 말이로세. 무숙이와 평양집 너희 둘은 원앙배필 될 것이야.

의양: (생각이 가득한 표정이나 정다운 말투로) 좌중 서방님네 권하신 어
진 말씀 황송하고 감격하오. 이십평생에 한 맺힌 일 있사오니, 다름
아니오라 교방에 의탁하여 삭망(朔望)이면 점고 맡기, 행수에게 핀잔

듣기, 춘하추동 사시절을 관문에 매여 아니꼽고 더럽고 치사한 일만 당하고 허다한 대신 관장 문드러진 오입장이 비단은채 좋은 패물 무수히 선급하되 내 지체를 생각하여 만날 약속 해본 일이 없고 이때까지 음양지락(陰陽之樂)이 어떤 줄을 모릅네다. 상원의 독촉 관자 할 수 없어 올라오니 들어오던 그날부터 별감이며 포도부장 오입쟁이 서방님네 한때 마음 좋다 한들 백년해로 살 낭군을 속을 알지 못하고서 함부로 허락하여 신명을 마치렀가. 만일 일이 여의치 않으면 사생이 갈리오니 실수를 저지른 후 후회막급 되거드면 누구에게 호소하고 누구를 원망하오렸가. 뗴는 말씀 아무리 박절하올망정 서방님 너른 흉금 각별히 처분하옵셔서 나와 한평생 살 마음 버리시고 다른 말씀 나누시고 놀다 가옵소서.

왈자2: (다른 왈자들과 함께 고개를 끄덕이며) 장하고 당연하네. 사리가 그러할 듯 하네만은 천지도 음양이요 만물도 자웅을 마련하거든 하물며 호걸 미색 둘이 앉아 내외만 할 것인가? 다시금 깊이 생각하여 김 서방님 감동한 마음 백년가약 잃지 말고 둘이 만나 살도록 하소.

무숙: (묵묵부답하는 의양이를 잠시 바라보고) 여보게 평양집, 일후 봄날 화창한 때 일호주(一壺酒) 오현금(五絃琴)과 삼장시(三章詩) 사귀율(四句律)로 유산(遊山) 구경 놀아볼까?

의양: 좋은 말씀이요.

무숙: 종종 연락함세.

의양의 집 주변이 암전되고 무대 왼쪽 외무름과 최선달의 연습 장면으로 돌아간다.

4. 최선달의 집 대청

외무름: 김서방님과 평양집이 함께 살게 된 건 세상이 다 아는데, 평양집

마음을 어떻게 돌려놓았습죠?

최선달: 처음엔 나도 몰랐지. 무숙이가 내 벗이긴 하나 속사정을 알려주었겠나. 나중에 의양이에게 들으니 편지를 써서 통했다더군. 둘이서 보냈음직한 사연을 한번 흉내 내 봤으니 자네가 한번 읊어 보게.

외무릅: (목소리를 가다듬어 무숙이를 흉내내며)

"화개동 평양집 보소. 초면에 만나 잠시 놀다 돌아온 후 소식이 막혀 가슴에 맺힌 마음 혼몽 중에 망망한데, 춘색이 화창하니 심사 더욱 상하도다. 금옥 같은 자네 일신 하루하루 평안한가? 한양성의 왈자 되어 사십평생 놀아날 제 뉘라 나를 압도할까. 유다른 자네 안목 살기 마다 고집하니 욕달미달(欲達未達) 분하고 미친 마음 갑자기 병을 얻을지라. 고집을 다시 돌려 일개 남자 건져 주소. 나와 산다고 성외 성내 말을 내면 치행 차려 보내옴세. 봉황지락(鳳凰之樂) 믿고 있네. 이만 총총 붓을 놓네.

(재담조로) 의양이 편지 보고 속으로 크게 기뻐 이 사람과 백년을 해로하리라 마음먹고 답장을 써 내어주니, 사환이 편지를 무숙이께 드린즉 받아 보니 편편주옥 고운 글씨 사연에 하였으되, (갸우뚱거리다 최선달을 쳐다보며) 선달님, 아무래도 사리에 맞지 못합니다요. 그토록 굳센 평양집 마음이 이런 편지 한 장으로 풀리게 되다니요?

최선달: 자네, 한양성내 제일가는 이야기꾼이 남녀 간 속마음을 이리도 모르는가? 의양이는 무숙에게 한눈에 반한 게야. 단지 좌중의 왈자들이 한꺼번에 재촉하니 훗날을 기약한 게지. 자, 자, 의양이 편지도 읊어 보게.

외무릅: (목소리를 가다듬어 의양이를 흉내내며)

"봄날 저문 밤 못거지 끝내고 가신 후 각별히 깊은 생각 연연히 불망하던 차에 천금 같은 편지 한 장 탐탐희희 반가우며 녹음방초 우는 새는 사람 마음 움직이는데, 서방님 옥체 심장 천한 몸 의양 탓에 상하신다 하옵시니, 이 몸의 어린 마음 황공무지오며, 사연 중 부탁하신 말씀은 염려 마옵소서. 서방님과 산다고 미리 주변에 언지를 주오리다. 원앙이 녹수에 놀아있고 봉접이 탐화하면 꽃이 어찌 마다렀가. 일전 작별 가실 적에 여러 사람 눈길 꺼려 정다운 말씀 못 드려 섭섭하기 짝이 없사오며 깊숙한 정담은 한 백년 이어지길 바라오니 깊이 처분하옵소서. 지필에 남은 말씀 이만 총총 끊나이다."

외무름이 편지를 읊는 동안 무대 오른쪽이 밝아지면 무숙이 대청에 나와 앉아 편지를 보고 있다. 편지 내용이 끝나면 왼쪽 무대가 암전되고 외무름과 최선달 퇴장.

5. 무숙의 집 대청

무숙: (편지를 접어 챙기면서 혼잣말로) 그러게, 내 이럴 줄 알고 미리 교자도 준비하고 가마꾼도 마련해 놓았지. 천하 남자 무숙이가 이 정도는 돼야……

♬ 〈매화가〉

매화야 옛 등걸에 봄철이 돌아를 온다
옛 피었던 가지마다 피염즉도 하다마는
춘설이 분분하니 필지말지 하노매라

왈자1: (중문을 박차고 들어오며) 이 자식 무숙이 있느냐?
무숙: 어서들 오게나. (무숙과 왈자들이 다소 장난스럽고 거친 모습으로 인사를 나눈다)
왈자1: 애, 무숙아, 너 좋은 일 있다. 우리 벗님 수십 명이 평양집에 놀러 갔다 네 말을 다시 꺼내 평양집을 감권하니, 제 말이 '매우 무던하고 마땅하다'며 허락했구나. 잘 되었다, 잘 되야, 네 일이 잘 되었다. 두

말 말고 데려다가 살림 차려 내어 놓고 정을 들이면 너도 또한 작심
이 될 터, 어서 교자 차려 내세워라.

무숙: (모르는 척 시치미를 떼고) 허면 나도 좋다. 나 또한 마음이 간절하
던 차요, 친구의 마음을 거역할 수 있나. 그리 하소. 나는 예서 준비를
해놓을 테니 독교 치행 차려 평양집을 데려다줌세.

왈자들무대 왼쪽으로 나갔다가 오른쪽으로 들어온다. 의양을 태운 교
자가 앞장서고 왈자들이 삼삼오오 어깨를 얹고 서로 장난을 치며 뒤따라
들어온다. 무대 밖으로 나갔다 돌아올 때까지 〈제비가〉를 부른다.

♬ 〈제비가〉

만첩산중 늙은 범 살진 암캐를 물어다 놓고 에- 어르고 노닌다
광풍의 낙엽처럼 벽허(碧虛) 둥둥 떠나간다
일락서산 해는 뚝 떨어져 월출동령에 달이 솟네
만리 장천에 울고 가는 저 기러기
제비를 후리러 나간다 제비를 후리러 나간다
복희씨 맺은 그물을 두루쳐 메고서 나간다
망탕산으로 나간다 우이여- 어허어
어이고 저 제비 네 어디로 달아나노

무숙의 집으로 돌아와 교자를 내려놓으면 왈자들의 노래가 끝나고 의양
이가 〈평양가〉를 부르며 모습을 드러내고 무숙이는 〈매화가〉로 화답한다.

♬ 〈평양가〉

갈까보다 가리 갈까보다 임을 따라 임과 둘이 갈까보다

잦은 밥을 다 못 먹고 임을 따라 임과 둘이 갈까보다
부모 동생 다 이별하고 임을 따라 임과 둘이 갈까보다

♬ 〈매화가〉

맺세 맺세 그물을 맺세 오색당사로 그물을 맺세
치세치세 그물을 치세 부벽루하에 그물을 치세
걸리소서 걸리소서 정든 사랑만 걸리소서

무숙과 의양의 노래가 끝나면서 암전이 되고 최선달과 외무름의 연습
장면으로 이동.

6. 최선달의 집 대청

외무름: (재담조로) 의양 처소 정한 후에 무숙이 이른 말이, '여러 친구 힘
을 입어 평양집과 이렇듯 인연을 맺었으니 기쁜 마음 어찌 다 형언할
까. 알뜰한 우리 마음 육예(六禮)를 못차리니 천지로 법을 삼고 일월
로 증인 시켜 백년해로 하여 보세.' 밤이 장차 삼경이라 등촉을 물리
치고 비단이불 펴뜨리니, 유유상봉 맛든 남녀 둘이 누워 이 사랑 이
연분은 비할 때 없는지라. 수삼일 지낸 후에, ……(재담을 멈추고 최
선달을 향하여) 선달님, 대방 왈자 김무숙과 천생 알심 의양이가 만났
는데 첫날밤의 연분을 건너뛰다니요, 의양이가 첫날밤 치르랴고 녹의
홍상이며 비단 족두리를 하고 왔는데……
최선달: 왜, 사랑타령이라도 하려느냐?
외무름: 지난번 답청놀음 때 모흥갑이가 춘향타령을 했습죠. 열여섯 열여
덟 된 남녀 아이 둘이 첫날밤에 노니는 사설이 기가 막힙디다. (춘향
가의 사랑가 대목을 흉내낸다)

♬ 〈사랑가〉

> 그때여 도련님이 춘향을 데리고 사랑가로 놀아보는디
> 춘향 모친과 향단이는 건넌방으로 건너가고
> 방안에 단둘이 앉았으니 그 일이 어찌될 것이냐
> 하루 가고 이틀 가고 삼사 오륙 일이 되어가니
> 나이 어린 사람들이 부끄러움은 멀리 가고
> 정만 담뿍 들어 안고 누워 둥글면서 사랑가로 즐겨보는디
> 이리오너라 업고 놀자 이리오너라 업고 놀자 이리오너라 업고 놀자
> 사랑사랑사랑 내사랑이야 사랑이로구나 내사랑이야
> 사랑사랑 내 사랑이야 사랑이로구나 내 사랑이야 아~

최선달: 옳지! 낯이 부끄럽기는 하네만 사십 먹은 대방 왈자와 스무 살 기
　　　생의 첫날밤 재미가 어린 애들보다 못할손가? 놀음판에서 놀 때는 곡
　　　진하고 자상하게 살을 붙여 보게나. 자, 의양이 살림 차려 주는 대목
　　　으로 가지. (떵쿵, 장구를 친다)
외무름: (재담조로) 수삼일 지낸 후에 무숙이 마음속으로 생각하되, 세간
　　　살이는 서서히 주려니와 우선 급한 것이 약방 구실을 떼는 것이라. 구
　　　실을 떼려 해도 요긴한 곳 한 군데만 청을 해도 될 것을 이 잡놈이 상
　　　의원 침선비며 공조 행수, 부행수, 약방 종무서원, 내의원 부제주 대
　　　감에게 청탁한 돈이 그렁저렁 사오천 냥 들여놓고 의양을 속신하여
　　　앉힌 후에 살림살이를 마련하겠다!

　무대 중앙의 조명이 들어오면서 기생들과 왈자들이 〈방물가〉의 세간
치레 부분과 〈화개동 경주인집〉을 노래하며 춤춘다.

♫ 〈방물가〉

네 무엇을 달라고 하느냐 네 소원을 다 일러라

제일명당 터를 닦아 고대광실 높은 집에

내외분합 물림퇴며 고불도리 선자(扇子) 추녀를 형덩그렇게 지어나 주
랴.

네 무엇을 달라고 하느냐 네 소원을 다 일러라

연지분 주랴 면경(面鏡) 석경(石鏡) 주랴 옥지환(玉指環) 금봉차

화관주(花冠珠) 딴 머리 칠보(七寶) 족두리 하여나 주랴

네 무엇을 달라고하느냐 네 소원을 다 일러라.

세간 치례를 하여나 주랴 용장(龍欌) 봉장(鳳欌) 귓도리 책상(冊床)이며

자개 함롱(函籠) 반닫이 삼층 각계수리 이층 들미장에

원앙금침 잣베개 샛별 같은 쌍요강(雙尿江) 발치발치 던져나 주랴.

♫ 〈화개동 경주인집〉 ※작창 필요

화개동 경주인집 오천냥에 값을 치러

토역장이 불러들여 와룡으로 담을 치고

석수장이 불러들여 숙석으로 면을 치고

방안치레 차릴적에 대모 병풍 삼국 그림 구운몽도 유향도며

관동팔경 좋은 그림 각 병풍에 다 그리고

화류 평상 금패 서안 자개함농 반다지며

대모 책상 산호 필통 사서삼경 왼갖 책을 쌓아두고

금은보화 비단포목 구산 같이 쌓아놓고

사철 의복 삼시벌에 멀미증이 절로 나고

산해진미 어육 포식 싫도록 쌓였으니

의식이 아쉽잖고 근심 걱정 전혀 없네

전후좌우 좋은 화계(化階) 모란 작약 심어놓고

사계 철쭉 향일화며 난초 파초 좋은 종을 대분에다 심어놓고

화중군자 연화곷 너울너울 넘노난듯

홍도 벽도 일지매화 일단선푼 기이하고

치자 동백 석류분에 유자 화분 더욱 좋다

노래와 춤이 끝날 무렵 다른 한쪽 무대가 밝아지면서 의양의 살림집이 보인다.

7. 의양의 집 마당

의양은 마당의 정원을 바라보며 〈편수대엽〉을 부른다.

 ♬ 〈편수대엽〉
 모란은 화중왕이요 향일화는 충신이로다
 연화는 군자요 행화는 소인이라
 국화는 은일사요 매화는 한사로다

의양: (혼자말로) 홍도벽도 삼색도는 풍류랑이고 해당화는 창기라지. 우리 서방님은 도화꽃이고 이 몸은 해당화인가. 본댁 아내 집일런지 첩의 집 살림인지 피차가 섭섭지 않게 지나가면 한평생이 넉넉하련마는, 서방님이 뒤끝을 생각지 않고 돈쓰기만 위주하니 살림살이 거덜 내어 본댁 아내 노염을 사겠네.

막득: (급히 달려오며) 아기씨, 아기씨, 평양 교방 추월 아씨 소식 들으셨어요?

의양: (깜짝 놀라며) 뭐, 추월이? 무슨 소식인데 이리 호들갑이냐?

막득: (숨을 고르며) 글쎄, 추월 아씨가 다 죽다 살아났다지 뭐예요? 한양

에서 이춘풍이란 서방님이 호조돈까지 빚은 내어 평양에 장사를 왔는
데 그만 추월 아씨의 뒷집에 거처를 정했던 모양이에요. 이서방님이
나 추월 아씨나 서로 한눈에 반해 살림을 차렸다지 뭐예요. 아시잖아
요, 추월 아씨가 한번 마음먹으면 사내 후리는 재주 있는 거, (급히 입
막음을 한다)

의양 : 막득이, 너, 입조심 하거라. 명색이 추월이는 한때 내가 데리고 있
었던 아우가 아니냐, 제 한 몸 호사롭게 치장하는 것을 좋아해서 그렇
지 본 성품은 나쁜 아이가 아니다.

막득: 어쨌거나 추월 아씨가 이춘풍 서방님의 장사 밑천을 거덜낸 모양인
데 그걸루도 모자라 서방님을 아씨댁 불 사환으로 부렸답니다.

의양: 뭐라구? 인연 맺은 서방님을 불이나 때는 하인으로 부렸단 말이냐?

막득: 예, 예, 그런데 한양 모처에 사는 본댁 아내가 그 소식을 듣고 분함
을 참지 못하여 평양감사로 가는 이웃집 대감의 회계 비장으로 변복
하였다가 호조돈을 독촉하는 송사를 꾸몄답니다. 이춘풍 서방님댁 부
인마님은 모질기도 하시지, 유혈이 낭자토록 자기 바깥양반을 매질하
게 했답니다.

의양: 추월이는 어찌 되었다더냐?

막득: 이춘풍 서방님의 호조돈을 거덜낸 죄로 형틀에 묶여 십여 장을 맞았
다지요. 그래도 끝끝내 결백을 주장하다가 매질 오십 대를 추가로 때
리라는 판결에 못이겨 결국 오천 냥을 물어줬다고 합니다. 추월 아씨
열다섯 어린 나이에 집치레, 방치레, 몸치레를 알아 재물을 탐하더니
임자를 만나도 단단히, (급히 입막음을 한다)

의양: 막득이, 이년! 너는 네 상전인 나에게도 그런 말을 하려느냐? 남녀지
간의 연분과 사랑이란 남들이 알 수 없느니라. 추월이가 오직 돈 때문
에 이춘푼 서방님을 만났겠느냐. (한숨을 쉰다) 막득아, 오늘 서방님
이 오신댔는데 안채 사랑채 청소며 주안상 차림은 모양 있게 했겠지?

막득: 예, 마님.

시간의 흐름을 암시하는 암전을 두었다가 다시 밝아지면 무숙과 의양
이 마주 앉은 안방.

의양: 서방님, 나도 평양 같은 번화장과 한양성 남북촌의 호걸남자 오입쟁
　　이 돈 쓰고 노는 일을 드문드문 들었지만, 서방님 돈 쓰고 노는 위풍
　　과 찰찰한 멋은 따를 사람이 없수. 일등 고하(高下) 간에 간간이 오는
　　서방님 정에 지쳐 나 죽겠네.
무숙: 이 몸이 정 그리우면 내가 돈쓰고 노는 양을 구경하면 되지 않는가?
의양: (말귀를 못 알아듣는 무숙이를 답답해하며) 호기 있게 노는 것과 돈
　　쓰는 구경을 한번 시켜 주소.
무숙: 그 일이 뭐 그리 대단할까, 유산(遊山)놀음 하는 것을 구경시킬 것이
　　니 잘 보쇼.

의양과 무숙 쪽의 조명이 꺼지고 왈자들과 기녀들의 유산놀음이 펼쳐진
다. 노래를 부르며 춤과 몸짓으로 노랫말에 나오는 놀음 장면을 표현한다.

　　♫ 〈유산놀음 배설한다〉 ※작창 필요

　　유산놀음 배설한다. 쇠북 장구 생황 양금 해금 젓대 통소 피리
　　이원공인(梨園工人) 일등 육각 방짜 의복 새갓 망건
　　중도 호사 좋은 패물 영낙없이 호사시켜 백총마 태워주고
　　거문고 명창 가얏고 일수 남창 일수 풍류랑을 의관 호사 내세우고
　　십여 명 일등 명기 호사 단장 여한 없이 일절 등대 모두 차려
　　가화 칠보 단장시켜 앞도 서락 뒤도 서락
　　평양집 의양이는 독교(獨轎) 치행 앞세우고
　　무숙이는 뒤를 보아 탕춘대 화전(花煎)하고 창의문 밖 썩 나서서
　　육각 삼현 길군악에 복적골 도화경과 세검정을 구경가네

♫ 〈유산가〉

화란 춘성(花爛春城)하고 만화 방창(萬化方暢)이라

때 좋다 벗님네야 산천경개(山川景槪)를 구경을 가세

죽장망혜(竹杖芒鞋) 단표자(單瓢子)로 천리강산을 들어를 가니

만산홍록(滿山紅綠)들은 일년 일도 다시 피어

춘색(春色)을 자랑노라 색색이 붉었는데

창송취죽(蒼松翠竹)은 창창울울(蒼蒼鬱鬱)한데

기화요초(琪花瑤草) 난만 중에

꽃 속에 잠든 나비 자취 없이 날아난다

유상앵비(柳上鶯飛)는 편편금(片片金)이요

화간접무(花間蝶舞)는 분분설(紛紛雪)이라

삼춘가절(三春佳節)이 좋을씨고 도화만발점점홍(桃花滿發點點紅)이로구나

어주축수애산춘(漁舟逐水愛山春)이라던 무릉도원(武陵桃源)이 예 아니냐

양류세지사사록(楊柳細枝絲絲綠)하니 황산곡리당춘절(黃山谷裏當春節)에

연명오류(淵明五柳)가 예 아니냐

제비는 물을 차고 기러기 무리져서

거지중천(居之中天)에 높이 떠서 두 나래 훨씬 펴고

펄펄펄 백운간(白雲間)에 높이 떠서

천리 강산 머나먼 길을 어이 갈꼬 슬피 운다

다시 무숙과 의양이 마주 앉은 안방 쪽으로 조명. 무숙이는 누워 〈매화가〉를 흥얼거리고 있고 의양이는 수판으로 돈 계산을 하고 있다.

의양: (수판을 힘없이 내려놓고 한숨을 쉬며) 이번 놀음에 십만 냥을 넘겨 썼으니 호기 있는 서방님을 선천지 후천지 누가 따라갈까.
무숙: 그까짓 돈 쓴 것이 무엇이 그리 대단할까.

의양: (기가 막힌 표정으로) 그보다 더 돈을 쓰면 대체 어떻게 쓴답니까?
무숙: (으쓱해 하며) 선유(船遊)놀음 하거든 구경을 하쇼.

의양과 무숙 쪽의 조명이 꺼지고 왈자들과 기녀들의 선유놀음이 펼쳐진
다. 노래를 부르며 춤과 몸짓으로 노랫말에 나오는 놀음 장면을 표현한다.

♬ 〈미친 광인 무숙이가〉

미친 광인 무숙이가 선유놀음 차릴 적에
한강 사공 뚝섬 사공 하인 시켜 급히 불러 유선(遊船) 둘을 무어내되
매 일명 천 냥씩 내어주니 양섬 사공 돈을 타서 주야 재촉 일을 하고
삼남의 제일 광대 수모 수모 칠팔인을 호사시켜 등대하고
좌우편 도감 포수 급히 불러 산대놀음 기계
새 화복 새 탈 선유 때 대령하라 이천 냥씩 내어주고
정읍 동막 창평 하동 목골 함열 일등 거사 명창 사당 골라 빼어
이삼십 명 급주 놓아 불러오고
산대놀음 하는 때는 총융청(摠戎廳) 공인 등대하고
놀음 날 택일하여 추칠월 기망일이라.
범주유어행선(泛舟遊於行船)할 제 백포 장막 서양포며
몽고(蒙古) 삼승(三升) 구름 차일 화문석에 청사등롱
보계판(補階板) 빗겨 대어 강상 육지 삼어 놓고
좌우산(左右山) 망석춤은 구름 속에 넘노난 듯
사당 거사 집진 소리 벽공에 낭자하고
관아일성 높이 하여 어부사로 화답하네.

가세 가세 가세 가세 가세 가세 놀러 가세

배를 타고 놀러를 가세 지두덩 기어라 둥게 둥덩 덩실로 놀러 가세

앞집이며 뒷집이라 각위 각집 처자들로 장부 간장 다 녹인다

동삼월 계삼월 회양도 봉봉 돌아를 오소

아나 월선이 돈 받소

가던 임은 잊었는지 꿈에 한번 아니 보인다

내 아니 잊었거든 젠들 설마 잊을소냐

가세 가세 가세 가세 가세 가세 놀러 가세

배를 타고 놀러를 가세 지두덩 기어라 둥게 둥덩 덩실로 놀러 가세

이별이야 이별이야 이별 두 자 내인 사람 날과 백년 원수로다

동삼월 계삼월 회양도 봉봉 돌아를 오소

아나 월선이 돈 받소

살아 생전 생이별은 생초목에 불이 나니

불 꺼줄 이 뉘 있읍나.

8. 의양의 꿈 장면

화려한 선유놀음 장면이 한꺼번에 끝나고 암전되면 무대 한쪽에 형틀에 묶인 의양의 모습이 나타난다. 춘향이가 매를 맞는 장면 같이 표현. 다만 추국을 하는 사람은 무숙의 아내로 비장의 복색을 입고 있다.

무숙 아내: 네 이년, 그래도 네가 할 말이 있느냐, 네 죄를 모르느냐? 마음 착한 우리 서방님을 꾀어내어 이 놀음 저 놀음 다니면서 가산을 탕진한 죄!

의양: 그 말씀은 부당하옵니다. 소녀가 누차 서방님께 마음을 가다듬고 가

산을 돌보시라……

무숙 아내: 시끄럽다, 이 년! 막중한 돈 수십만 냥을 영문에서 물어 주랴,
본부에서 물어주랴? 네가 먹었는데 무슨 잔말 아뢰느냐? 너를 쳐서
죽이리라! 뭐 하느냐, 매우 쳐라.

의양이 매를 맞기 시작하면 기생과 왈자들이 〈집장가〉를 부른다.

♪ 〈집장가〉

집장 군로 거동을 봐라
형장 하나를 골라 쥐고 선뜻 들고 내닫는 형상
지옥문 지키었던 사자가 철퇴를 들어 메고 내닫는 형상
좁은 골에 벼락 치듯 너른 들에 번개 하듯
십리만치 물러섰다가 오리만치 달려 들어와서
하나를 들입다 딱 부치니 아이구 이 일이 웬 일이란 말이오
허허 야 년아 말 듣거라
꽃은 피었다가 저절로 지고
잎은 돋았다가 다 뚝뚝 떨어져서
허허 한치 광풍의 낙엽이 되어
청버들을 좌르르 훑어
맑고 맑은 구곡지수에다가 풍기덩실 지두덩실
흐늘거려 떠나려 가는구나
말이 못된 네로구나

매 맞는 장면은 서서히 암전이 되고 코러스는 무대 가운데로 나와 춤
과 노래를 끝내고 퇴장한다. 갑자기 조명이 켜지면서 의양의 잠자리를
비춘다.

의양: 으으, 윽, (가위에 눌린 듯 비명을 지르다 벌떡 일어나) 꿈이야, 꿈이
야, (한숨을 쉰다) 이대로 두었다간 추월이처럼 본댁 마나님한테 큰
변을 당하겠어. 계동 아기씨가 여중군자란 말은 들었지만 서방님의
가산이 흩어져 몸이라도 상하게 되면 내가 죄를 받을 것이야.

막득: (급히 들어오며) 아기씨, 아기씨, 무슨 일이어요? 어디 아프세요? 나
쁜 꿈을 꾸셨어요?

의양: 막득아, 물좀 다오. 내가 평양의 교방에 있을 때나 한양의 약방에 있
을 때나 관부의 묶인 몸이 더럽고 아니꼽더니 겨우 우리 서방님을 만
나 기생 이름 없애고 백년해로 하여 자자손손 이루리라 마음먹었으니
라. 허나 서방님이 술만 먹고 돈만 쓰니 이러다간 가산 모두 탕진하여
세상 사람들이 모두 내게 손가락질을 할 터이니 이를 어쩌면 좋으냐.
평양 있는 추월이처럼 본댁 마나님께 큰 봉변을 당하겠구나.

막득: (울먹이며) 아기씨가 세간살이를 거두려고 새벽 같이 일어나 행주치
마 둘러입고 부엌일이며 마당일이며 부지런히 돌보는 걸 세상 사람들
이 모르겠어요.

의양: 평생 걱정 이내 팔자, 누구에게 의지할까. 가장이 이러하고 믿을 자
식 일가 동생 하나 없으니 걱정이 태산이고 울화가 병이 되네. 안되겠
다. 무슨 수를 써서라도 우리 서방님 술 먹고 돈 쓰는 버릇을 고쳐야
겠구나.

막득: 무슨 좋은 계책이라도 있으셔요?

의양: 네가 얘기한 이춘풍서방님 말이다. 추월이한테 당해서 거지꼴이 되
어 고생께나 했겠지만 그것이 약이 되어 지금은 가산을 축적하며 알
뜰하게 산다지 않았니? 우리 서방님도 개과천선 하실 길을 찾아야겠
다. 지필묵 좀 이리 다오.

9. 최선달의 집 대청

외무름: (재담조로) 의양의 맑은 마음 제게 화가 미칠 줄 알고 한숨과 탄식 끝에 편지 한통을 써서 막득에게 부탁하여 무숙이 본댁 아내에게 부 쳤겄다. 사연에 이르기를,

"계동애기씨께 한 자 글월 올리옵니다. 불초한 의양이는 지방의 천한 기생으로 약방에 구실을 와 있삽더니 군자의 애휼함을 입사와 평생을 받들고자 하였습니다. 허나 서방님이 몸과 가산을 돌보지 않 으시니 불과 일년 안에 천금만재를 모두 다 탕진하여 종사를 보전치 못하고 아기씨와 어린 자식을 거두지 못하게 된다면 세상이 모두 저 의양이의 탓이라 욕할진대 아 아니 원통하오릿가. 제게 계책이 있사 온즉, 서방님이 세상의 풍진고락 부끄런 일도 많이 당하고 배도 고파 보고 옷이 없어 몸이 추워보면 허랑방탕한 심사를 뉘우치고 개과천선 할 것이니 애기씨도 본 체 말고 의양이도 박대하면 그 가운데 서방님 이 한심하기 측량없어 후회 자책하오리다. 아뢰올 말씀은 하해처럼 많사오나 답답한 가슴 가로 막혀 대강만 아뢰옵니다. 이만 총총"

무숙 아내 편지를 보고 있는 자리에서 답장을 하니 더운 눈물이 뚝뚝 떨어져 사풍세우(斜風細雨) 비가 되고 붓대를 잡으려니 글자마 다 흔들리되 똑똑한 마지막 말은 "수십 년 썩은 간장 평양집이 헤아려 매사를 면밀히 도모하라." 이날부터 의양이는 막덕이와 비밀리에 약 속하고 일심동력으로 무숙이를 결단내는구나.

최선달: 옳지, 옳지 잘 했네. 무숙이 결단내는 모양은 아직 쓰지 못했구먼. 계교는 의양이가 냈으나 앞장서 거행한 것은 막득이라, 그 아이를 불 러서 세간살이를 팔아버린 것이며 무숙이의 돈줄을 끊어버린 사정을 자세히 들어야겠어.

외무름: 선달님, 세간살이를 팔아버리고 돈줄을 끊어버렸다면 세상사람 누가 봐도 김서방님의 가산을 거덜낸 것인데 이춘풍의 추월이와 뭐가

다릅지요?

최선달: 의양이는 본댁 계동 애기씨한테만 기별한 게 아니라 나와 김별감
　　　도 찾아 왔었네.

외무름: 김별감이라면 무숙서방님만큼 풍류깨나 안다는 호남자 아닙니까?

최선달: 그렇지, 무숙이와 우리 둘은 호형호제 하는 사이라, 만약 속사정
　　　을 모르고 평양집 하는 짓을 봤다가는 다짜고짜 달려들어 뼈도 못추
　　　리게 했을 게 아닌가? 첩살림을 차렸으나 가장을 생각하는 알뜰한 마
　　　음에 탄복하여 평양집을 거들었다네. 세간살이 판 돈은 평양에 있는
　　　의양의 수양아버지께 잠시 맡기고 팔지 못한 세간은 의양이 처음 의
　　　탁하던 경주인집에 숨겨 두었지. 아무것도 모르는 무숙이는 돈냥만
　　　생기면 노름판으로 갔다네.

10. 무숙이의 사랑채

사랑방 안에서는 노름판이 벌어져 있고 무숙이는 잠시 마루에 나와 막
득에게 돈 꾸러미를 받는다.

막득: 서방님, 여기 천 냥 있습니다요. (울먹이며) 우리 아기씨가 마지막
　　　가지고 있던 금은 보옥 패물을 판 돈이옵니다. 부디 아껴 쓰시옵소서.

무숙: 애야, 왜 이러느냐, 이 무숙이가 돈 마를까. (사랑방으로 들어간다)

사랑방 안에서 투전이 벌어지는 동안, 무대에서 기생과 왈자들이 〈투
전풀이〉를 부른다.

　　♬ 〈투전풀이〉

　　에 육육봉은 터인 봉 강 건너 문수봉

개미허리 잘숙봉 평양의 모란봉

에 도리도리 돌돌 과천동이요

백수한산의 불로초로다

에 영산홍록에 봄바람이요

광창에 모란봉 을밀대로다

에 개소리 말아라 범의 소리 나가누나 떨레떨레 광창이지

남으로 흥 뻗은 길이라

노름판의 일행이 사랑채를 떠나며 무숙이의 어깨를 치며 위로 겸 희롱을 하는 모습.

무숙: (손바닥에 있는 엽전을 튕기며) 두 돈 오 푼이라, 여러 벗님들과 즐

　　겼으면 되었지. 이 무숙이가 돈 마를까.

막득: (급히 달려 들어오며) 서방님, 서방님, 큰일 났습니다요!

무숙: 무슨 일인데 이리 호들갑이냐!

막득: 지금 막 종로를 지나오는데 비단전 행수가 소인을 불러 만인이 모인

　　가운데 하는 말이, '요년, 네 상전 아무개가 평양서 올라와 한양 갑부

　　아무개를 거덜내고도 모자라 우리 비단전에서 외상으로 가져간 물건

　　값을 차일피일 미루고 있으니, 그러고도 네가 상전을 모신다고 할 수

　　있느냐? 하루 이틀 사이에 돈을 가져오지 않으면 네 년은 물론 네 상

　　전 머리채를 휘어잡아 종로 시전을 돌릴 것이다!' 하지 않습니까? 아

　　기씨가 몸단장을 워낙 좋아하시는 터라 뒷감당 생각 않고 그만……

무숙: 외상돈이 얼마라드냐?

막득: (머뭇거리며) 아, 그게 천냥.

무숙: 아, 그래, 천 냥, 그걸 갖고 그러느냐, 걱정 마라. 평안도 황해도로

　　다니는 무곡선(貿穀船) 십여 척을 영남 창원 마산포로 내려 보내 곡식

　　수만 석을 팔고 뒤를 대느라고 돈이 잠시 말랐으니 외삼촌을 만나 빌

려볼까 한다. 의양이가 의복치레며 노리개치레를 한다는데 돈냥이 없
어 봉변을 당할소냐.

무숙이 퇴장. 기생들과 왈자들 〈방물가〉의 의복치레 부분을 부른다.

♪ 〈방물가〉

네 무엇을 달라고 하느냐 네 소원을 다 일러라.
의복치레를 하여나 주랴 보라 항능(監色亢綾) 속저고리 도리볼수 겉저고
리 남문대단 잔솔치마 백방수화주 고장바지 물면주 단속곳에 고양나이
속버선에 몽고삼승 겉버선에 자지상직 수당혜(繡唐鞋)를 명례궁(明禮宮)
안에 맞추어 주랴.
네 무엇을 달라고 하느냐 네 소원을 다 일러라.
노리개 치레를 하여나 주랴.
은조로롱 금조로롱 산호가지 밀화불수 밀화장도 걸칼이며
삼천주 바둑실 남산더미 만큼 하여나 주랴.

11. 의양의 집

의양: 그래 어찌 되었느냐?
막득: 서방님이 말씀대로 외삼촌댁에 가서 잠깐 돈이 말랐다고 오천 냥을
    빌린 모양이여요. 비단전 외상돈을 갚으라고 천 냥을 주시기에 급히
    사람을 놓아 평양주인께 맡겼지요. 그런데 아기씨, 서방님이 글쎄 남
    은 사천 냥을 사흘 만에 또 노름판에서 없앴다지 뭐예요?
의양: 뭐라구? 안되겠다. 내가 직접 서방님을 망신을 주든지 부끄럼을 주
    든지 해야지. 막득아, 내가 지난번 말한 대로 아무쪼록 결단만내라.
    조금 있으면 서방님이 오실 것이니 어서 나가 있거라.

막득이가 중문을 힐끗거리다 무숙이 인기척이 나자 툇마루에 앉아 울고 있다.

막득: 애고, 애고,
무숙: (깜짝 놀라) 어인 일로 또 우느냐?
막득: 서방님도 애기씨도 우는 곡절 들으시오. 비단전 외상 갚았기에 마음
　　　놓고 있삽더니 어제 해질녘에 광통다리 건너가니 수표다리 살던 안직
　　　장님이 급히 불러 '너희 상전 아무개가 패물이며 노리개를 가져가곤
　　　외상돈도 아니 갚고 이 말 저 말 아니 하니 그런 잡것이 또 있느냐'
　　　드러운 욕을 하며 대로상에서 망신을 주니 이를 어찌 하옵니까. 애고,
　　　애고……
무숙: 외상돈이 얼마라더냐?
막득: 순금 봉채 오백 냥에 산호 죽절 이백 냥에 밀화 가락지 마흔 닷 냥
　　　에 밀화장도 엽자 귀비개 일백 서른 닷 냥이요 밀화불수 팔십 냥에
　　　산호 귀고리 사십 냥에 합하여 수놓으니 모두 일천 삼백 마흔 냥을
　　　어찌 갚으리까?
무숙: (껄껄 웃으면서) 내가 지닌 것이 그것 갚을 만큼 있다. (방 안으로
　　　들어가 물건들을 들어내며) 엽자 동곳 근 칠십 냥 줄 것이요 밀화 호
　　　박 대모 금패 칼 네 자루는 제 아무리 도적인들 오백여 냥 갈 것이요
　　　자을 배자 두루마기 근 사백 냥 들었으되 삼백 냥은 받을 게요 잔동
　　　거리 두루마기 이백 오십 냥 주었으나 이백 냥은 제 값이요 글로 당
　　　치 못하거든 사철 의복 방짜 것을 모두 내어주마

막득이 마루에 쌓인 물건들을 주섬주섬 정리하여 무대를 한 바퀴 돌아
나간다. 의양의 수양아버지인 평양주인에게 물건을 맡기고 온다는 설
정. 막득이 나가면 무대에서 기생과 왈자들이 〈방물가〉를 노래하며 춤
춘다.

♬ 〈방물가〉

네 무엇을 달라고 하느냐 네 소원을 다 일러라.

의복치례를 하여나 주랴 보라 항능 속저고리 도리볼수 겉저고리 남문

대단 잔솔치마 백방수화주 고장바지 물면주 단속곳에 고양나이 속버선

에 몽고삼승 겉버선에 자지상직 수당혜(繡唐鞋)를 명례궁(明禮宮) 안에 맞

추어 주랴.

네 무엇을 달라고 하느냐 네 소원을 다 일러라.

노리개 치례를 하여나 주랴.

은조로롱 금조로롱 산호가지 밀화불수 밀화장도 걸칼이며

삼천주 바둑실 남산더미 만큼 하여나 주랴.

막득이는 무대로 돌아와 다시 무숙이 방 툇마루에 앉는다. 어두워진 조
명. 막득이 새벽밥을 짓다 말고 통곡한다는 설정.

막득: 애고, 애고······

무숙: (깜짝 놀라 문을 열며) 무슨 일이냐, 왜 또 울어?

막득: 서방님 잠을 깨고 아기씨도 잠을 깨어 우는 곡절 들으시오. 애고, 애
　　고, 이제는 살 수 없소. 새벽밥을 하랴 하고 나오니 아궁이에 장작이
　　없고 쌀독에 쌀이 없네. 찬밥으로 떼우자 해도 아침 먹으면 저녁 걱
　　정, 이제 더는 못살겠소. 집이라도 팔아내어 움막이나 의지하고 남은
　　돈으로 밑천하면 한달은 살터이니 집이나 파십시다.

무숙: (화를 내며) 허허, 흉한 말이로다. 집을 팔다니, 집을 팔어! (입고 있
　　던 저고리 바지를 벗어 주며) 아나 옛다, 이것 팔아 나무와 쌀 구하거
　　라.

의양: (옷을 집어 들고) 이것 팔기로 몇 냥 되요? 오늘 살면 내일 걱정, 아
　　무리 해도 집 팔기만 못하외다.

무숙: (버럭 화를 내며 칼을 빼어 자신의 상투를 베어 던지며) 아나 옛다! 빗질해서 내다 팔면 닷 냥은 받으리라. 이제 남은 내 목은 베면 피나 나지 팔수도 없다. 다실랑은 울지 마라.

막득이가 나가고 무숙이는 몸을 움츠리고 집안 구석구석을 다니며 입을 만한 것을 찾는다. 먼저 상투가 잘려 산발한 머리카락을 끈으로 묶고 허름한 여자 저고리를 허리가 나오게 입고 떨어진 여자 속바지를 입는다.

무숙: (머리카락을 만지면서) 새벽 잠결에 홧김에 한 일이라 낭패로구나.
의양: (무숙의 거동을 엿보다 개가죽 거적을 가지고 나오며) 아이구, 서방님, 옷이 짧아 허리가 시리 테니 이거라도 걸치시오. (무숙에게 입히고 이리저리 쳐다본다)

중문에서 인기척이 나며 김별감이 화려한 복색으로 들어온다.

김별감: 이러 오너라, 이리 오너라.
무숙: (깜짝 놀라 골방 안으로 들어간다)
의양: 오셨어요? 서방님은 지금 계동 본댁에 가셨소.

이하 의양과 김별감은 골방 쪽을 향하여 말로만 수작을 벌이고 무숙은 골방에서 나오지도 못하고 화가 나서 펄펄 뛰며 안절부절 못한다.

김별감: 그런가? 근래 자네 얼굴이 영 좋지 않더니만 무슨 일이 있는가? 어려운 일 있으면 내게 말하소.
의양: 별일은요, 그저 서방님이 자주 출입을 안 하시다 보니 외로워서……
김별감: 이리 오게, 내 한번 안아줄까나, 손도 이리 차갑고……
무숙: 아이, 왜 이러시와요, 체면 없이, 누가 볼까 염려되오.

김별감: (문득 생각난 듯) 아이고 이런, 내일이 도목(都目)인데 궐내에 급한 일이 있어 오래 놀면 탈 나것네. 다시 옴세.

의양: 그러셔요, 곧 다시 오셔요.

김별감이 모습을 감추자마자 마당으로 달려 나와 의양이를 머리채를 잡고 내동댕이친다.

무숙: 이 년아, 이 잡것아, 내 아무리 잘못 되어 이 지경이 되었다고 딴 사내놈과 놀아나? 그것도 김별감하구? 네가 나를 얼마나 날로 알면 내 보는 앞에서 이런단 말이냐! 참고 지내 살자 하니 내 몸에 뼈만 남고 늙을 수밖에 없다.

의양: (무숙에게 달려들어 수염을 잡아채며) 애고, 이 원수야, 내가 할 말을 네가 하니 염치없는 인사일세. 네 세간 좋은 재물 네가 모두 다 없애고 거지 모양하고 앉은 마당에 강짜를 부리니 네가 패가망신한 것이 내 탓이냐, 내 탓이야? 네가 옳게 하였으면 내 마음이 변할소냐? 우리가 육례 차려 살았느냐? 피차 눈 맞아 만난 연분 자칫하면 싸움하고 수캐만 보아도 강짜하고 얼른하면 탕탕 치니, 내가 너와 살다가는 내장이 썩어 죽겠다! (주저앉아 울며) 사고무친 한양성내 믿는 것이 너뿐이었건만, 이내 몸이 골포사장(骨暴沙場) 드러난들 묻어줄 이 뉘 있을까! 애고, 애고……장안 갑부라더니 나 때문에 망했던가. 세간살이 금은패옥 서방님의 빚 갚었네. 날 죽여라, 날 죽여, 나 살기도 원 귀찮다.

무숙: (한숨 쉬며) 네 말을 들어보니 후회막급이네. 너와 당초 만날 때에 백년을 살까 하고 기약한 일 하루아침에 허사로다. 일언이폐지(一言以蔽之)하고, 잘 있거라 잘 있거라, 나는 간다, 잘 있어. 옛사람 하던 말이, 장부가 돈이 없으면 갈 데 없다고, 내 모양 이리 됐으니 가는 게 상책이라. (일어나 뒤돌아보지 않고 나가며) 나는 돌아가거니와 잔약

한 네 몸이 나 때문에 속을 몹시 상하다가 병이 날까 염려되네. 내 일
신 돌아간 후 원한일랑 두지 말고 잘만 사쇼, 잘만 살어.

의양이는 무숙이 나가는 뒷모습을 보며 숨죽여 흐느낀다. 무숙이 나가
다가 이제 막 돌아오는 막득이와 마주친다.

무숙: 너도 부디 잘 있거라. 너 보기 미안쿠나. 아기씨 잘 모시고 병 안나
    게 잘 있거라.
막득: (다급하게 따라 나가며) 서방님, 가시기는 가실망정 아기씨 옳은 마
    음 달리 의심 말고 설운 일 생기거든 다시 돌아 오셔요.
의양: (힘이 빠진 듯 막득이에게 기대어 흐느끼며) 서방님 사람 만들랴고
    시작한 일이다만 이러다 영영 이별할까 걱정이다. 대문 밖이 저승이
    라더니, 보고지고, 보고지고.

12. 계동 본댁 대문 앞

암전이 되었다 밝아지면 장면이 바뀌어 길을 걸어가는 무숙이. 처자식
이 살고 있는 계동집 대문 앞에 가서 기웃거리다 주저앉는다. 동네 아이
들 놀림소리와 함께 〈맹꽁이타령〉을 부르며 춤춘다.

아이들: 저기 낮도깨비 간다!

♬ 〈맹꽁이타령〉

저 건너 신진사집 시렁 위에 청동 청정미 청차좁쌀이냐
썰어 까불러 톡 제친 청동 청정미 청차좁쌀이냐
아니 썰어 까불러 톡 제친 청동 청정미 청차좁쌀이냐

아래대 맹꽁이 다섯 우대 맹꽁이 다섯

동수구문 두 사이 오간수 다리 밑에 울고 놀던 맹꽁이가

오뉴월 장마에 떠내려오는 헌 나막신짝을 선유(船遊)배만 여겨

순풍에 돛을 달고 명기명창 가객이며 갖은 풍류 질탕하고

배반이 낭자하야 선유하는 맹꽁이 다섯

무숙 아내가 허름한 옷차림으로 빨래 바구니를 들고 대문 밖에 나오다 무숙이를 발견한다.

무숙 아내: 애고, 뉘신데 남의 집 대문간에서 이러고 계시오? (살펴보다가) 아니, 서방님 아니시오, 서방님!

무숙: (아내 앞에 엎드리며) 여보게, 나를 볼기 치쇼.

무숙 아내: (무숙의 등을 치며 울면서) 한양성내 제일 호남자 우리 서방님이 이 모습이 웬일이오. 이리 될 줄 몰랐던가, 남자의 호협하기 오입하기 패가망신 예사로다. 빌어먹는 거지신세 팔자라 하거니와 신체발부 수지부모 더벅머리 웬말이오.

무숙: (고개를 들어 아내를 보고 놀라며) 아니, 자네는 이게 웬일인가, 남루한 옷가지며 손에 든 빨래거리는 다 무언가?

무숙 아내: 아이고, 서방님, 놀기 좋고 쓰기 좋고 만사를 다 잊은 들 처자식을 잊으셨소. 한 달에 한 번이나 두 달에 한 번이나 지나는 길에 잠깐 들러 어쩌나 살고 있나 걱정이나 하시었소? 당신이 이 지경이 됐을진댄 처자식이라고 멀쩡할까, 하루 멀다 들이닥치는 빚쟁이에 집을 팔고 이 집 저 집 드나들며 빨래품이며 삯바느질 하여 살고 있소.

무숙: 애들은 어찌하고 있소?

무숙 아내: (울음을 터뜨리며) 남의 집 냉골방에 얹혀살며 힘이 없어 울지도 못하고 날이면 날마다 하는 말이, '어머니 밥 좀 주소, 아버지는 어디 갔나, 돈 두 푼만 있으면 팥죽이나 사다 먹고 그렁저렁 밤을 지낼

것을……' 매일 밤 주린 배를 움켜쥐고 날을 샌다오.

무숙이 우는 아내를 달래다 서로 부둥켜안고 운다.

> 무숙 아내: (울음을 그치고 빨래 바구니 안에서 밥사발을 꺼내며) 동지선
> 달 몹시 찬 날 춥기는 오죽하며 해진 날 시장한 때를 얼마나 견디셨
> 소. 배고플 테니 찬 보리밥이라도 잡소.

무숙이 체면 불구하고 밥사발을 받아 순식간에 먹어치운다.

13. 최선달 집 대청

> 외무름: (최선달을 향하여) 계동 본댁은 진정으로 집이 팔려 처자식이 흩
> 어졌습니까?
> 최선달: (웃으며) 아니지, 무숙이 본댁과 평양집이 약조하여 패가망신한
> 시늉을 한 걸세. 평양집이 앞질러 기별을 하여 무숙이 본댁이 대문간
> 을 넘보며 기다린 게야. 평양집이나 본댁이나 갈 데 없는 신세가 되니
> 무숙이가 체면을 내려놓고 품팔기를 작정한 것이네. 계속 해보게나.
> 외무름: (재담조로) 무숙이 죽을 마음 간절하되, 불쌍한 처자식을 거두지
> 못하고 죽거드면 구천에 돌아간들 죄악이 없을소냐. 사람의 자식 되
> 고 처자가 빌어 온 밥 어찌 먹고 앉았으리. 귀골지인 저 무숙이, 품팔
> 기로 작정한다.

> ♬ 〈군칠이집 들어가〉 ※ 작창 필요

> 군칠이집 들어가 술상 출입 심부름과 국수집에 불때주기
> 연초전 담배 개기 화사발집 물긷기와 과시 때 방목 사환

유산(遊山)꾼의 승교 메기 초상 난 데 연번(延燔)꾼
활인서(活人署)에 상직하기 유대(留待)꾼의 상여 메기
병든 사람 업고 가기 급한 사람 편지 전키

(재담조로) 아무리 벌어도 구명하기 곤란하고 없던 병만 탕탕 나니 한
심하기 그지 없고 한숨 지쳐 울음 날 제, 엄동설한 추운 날에 양지바
른 모퉁이에 예가 꾸부리고 제가 꾸부리고 설렁탕집 부엌간에 거적
한 자락뿐이로다.

조명이 이동하면서 무대 한쪽 설렁탕집 부엌간에서 구부린 채 잠을 자
는 무숙이. 막득이가 바구니를 옆에 끼고 지나가다 무숙이를 발견하고 멈
춰 선다

막득: (무숙이를 흔들어 깨우며) 서방님, 서방님, 일어나시오, 일어나시오.
정신차려 절 좀 보세요. 이게 무슨 잠자리요, 이 모양이 웬 일이요. 천
산지산 두 말 말고 쉰네를 따라 가사이다.
무숙: (반쯤 몸을 일으키며) 네 말이 기특하되 내 이미 의절하고 나온 집에
무슨 염치 들어가며 억조만금 패가하고 처자까지 망신되니 굶어 죽고
얼어 죽은들 뉘 탓이랴.
막득: (무숙이를 달래며) 서방님이 곤란을 덜 겪으셨소. 한신(韓信) 같은
영웅 호걸 표모(漂母)에게 얻어먹고 여상(呂尙)도 문왕(文王) 만나 선
궁후달 하였으니 빈부는 모두 때가 있는 것이라. 개과천심 하옵시면
분명 때가 있으리라. 어서 바삐 가사이다.

무숙이 막득이 손에 이끌려 화개동 의양의 집으로 간다.

14. 의양이 집

의양: (마루에 앉아 혼잣말로) 보고지고, 보고지고, 우리 낭군 보고지고.
　　　이리 그릴 줄 알았더면 보내지나 말 것을……

　　♬ 〈수심가〉

　　약사몽혼(若使夢魂)으로 행유적(行有蹟)이면
　　문전석로(門前石路)가 반성사(半成砂)로구나
　　생각을 하니 임의 화용(花容)이 그리워 나 어이 할거나.

　　(일어나 대문간을 내다보며) 개과천선 바란다고 억지로 뗀 정인데 영
　　영 아니 돌아오면 어찌할꼬. 이 엄동설한에 설렁탕집 부엌간에서 새
　　우잠을 잔다더니, 막득이가 서방님을 모셔오기나 할지 못할지.

대문에 인기척이 나면서 막득이를 따라 무숙이가 들어온다. 의양이는
모른 척 돌아 앉아 쳐다보지 않는다.

무숙: (감회가 많은 듯 이리저리 둘러보다) 마누라, 평안하오?
의양: 막득아, 이 분이 뉘시냐?
무숙: 허허, 자네가 나를 몰라, 날세. 무숙이.
의양: (더욱 정색을 하고 천연덕스럽게) 그런가, 오랜만일세. 내 들으니 막
　　　걸리집에서 허다한 심부름과 품팔이를 잘한다 하니, 동가홍상(同價紅
　　　裳)이라고, 내 집에서 사환되어 중놈이로 있으면 어떠한고?
막득: 서방님, 그리 하셔요, 여기 계셔야 따신 밥 한사발이라도 더 드실 게
　　　아니오?
무숙: (한숨을 쉬며 의양을 향하여) 허면 그리 하쇼.

의양: 그전 같이 말씨도 함부로 말고 서방님 태도 보이지 말고 안방에도
　　　오지 마시오.

무숙: 어, 그리하지. (행랑방으로 가며 혼잣말로) 허허, 무숙이 잘도 된다.

의양: (나가는 무숙이를 불러 세우며) 중놈아!

무숙: (혼잣말로 비아냥거리며) 좋다, 잘 부른다. 저 소리가 입으로 나오
　　　나.

의양: 대답하기 치사하여 아니꼽고 더럽거든 그냥 집을 나가던가, 군사설
　　　이 웬일인고?

무숙: 날 부른 줄 모른 것을, 초판부터 너무 과하네.

의양: (큰 목소리로) 중놈아!

무숙: (의양 쪽으로 급히 달려가) 어.

의양: (화를 내며) 이 사람, '어'라니!

무숙: 엎더, 그러나 저러나 심부름이나 시키면 좋겠구먼.

의양: 중놈아,

무숙: 어.

의양: 또 '어' 하는구나. 중달음질 급히 가서 꾸미고기 사오너라.

무숙: 어, 그리하지. (달려가서 금세 꾸미고기를 가져온다)

　　이하 심부름 장면은 무숙이가 무대를 도는 방식으로 시간과 장소의 개
연성을 무시하고 반복해서 보여준다.

의양: 고춧가루 사오너라.

무숙: 어, 그리하지.

의양: 후춧가루, 파, 마늘, 생강 사오너라.

무숙: 어, 그리하지.

의양: 세수 급히 해야 하니 양치 소금 사오너라.

무숙: 어, 그리하지.

의양: 양식 팔고 나무 사고 생선 비웃 사오너라.

무숙: 어, 그리하지.

의양: 자반 굴비 암치 하나, 살진 암탉 사오너라.

무숙: 어, 그리하지.

의양: 우리 중놈이 심부름은 매우 잘하거든, 날 속이든 아니 하겠다. 다방
골 건너가서 최선달댁에 편지 전하고 돈 주거든 받어 오너라.

무숙: (놀라면서 떨떠름한 어조로) 어? 어……그리하지. (걸어 나오면서 혼
잣말로) 나와 죽마고우로 형제같이 지낸 벗의 집에 심부름을 가라 하
니 이게 무슨 망신인가. 가는 길에 비상덩이 사 가지고 이번 심부름
다녀와서 의양이를 결단내고 비상 먹고 죽으리라.

15. 최선달의 집 대청

최선달이 서안에 앉아 글을 썼다가 읽고 다시 쓰고 있는데 무숙이 마당
으로 들어선다.

무숙: 야, 있느냐?

최선달: 이 자식, 너 무숙이 아니냐? 이 몰골이 웬일이냐 네가 잡것이다.

무숙: 오냐, 내가 잡것이다.

최선달: 무슨 일로 왔느냐?

무숙: (의양의 편지를 전하며) 편지다.

최선달은 편지를 받아 눈으로 읽고 무대 한편에서 의양이 편지 사연을
읊는다.

의양: 바람 차고 백설이 흩날리니 만화방초는 스러지되 청송녹죽은 푸른
절개 의의하오. 이 몸도 청송의 절개를 본받으려니 가슴에 넘치는 설

움, 눈으로 못 볼 일이 많사오며, 이 몸 일심 아무리 굳게 먹고 서방님을 풍진고락 시킨 후에 평생 해로 바라오나 뉘라서 능히 아오렸가, 선달님이나 아옵시지. 서방님의 모양을 보니 눈 어둡고 정신없어 앙화를 못 면할 듯 창망하오며 일간 서방님 갱봉연(更逢宴)에 참여하시기 바라옵나이다. 서방님 보시면 오십 냥 보내소서.

최선달: (편지를 내려놓으며 참참한 심정으로) 무숙아, 게 앉거라. 염치없고 넉살 좋다. 이리 될 줄 몰랐더냐? 내 지난달에 시골에 내려갔다 오는데 너의 처자 남의 집에 얹혀살며 기사지경 우는 소리 구곡간장이 녹는 듯하더라. 오늘 아침 쌀 섬인지 돈 관인지 나무 반찬 사라고 보냈다. 가난은 나라도 구제하지 못한다 했거늘 낸들 어찌 당할소냐? 너, 그만 죽어라. 살아서 쓸 데 있나. 너를 두고 글짓기를 '게우사'라 지어 이야기꾼 소리꾼에게 전하리라.

무숙: 그러기에 죽으란다. (손을 내밀며) 그 편지나 좀 보고 줄 게 이리 다고.

최선달: (편지를 밀어두고 돈 꾸러미를 건네주며) 돈 오십 냥 보내라 했으니 너의 대부인 갔다 드려라.

무숙: 예이, 자식, 대부인이라니, 그게 무슨 소리냐. (돈을 받아 챙기고) 또 보세.

16. 의양이 집

의양: 그래, 김별감께 기별을 하였드냐?

막득: 예, 아기씨. 서방님을 마지막으로 한 번 더 속이고 갱봉연을 열 터이니 놀다 가시라고 했어요. (대문 쪽 기척을 느끼고) 아기씨, 서방님이 돌아오셨나 봐요.

무숙: (대문 안으로 걸어 들어와 막득에게 돈 꾸러미를 건넨다) 옜다, 아기씨 갔다 드려라.

막득: 예, 고생 많으셨어요. (의양에게 돈 꾸러미를 건넨다)

의양: 중놈아.

무숙: 어.

의양: 오늘 김별감이 나랑 살자 기약하고 오늘밤 오실 것이니 잡술 주안상을 때맞춰 대령하고, 방을 차도 덥지도 않게 알맞게 불 때거라.

무숙: 뭐라고? 자네,……(이를 악물고 돌아서며 혼잣말로 절망스럽게) 이제는 나 죽는다. (아궁이 앞에 앉아 비상을 먹으려다 말고) 아서라, 내 아무리 이 지경에 이르렀다손, 장부가 되어 계집 때문에 사약을 먹는단 말이냐. 저 연놈들 죽는 것을 먼저 보고 가리로다.(아궁이 옆 술상에 놓인 술병에 비상을 탄다)

조명이 어두워지며 대문간에 기척이 나고 김별감이 들어선다. 무숙이는 모른 척 외면하고 불을 땐다.

김별감: 이리 오너라, 이리 오너라.

막득: 어서 오시와요, 나으리. 아기씨! 김별감께서 오셨어요!

의양: 서방님, 어서 이리로 드시와요. (김별감을 방으로 이끌어 들어간다)

방안에는 주안상이 차려져 있고 최선달이 벌써 와 있다. 셋은 말없이 고개만 끄덕인다. 의양과 김별감은 부엌간 쪽을 향하여 말로 수작을 벌이고 무숙은 불을 때며 혼잣말로 복수를 다짐한다. 의양과 김별감의 수작이 무르익을수록 무숙이의 감정도 점점 격해진다.

김별감: 의양이, 이제서야 허락을 하다니 애가 탔네.

무숙: 김별감, 이놈아, 네 아무리 좋다마는 얼마 안 있어 내 짝 될라.

의양: 서방님두, 제 아무리 창기 출신이나 남이 보는 이목이 있지, 어찌 바로 살림을 내오리까.

무숙: 이십 평생 젊은 년이 평양감영 부자 협객 몇 명이나 죽였는지.

김별감: 이리 좀 와 보게.

의양: 누가 봐요, 체면 없이.

무숙: 한양성내 부자 협객 하나같이 그 꼴 되리.

김별감: 세류 같이 가는 허리, 섬섬약질 고운 얼굴.

의양: 아이, 간지러워요.

무숙: 천벌을 받을 년!

김별감: 앵두 같이 붉은 입술.

의양: 아이, 잠깐만, (큰 소리로) 중놈아, 술 들여라.

무숙: (술병을 들고 벌떡 일어나며) 이 연놈들을 당장! (방안으로 뛰어 들어간다)

순간 정적. 무숙은 함께 와 있는 최선달을 보며 어리둥절 엉거주춤 서 있고 의양이 일어나 무숙에게 큰 절을 올린다.

의양: 서방님, 첩이 저지른 일 노여워 마오. 돈 잘 쓰는 서방님 패가망신 않게 개과천선하면 다시 살랴 하고 꾸민 일이오. 나 같은 창기라도 한 가장만 모시다가 이부불경(二夫不更) 하옵기 간절 소원이오. 계동 본 댁 아씨께도 허락을 구하였으니 염려 마시오.

무숙: (털썩 주저앉으며 떨리는 목소리로) 어이, 이런…….

김별감: 무숙아, 너와 나는 죽마고우, 네 못된들 나 좋으며 나 못된들 너 좋으랴. 평양집 깊은 마음 네가 아느냐? 나와 미리 약속하고 너를 괴롭게 했구나. 내가 자주 드나든 일을 네가 의심하겠으나, 평양집은 친구의 제수씨라 서로 내외하였느니라.

최선달: 내 진작 너의 허랑방탕을 경계하지 않았더냐? 무수히 말을 해도 듣지 않더니, 평양집 같이 알심 있는 사람을 만나 깨우치니 이 얼마나 좋으냐? 계동 본댁 처자식은 아무 탈 없이 예나 지금이나 잘 지내고

있느니라. 평양주인에게 맡겼던 네 재산도 내가 찾아왔다.

무숙: (일어나 세 명을 향해 절을 하고) 고맙네, 고마워. 내게 귀띔이라도 해주었던들 이리 놀라지는 않았을 것을.

최선달: 네가 눈치를 채게 했으면 설렁탕집이며 막걸리집에 불 때고 심부름하며 돈 귀한 줄을 알았겠느냐?

무숙: (의양이에게 다가가 안아주며) 의양이 자네, 독하기도 독하네.

의양: (무숙이 품에 안겨 울며) 서방님……

김별감: 자, 자, 이러지들 말고 가져온 술이나 한잔 하세.

무숙: (술병을 가로채며 엎어버리고) 어이쿠, 미안하이. (밖을 향하여) 막득아, 술 가져 오너라!

막득: (신나서) 예, 서방님!

17. 최선달의 집 대청

사막이 드리워진 안쪽 대청 최선달이 서안 앞에 앉아 여전히 글을 쓰고 지우기를 반복하고 있다.

모흥갑: 선달님, 계십니까?

최선달: 어, 모흥갑이 자네 왔군. 기다렸네.

모흥갑: (대청에 올라앉으며) 일전에 주신 '게우사'는 모두 익혔습니다. 몇 군데 재담을 더늠 하고 소리도 새롭게 매겨 보았습지요.

최선달: 그래, 잘했네. 한양성 왈자들의 놀음판에선 외무름이가 하는 '게우사'가 잘 팔리네만 자네가 하는 선소리로 불러도 들을 만 할 걸세. 이달 보름에 평양에 간다지?

모흥갑: 예, 평양집 의양 아씨 주선으로 평양감사의 잔치 자리에 나갑니다요.

최선달: 그렇담 연광정이나 부벽루가 제 격이겠군.

모흥갑: 아닙니다요, 대동강 뱃놀이가 끝나고 능라도에 올라서 잔치를 베
풉답니다.

최선달: 그래? 바깥바람이 소리를 먹을 테니 꽤나 공을 들여야겠구먼. 자,
자네 소리를 한번 들어볼까. (북장단을 친다)

모흥갑: (판소리 아니리로) 정조대왕 즉위 원년이라. 시화세풍(時和世豊)
하야 충신효자난 조정에 가득하고 방방곡곡 백성들은 격양가(擊壤歌)
풍류소리 처처에 낭자하니, 국세가 이렇거든 오입탕객(誤入蕩客) 없
을소냐. 이때는 어느 땐고, 전천화류(前川花柳) 만발한데 청루고각(靑
樓高閣) 높은 집에 호탕한 왈자들이 허다히 모이난 중에 남북촌 뒤떨
어서 대방왈자 김무숙이 지체로 논지하면 중촌 제일 호남자요 장안갑
부 이름일세. 선소리 속멋을 알고 계집에게 다정함과 살 아끼고 돈 모
르고 놀음판에 소담 많고……

모흥갑의 소리가 서서히 줄어들면서 사막 위에 〈평양도〉 중 모흥갑의
능라도 판소리 공연 장면을 영사한다. 사막이 올라가고 커튼 콜.

2. 무용극 〈하늘비나리〉[1]

이 작품 〈하늘비나리〉는 사진실 교수가 채향순 중앙무용단을 위해 창작한 무용극 기획대본이다. KBS홀에서 공연된 초연에서는 이 기획대본의 극히 일부만 공연되었다. 후에 이 대본을 모티프로 동생인 사성구 작가가 살을 붙여 〈사당각시〉라는 무용극 대본을 완성하였으며, 채향순 중앙무용단은 이 대본으로 2013년 대한민국무용대상에서 대상을 수상하였다.

작품 개요

〈하늘비나리〉는 성속(聖俗)과 생사(生死)를 초월하는 '예인(藝人)의 도(道)'를 다룬 작품이다. 안성 청룡사와 연관된 사당거사패와 감로탱(甘露幀)이라는 문화콘텐츠를 소재로 활용하였다.

안성시 서운면의 청룡사는 유랑예인집단인 사당패의 근거지로 잘 알려져 있다. 남사당패 최초의 여자 꼭두쇠로 알려진 바우덕이 역시 청룡사 근처 불당골에 근거지를 두고 활동했다. 이 작품에서는 바우덕이의 활동 시기보다 약 150년 전인 18세기 초반에 활동한 사당거사패를 설정하여 '불당골 비나리패'라고 이름 지었다.

불도(佛道)를 표방한 속인(俗人)들로 구성된 예인집단이 사당거사패라면 불가(佛家)에 귀의한 비구(比丘)들로 구성된 예인집단으로 굿중패를 들 수 있다. 굿중패는 포교(布敎)와 걸립(乞粒)을 위하여 민간을 다니며 불경의 내용을 풀어 노래와 이야기, 춤으로 공연하였다. 이 작품에서는

---

1 성속(聖俗)과 생사(生死)를 초월하는 '예인(藝人)의 도(道)'를 다룬 작품으로 안성 청룡사와 연관된 사당거사패와 감로탱(甘露幀)이라는 문화콘텐츠를 소재로 활용하였다.
사진실 교수가 대본을 쓰고, 사 교수의 남동생인 사성구가 작시하였다.

비나리패가 청룡사와 손잡기 이전 청룡사에는 재승(才僧)들로 구성된 굿중패가 있었다고 설정하였다.

승려이자 예인이었던 굿중패의 역할이 분화되면서 일부는 승려로 남고 일부는 사당거사패로 합류하는 시점에서, 청룡사 굿중패의 재승(才僧) 무의(無依)와 비나리패의 꼭두쇠 공학(空鶴), 그리고 두 사람을 통하여 인생과 예술을 배워가는 젊은 사당 연(緣)이의 만남과 이별 이야기가 펼쳐진다.

안성 청룡사를 비롯한 여러 사찰에 소장된 감로탱은 죽은 이의 왕생극락(往生極樂)을 기원하는 천도재(薦度齋) 때 사용하는 걸개그림이다. 감로탱에는 제단을 중심으로 극락과 인간세상, 지옥의 세 공간이 묘사되어 있는데 인간세상의 모습 가운데는 필수적으로 연희패의 공연 장면이 그려지곤 한다. 안성 청룡사의 감로탱에는 민간연희패가 아닌 굿중패의 걸립 장면이 나타난다. 이 작품에서는 감로탱 속 굿중패의 모습을 매개로 2007년 현재와 280여 년 전 과거가 만나게 된다.

중앙무용단의 무용극 〈사당각시〉 공연장면

주요 장면

#1 2007년 어느 가을 안성 청룡사의 천도재 장면. 제단에 내걸은 감로탱의 굿중패 모습이 확대되어 1721년 청룡사 대웅전 앞마당으로 연결.

#2 절의 중건을 위해 걸립을 떠나는 굿중패의 연습 장면을 숨어 보는 연이. 그녀는 유랑예능인이었던 부모를 잃고 할머니와 함께 이 절에 흘러들어온 소녀.

#3 청룡사 뒷마당에서 무의가 연이에게 춤과 노래(염불), 악기 연주를 가르치는 장면. 무의에 대한 사랑과 갈망을 드러내는 연이.

#4 무의와 연이가 번뇌와 욕망으로 갈등하는 장면. 청룡사를 떠나 예인의 길을 가자는 연이의 애원을 뿌리치고 승려의 길을 택한 무의.

#5 새벽녘 걸립을 떠나는 비나리패의 판굿 한마당과 이어지는 길놀이 장면. 이들을 따라나서는 연이.

#6 경기감사 잔치마당에서 공연하는 비나리패. 경기감사의 회갑연에 모인 각 지역 놀이패들의 여러 가지 춤과 재주로 흐드러진 놀이판에서 최고의 기량을 보여 상을 받은 연이.

#7 길 위의 주막에서 묵는 밤, 세상에 이름을 날릴 포부로 밤늦도록 잠 못 이루는 연이. 그녀의 마음을 다독이며 예인의 길을 일러주는 꼭두쇠 공학. 사당과 거사로 부부의 연을 맺는 연이와 공학.

(노래) 「예인의 도」

(공학의 노래)
　　　　꼭두 주먹 흙투성이로 장터를 떠돌며
　　　　무정세월 사랑이야 명사십리에 묻었건만
　　　　마른 가슴 뿌리내리는 이 모진 사랑아
　　　　그대 노래 천상의 소리, 빛을 따라 구비치고
　　　　춤사위는 날개 달아 꽃잎 같이 휘날리니
　　　　어쩔거나 눈먼 마음 모래 위에 집을 짓네.

(연이의 노래)
　　　　아픔으로 저며 들던 그리움의 지평선
　　　　땅속 아래 묻고 다져도 고개 드는 그 마음
　　　　인연의 굵은 끈으로 이끌려온 이 자리

　　　　그 얼굴은 광대의 얼굴 눈물겨운 자화상
　　　　그대 풍류 소리 몸짓 내가 찾던 그님인가
　　　　인연의 끈을 받들어 하늘까지 오르고져.

(공학과 연이의 이중창)
　　　　떠나고 만나는 이치 새삼스레 울려들고
　　　　하늘이 내려주신 높은 재주 만났으니
　　　　세상이 두려우랴 험한 길이 어려우랴

　　　　그대와 나 하나 되니 춤과 소리도 한길이라
　　　　멀리 떠난 길 위에서 하늘 배필 만났으니
　　　　날개 달고 꽃 뿌리며 도솔천에 오르네.

#8 불당골 어귀 너른 마당, 연이를 필두로 판굿을 벌이며 돌아오는 비나리패. 길 위의 인생에서 느끼는 생래적(生來的)인 그리움과 예인의 도에 대한 근원적 물음을 노래하는 연이.

(노래) 「연이의 노래」

    달을 삼키고 나를 낳았나 구름을 휘감고 나를 낳았나.

    길 위에서 웃음을 팔고 길 위에서 눈물을 팔고

    거 누가 날 찾나 거기 누가 날 찾아

    외줄 인생길 삼수갑산 가는 길

    두견이 따라 님 만나러 가는 길

    피멍든 가슴에 진달래꽃 묻고

    에라디여 어허라 요헐 사당이로구나.

    별을 삼키고 나를 낳았나 바람을 휘감고 나를 낳았나.

    길 위에서 신명을 팔고 길 위에서 청춘을 팔고

    거 누가 날 찾나 거기 누가 날 찾아

    외줄 인생길 도솔천 가는 길

    은하수 건너 님 만나러 가는 길

    진흙 묻은 가슴에 연꽃을 품고

    에라디여 어허라 요헐 사이로구나.

#9 연이를 구심점으로 세상을 향한 포부를 펼치는 비나리패, 도솔천[이상향]을 향하여 날아오르려는 비나리와 북춤.

(노래) 「하늘비나리」

> 하늘 열리고 땅 솟아 인간세상 이뤄내니
> 살판에 죽을 판 만남 이별 생겨나네.
> (받는소리) 비나니 비나니다 도솔천 비나니다.

> 사바세계 외줄 건너 님 따라 가자하니
> 그대의 빛 눈이 부셔 가는 길을 잃었구나.
> (받는소리) 비나니 비나니다 도솔천 비나니다.

> 하늘 향해 땅 울리고 외침소리 모두 모아
> 구도의 길 예인의 길 이 땅에서 이루고져.
> (받는소리) 비나니 비나니다 도솔천 비나니다.

> 우리 소리 허공에서 빛을 따라 구비치고
> 춤사위는 날개 달아 꽃잎으로 흩어지네.
> (받는소리) 비나니 비나니다 도솔천 비나니다.

> 날리고 또 날려라 세상 향한 꽃뿌림
> 오르고 또 올라라 하늘 향한 용트림
> (받는소리) 비나니 비나니다 도솔천 비나니다.

#10 대웅전 마당 건너 무의의 방, 무의와 연이의 재회 장면. 병든 몸으로 탱화를 그리는 무의, 승려의 도와 예인의 도가 둘이 아니라 하나였다는 깨달음을 남기고 연이의 품에서 죽음. 진혼(鎭魂)의 춤을 추는 연이.

#11 대웅전 법당 안, 무의가 그리던 미완성의 감로탱에 굿중패 시절 무

의의 모습을 그려 넣어 완성하는 연이. 성속(聖俗)과 생사(生死)를 초월하여 인간이 도달하고자 하는 진리, 그 가운데 예인의 도가 있음을 깨달음.

#12 다시 2007년 청룡사 천도재, 감로탱의 굿중패 장면이 등신대(等身大)에서 아주 작은 점으로 묻혀버리고 280여 년간의 인연을 보여주는 감로탱의 존재감 부각.

이번 공연에서 〈하늘비나리〉는 열두 장면 가운데 #6에서 #9까지만 무대에 올린다. 채향순 교수의 무용 인생 50년을 돌아보는 기획 의도에 맞추고자 했기 때문이다. 경기감사의 회갑연 장면에서는 비나리패를 포함한 여러 지역의 놀이패들의 다채로운 춤과 놀이로 수십 년간 축적해온 안무 작품들을 선보인다고 한다. 연이를 구심점으로 삼아 세상을 품으려는 비나리패의 열정 역시 채향순 교수가 이끄는 중앙무용단의 현재이며 미래가 될 것이다.

감로탱 속 광대패의 모습

3. 창조적 주체로서의 인문학자: 무대에 올린 공연기획 작품들과 공연을 평하는 글들

모든 '새로움'은 '오래됨'의 바탕 위에[1]
-〈만좌 맹인이 눈을 뜬다〉, 앞선 창극에 대한 '새로움'의 발견과 도전

올해로 우리나라 '신연극'의 역사가 100년이 되었다고 한다. 최초의 신연극은 이인직(1862~1916)의 〈은세계〉라고 알려져 있다. 작품의 전반부를 구성한 판소리 〈최병두타령〉이 알려지면서 〈은세계〉가 창극이었다는 사실이 밝혀졌다.

신연극의 '새로움'은 구연극인 판소리의 전통 위에 서 있었다. 판소리는 이미 1800년대 중반부터 분창을 시도해왔고 다섯 바탕을 소재로 창극을 완성하였다. 1인창의 판소리에 비하면 최초의 창극 역시 '신연극'이었고 실제로도 그렇게 불렸다.

판소리에서 창극을 일궈낸 힘은 당대 우리 연극계의 진지한 고민과 실험에 있었다. 당시의 신문 논설을 보면 새로운

---

1 창극 〈만좌 맹인이 눈을 뜬다〉 공연 팸플릿에 수록된 글이다. 사진실 교수는 기획자로 참여하였다.

연극을 만들기 위한 많은 논쟁이 드러나는데 특히 '서사의 화출'이라 해서 이야기를 그림처럼 펼쳐 보인다는 식의 연극 개념을 발견할 수 있다.

"12살짜리 연화는 향단의 모습"으로 변신했고 "11살짜리 계화는 춘향이가 살아난 듯 갖가지 슬픈 상태를 흉내 내어" 보여주었다거나 "창우가 노래로 나열하던 춘향전이 살아있는 그림처럼 눈앞에서 보게 되니 눈이 황홀하고 마음이 뚫린다."는 등의 내용을 보면, 〈은세계〉 이전의 창극이 단지 입체창에 머물러 있었던 것이 아니라 실제와 방불한 광경을 그림처럼 보여주는 극작술과 연기술이 발전한 사실을 알 수 있다.

판소리에 대한 창극의 '새로움'이 극작술의 형식에 있었다면, 전통 창극에 대한 〈은세계〉의 '새로움'은 이야기의 내용에 있었다. 〈은세계〉는 탐관오리에게 수탈당하는 최병두 일가의 고난을 그려내는 동시에 외국 유학이나 의병의 봉기, 고종의 양위 논쟁 등 당대 현실을 묘사했던 것이다.

'새로움'의 패권에 대한 도전은 계속된다. 오늘 공연하는 창극 〈만좌 맹인이 눈을 뜬다〉 역시 앞선 창극에 대한 '새로움'의 발견이며 도전이다. 가깝게는 음악극과의 창극 시리즈인 2004년 〈남원연가〉에 대한 도전이며 멀게는 이 시대 창극의 보편적 흐름에 대한 도전이다.

모든 '새로움'은 '오래됨'의 바탕 위에 선다. 오래된 전통에 빗대지 않으면 새로움이 새로움으로 느껴질 수 없다. 오래도록 켜켜이 쌓인 더께는 새로움을 창조할 원천이며 보물창고가 된다.

음악극과의 창극 시리즈는 새로움을 창조하기 위하여 100년 전 극장무대의 창극보다 더 오래된 마당의 창극을 추구하였다. 소리와 몸짓의 맛이 살아 있고 소리꾼과 관중이 함께 신명을 내는 '오래됨'을 되찾아 이 시대 창극의 '새로움'을 만들어내고 있다.

2004년 〈남원연가〉의 광팬이었던 시절을 떠올리며 〈만좌 맹인이 눈을 뜬다〉의 '새로움'을 한껏 기대해본다.

한국 음악극을 위한 국악대학의 책임[1]
- 국악대학이 한국 음악극 생산을 주도할 가능성에 주목하며

우리 모두가 세계인이 되어 세계문화를 공유하는 것은 역행할 수 없는 시대적 요청이다. 그러나 세계문화의 보편성을 받아들이기만 하고 그 보편성에 기여하는 바가 없다면 우리 문화는 도태되고 말 것이다. 이러한 우려는 이 땅에서 문화를 일구어온 우리만의 문제가 아니다. 지역의 토착 문화가 사라진다는 것은 세계문화의 입장에서도 손실이다.

우리 문화가 이 땅에서 꽃피우고 세계로 나아가기 위해서는 전통문화에 주목해야 한다. 전통문화는 세계화의 시대에 우리 문화의 특수성과 독창성을 드러낼 기반이 된다. 전통문화의 현대적 재창조는 단지 소재를 차

---

1 음악극 〈뜨란지트 1347〉 공연 팸플릿에 수록된 글이다. 사진실 교수는 중앙대 음악극 연구소장으로 재직하면서 이 공연을 주관하고 기획하였다.

용하는 데서 멈추지 않고 삶의 지혜와 예술의 원리를 되살리는 경지로 나아가야 한다. 전통문화는 현대와 미래의 삶을 밝혀줄 '고전'의 가치를 지니기 때문이다.

2007년 8월 우리 음악과 연희의 전통에서 고전의 가치를 찾아 세계무대로 나아갈 한국 음악극의 생산을 주도하기 위하여 국악대학 부설 음악극연구소가 설립되었다.

본 연구소는 이론, 창작, 평론의 3개 분과로 운영하여 상호보완적인 상승효과를 기대한다. 이론 분과는 공연문화의 전통과 연희예술의 원리를 연구하여 창작을 위한 미학적 접근을 시도한다. 창작 분과는 이론 분과와의 연계를 통하여 콘텐츠를 개발하고 음악극 대본과 극음악을 창작한다. 평론 분과는 국내외 음악극의 현장을 찾아가 분석과 비평을 진행한다. 연구소의 성과를 예술 현장과 직결할 수 있다는 것은 중앙대학교 국악대학만이 가지는 장점이다.

음악극연구소는 설립 이후 처음으로 음악극 〈뜨란지트 1937〉의 제작을 공동으로 주관하였다. 한국 음악극의 세계 진출에 대한 화두는 세계 각지에 퍼져있는 한민족 커뮤니티의 삶에 대한 관심으로 연결되었고 연해주 고려인의 이야기를 〈지붕 위의 바이올린 Fiddler on the Roof〉으로 풀어보자는 합의에 도달하였다. 이 작품은 소설과 뮤지컬, 영화로 널리 알려진 작품이면서 이민족 이주민의 삶을 형상화한 탁월한 장점을 지니고 있어 세계무대를 향한 든든한 발판이 되리라 판단하였다.

기본적인 서사 구조와 인물 구성을 원작에서 가져왔지만 〈뜨란지트 1937〉의 대본은 완전히 우리의 이야기와 언어로 탈바꿈되었다. 거기에 얹혀진 음악 역시 우리 민요와 러시아 민요를 아름답게 조화시킨 순수 창작곡으로 탄생되었다. 몸짓과 연기, 스펙터클로 이루어진 공연 텍스트 역시 수년간 한국 음악극의 양식성을 모색해온 스탭진들의 성과를 잘 보여주고 있다.

〈뜨란지트 1937〉은 연해주 고려인들이 차별과 냉대 속에서 낯선 땅에 뿌리를 내리는 '위대한 일상'의 역사를 다룬다. 작품의 주인공들은 투사도 영웅도 아닌 평범한 어머니이며 아버지이고 딸들과 아들들이다. 이 작품은 사랑과 이별, 노동과 휴식이라는 평범한 일상을 유지하기 위한 부단한 노력이 고려인의 역사를 이룩한 원천이었다는 사실을 보여준다.

고려인의 삶과 역사에 대한 인식은 이 땅에 살고 있는 이주민에 대한 인식으로 이어질 수 있다. 한민족이 세계로 퍼져가는 한편 다른 민족의 이주민들이 우리 이웃이 되어 다양한 커뮤니티를 형성하고 있기 때문이다. 인종과 민족, 거주지의 차별이 없는 다문화 사회를 이룩하는 일이 바람직한 세계화의 바탕이 될 것이다.

음악극은 형식미를 갖출 뿐 아니라 인간을 담고 세상을 담아야 한다. 〈뜨란지트 1937〉은 이주민의 삶과 역사를 다루는 소재와 주제의 차원에서 기존 원작을 활용하였다. 훌륭한 원작을 찾아내어 재창조하는 작업과 더불어 독창적인 콘텐츠를 개발하고 대본을 창작하는 실험과 노력이 계속되어야 한다. 음악극 대본은 대사와 지문 외에 노랫말이 들어가는 까닭에 시어와 음악어법에 대한 감각이 필요하고 작곡, 안무, 연출의 과정과 긴밀한 상호관계를 유지할 수 있어야 한다.

이번 작품을 통하여 국악대학이 세계무대로 나아갈 한국 음악극 생산을 주도 하리라는 가능성을 보았다. 전통음악과 전통연희의 기량을 훌륭하게 갖춘 연주자와 연기자, 음악과 연희의 절충에서 고전의 가치를 찾아내는 연구 인력, 음악극의 대본, 작곡, 안무, 연출 등의 영역을 담당할 예술 인력들이 함께 모여 있었던 것이다. 국악대학은 음악과 연희의 전통을 지키는 힘이 있기에 한국 음악극의 생산을 주도할 능력이 있고, '책임'이 있다.

법고창신(法古創新)[1]
- 옛것을 본받아 새로운 것을 창조하라

법고창신(法古創新)이라는 말이 있다. 옛것을 본받아 새로운 것을 창조(創造)한다는 뜻으로, 옛것에 토대(土臺)를 두되 그것을 변화(變化)시킬 줄 알고 새 것을 만들어 가되 근본(根本)을 잃지 않아야 한다는 뜻이다.

이 법고창신은 우리 음악극과가 가고자하는 방향을 명확하게 일러주는 말이라 생각한다. 과거에만 집착하는 극단(極端)을 피하고, 지

2007 중앙대학교 국악대학 음악극과 봄나들이 연주회

주최: 중앙대학교 국악대학 음악극과 주관: 중앙대학교 국악대학 교육인적자원부 대학특성화 지원사업

나치게 새로운 것만 찾는 극단에 기울지도 않는, 진실로 옛것을 본받으면서도 변할 줄 알고, 새 것을 창안해 낼 수 있는 일.

그런 의미로 볼 때 음악극과 '봄나들이'는 법고(法古)의 장(場)이요, 매년 가을에 행해지는 '창작음악극'은 창신(創新)의 장(場)이라 할 수 있다. 훌륭한 균형이다.

이번 두 번째 '봄나들이'에서도 지난해에 이어 전문인들에게조차 잊혀져 가는 우리 소리와 연희를 찾고 그 양식의 정신과 멋을 살피고 배우는

---

1 〈거드렁거리고 놀아보세/낮에 낮에나 밤에 밤에나〉 공연 팸플릿에 수록된 글이다. 사진실 교수는 기획자로 참여하였으며, 본 글은 연출자인 정호붕 교수와 함께 쓴 연출 및 기획의 글이다.

일이 이어진다.

3월

어제까지만 해도 "봄이 다 왔구나" 했건만 눈이 내리고 있다. 안성 땅은 더 유별나다. 겨울이 추우면 추울수록 봄은 더 진정한 봄이려나 보다.

긴 겨울의 추운 땅을 헤집고 나온 여린 청춘(靑春)들이 푸른 봄 길을 나선다.

얼씨구 - 좋다.

한국 음악극의 신세계를 꿈꾸다

- 공연 기획 · 창작 작품 연보(年譜)

2005년

- 실에 감겨 바람에 실려, 기획

- 창극 남원연가 신춘향전, 기획, 9.30. 초연

- 서울의 착한여자, 기획, 10.27. 초연

2006년

- 왔구나 배뱅이, 기획, 10.12. 초연

- 오장군의 발톱, 기획, 11.17. 초연

2007년

- 거드렁거리고 놀아보세 낮에 낮에나 밤에 밤에나, 기획, 3.27. 초연

2008년

- 만좌 맹인이 눈을 뜬다, 기획, 9.6. 초연
- 뜨란지트 1937, 기획 및 공동주관, 4.3 초연
- 순조 무자년 연경당 진작례 복원공연, 연출 및 고증, 10.6. 초연

2009년

- 봄인줄로 알것내다, 기획, 4.7. 초연
- 경서도 소리극 꽃피는 바리, 기획, 8.29. 초연
- 가야금에 스민 옛 노래, 기획, 10.28. 초연

2010년

- 붉은꽃 푸른버들, 기획, 4.15. 초연
- 적벽에 불지르다, 드라마트루기, 8.25 초연

2011년

- 봄 다시 날아든다, 기획, 4.4. 초연
- 산불, 드라마트루기, 11.19. 초연
- 뙬판, 놀판, 살맛 한판. 기획, 2.16. 초연

2012년

- 한양낭군 길들이기, 대본, 3.17. 초연
- 봄을 여는 가야금 병창, 기획, 3.25. 초연
- 봄, 너울, 기획, 4.3. 초연
- 적벽에 불지르다, 기획, 9.2 재연
- 산국, 드라마트루기, 9.13. 초연

전통 연극의 부활을 꿈꾸다
- 공연 〈靑山別曲〉[1]의 창의성에 주목하며

한국 연극은 그 구체성과 특수성을 토대로 세계연극의 보편성에 기여하여야 한다. 스스로의 위상을 지니지 못한 채 세계화에만 몰두한다면 문화적인 종속 관계가 성립될 뿐이다. 많은 연극인들이 한국 연극의 정체성(正體性) 문제에 큰 관심을 갖고 있다. 전통적인 공연 양식을 계승하여 현대적으로 재창조하는 작업을 끊임없이 시도하고 있다.

그러나 더 많은 사람들이 한국 연극의 전통이 빈약함을 탓하고 멀고 가까운 이웃나라를 부러워한다. 심지어 근대 이전의 한국연극사를 인정할 수 없다는 입장을 취하기도 한다. 이쯤 되면 연극의 개념 문제에서부터 난상 토론이라도 벌어야 할 판이다. 우리 연극의 전통을 인정하지 않은 입장은 근대인의 시각에서 나왔다고 할 수 있다. 지난 백년간 우리는 '근대성'이라는 화두에 매달려 왔다. 우리가 사는 이 시대가 세상의 끝인 것처럼. 연극사에서도 근대극은 매우 유별난 대접을 받았다. 고대와 중세의 연극은 전통극이란 이름으로 묶어 근대극의 반대편에 세우고 그 사이의 단절과 도약을 논의하였다. 오랜 세월의 연극사는 마치 근대극을 마련하기 위하여 달려온 것 같았다.

요즈음 여러 분야에서 근대성을 정리하고 새로운 시대를 전망하는 논의가 진행되고 있다. 근대가 마무리되고 있음을 온몸으로 느끼게 된다. 연극 현장에서 벌어지는 탈근대(脫近代)의 움직임은 더 이상 '실험적'이지 않다. 연극적 환상을 구축하기 위하여 강조하였던 장경(場景, spectacle), 대사(dialogue), 갈등(conflict) 등의 요건이 자연스럽게 무시된다. 배우와

---

1 미발표 평론. 공연 〈청산별곡〉(2000.10.20~22. 예술의전당 토월극장)을 관람하고 비평한 글이다. 사진실 교수는 생전에 전통을 소재로 한 공연을 전문적으로 비평하는 글을 쓰고자 했다. '공연현장과 공연이론은 접맥되어야 한다'는 점을 실천하기 위해서였다.

관객의 경계가 무너지고 극중공간과 일상공간의 차별이 사라지고 있다. 근대극을 극복하는 원리와 미학이 이미 고대 및 중세 연극 속에 갖추어져 있었다. 원초적인 연극을 배태한 제천의식(祭天儀式)을 갈망하는 것은 그리하여 자연스럽다.

현대에 전승된 굿의 형식을 통하여 고대 제천의식의 형식을 추정할 수 있다. 사제자(司祭者)가 신(神)에게 제사를 지낼 때는 신의 내력을 밝혀주는 신화(神話)가 구연되고 신을 위한 찬미와 기원의 노래가 불려진다. 또한 주술적(呪術的)인 힘을 기대하는 모의(模擬) 행위가 벌어지고 사제자가 신의 모습을 빌어 나타나기도 한다. 각각의 제의 형식은 그 장소에 모인 사람들에게 제의의 신성한 의미를 전달할 뿐 아니라 오락적 기능을 담당하였다.

첫째, 찬미와 기원의 절차는 재앙을 멀리하고 복을 바라는 인간의 바람을 담아 서정적인 노래와 춤을 중심으로 진행된다. 이때 춤의 몸짓은 굳이 어떤 대상을 흉내 낼 필요가 없으며 그저 신체의 움직임을 자유롭게 표현한다. 둘째, 모의 행위는 선신(善神)과 악신(惡神)의 싸움, 여름과 겨울의 싸움, 사냥 행위, 성행위 등을 흉내 내어 주술적인 효과를 바라는 절차라고 할 수 있다. 가면이나 분장으로 가장한 사제자를 통하여 신격(神格)이 무대 위에 등장하기도 한다. 셋째, 신화 구연은 제의에서 모시는 신의 내력을 이야기하는 서사 내용이 중심이 되며, 사제자가 서사적 전달자로서 이야기를 이끌어 나간다. 현대의 굿에서 서사무가를 연행하는 절차에 해당한다. 군중들은 신화를 통하여 신격에 대한 믿음을 강화하면서도, 오락적인 측면에서 신들의 이야기와 영웅의 이야기에 담긴 사건과 모험을 즐기게 된다고 할 수 있다.

이들 제의 형식은 각각 노래, 놀이, 이야기가 중심이 되는 연극 갈래로 발전하였다고 하겠는데, 각각 '악(樂)', '희(戲)', '극(劇)'이라고 부를 수 있다. 악・희・극의 갈래는 서로 대결하고 조화하면서 연극의 전통을 이끌어왔다. 악(樂) 갈래는 고대에서 중세에 이르기까지 크게 성행하여 각종 가무악(歌舞樂)과 정재(呈才) 등의 양식을 창출하였다. 희(戱) 갈래가 연극 전통의 표면에 오른 시기는 14세기 전후라고 할 수 있는데 18세기 이후 가장 강력한 힘을 발휘하여 탈춤 등의 양식을 창출하였다. 극(劇) 갈래는 중세에서 근대로 이행되는 시기에 성장하기 시작하여 판소리와 같은 양식을 창출하였다. 판소리는 창극(唱劇)으로 발전하면서 자생적인 근대 연극을 모색하였다. 이후 일본이나 유럽의 연극 양식을 수용하면서 극 갈래의 혁신이 거듭되었다. 20세기는 악·희·극 가운데 한 갈래인 극(劇)의 시대였다고 할 수 있다.

지나온 연극사의 궤적을 통하여 미래를 전망하면, 극(劇)의 위상이 무너지고 희(戱)와 악(樂)의 위상이 높아질 것으로 예상된다. 연극 현장에서 이루어지는 탈근대의 움직임은 세계연극의 보편성에 따른 현상일 뿐 아니라 한국연극사의 발전 과정과 결부된 당연한 결과인 셈이다. 1970년대 희(戱) 갈래인 탈춤의 원리와 미학이 발굴되면서 우리 연극의 성격이 크게 달라졌다. 희 갈래의 놀이적 성격은 공연방식으로 많이 개발되어 오히려 진부하게 된 상황에 이르렀다. 이제 중세 연극의 선두에 있었던 악(樂) 갈래의 원리를 통하여 다각적으로 탈근대 연극의 방향을 모색할 때가 아닌가 한다. 이런 시점에서 전통적인 가무악(歌舞樂)의 전통을 발굴하여 재창조하는 서울예술단의 작업이 돋보인다.

고려의 노래로 알려진 〈청산별곡〉은 조선시대 문헌인 『악장가사(樂章歌詞)』에 속악가사(俗樂歌詞)라 하여 전한다. 다시 말하면 〈청산별곡〉은 속악(俗樂)의 노랫말이라고 할 수 있다. 여기서 속악은 단지 '비속(卑俗)한 노래'라거나 '민중(民衆)의 노래'의 의미만을 지니지 않는다. 『고려사(高麗史)』「악지(樂志)」에는 궁중의 가무악(歌舞樂)을 속악과 당악(唐樂)으로 분류하고 몇 작품에 대해서는 그 공연방식에 대하여 설명하고 있다. 속악가사인 〈청산별곡〉은 단지 노래가 아니라 공연예술인 속악의 노랫말이었던 것이다. 속악은 악·희·극의 연극 갈래 가운데 악(樂)에 속한다.

〈청산별곡〉의 사회적 배경이나 작자에 대해서는 아직도 논란의 여지가
남아 있다. 그러나 몽고의 침입과 조정의 쇠퇴 등으로 인한 고려말 혼란
기에 평민 대중의 마음을 담은 노래라는 설정에 큰 무리는 없는 듯하다.
이러한 민중의 노래가 궁중악(宮中樂)으로 채택되어 공연예술인 가무악
(歌舞樂)으로 발전하였다고 할 수 있다. 민중들 사이에서 불릴 당시 이미
가무악으로 성립되어 있었을 가능성도 배제할 수는 없다. 그러나 아쉽게
도 〈청산별곡〉의 공연방식은 전하지 않는다.

속악은 중국 등 외국에서 유입
된 것이 아니라 고대 제천의식의
가무악에서 비롯하여 삼국시대를
거쳐 정착되었다고 할 수 있다.
고려의 속악은 조선시대에 속악
정재(俗樂呈才) 또는 향악정재(鄕
樂呈才)라는 이름으로 전승되었
다. 따라서 현재로서는 〈청산별
곡〉의 공연방식이 속악정재와 가
장 비슷하였으리라 여겨진다. 고
려시대 속악으로 그 공연방식이

전하는 것으로는 〈무고(舞鼓)〉, 〈동동(動動)〉, 〈무애(無㝵)〉 등이 있고 조
선시대 속악정재로는 조선전기의 〈학연화대처용무합설(鶴蓮花臺處容舞合
設)〉을 비롯하여 조선후기 〈선유락(船遊樂)〉, 〈가인전목단(佳人剪牧丹)〉,
〈항장무(項莊舞)〉 등에 이르기까지 수십 여 개의 작품이 있다. 정재는 음
악 반주에 맞추어 서정적인 노래를 부르고 춤동작이 중심이 된다. 대사와
사실적인 동작이 아니라 노래와 몸짓, 춤으로 극중인물의 감정과 사건의
흐름을 전달한다는 측면에서 비재현적(非再現的)이다. 재현을 거부하는
움직임은 현대 연극의 추세와도 일치한다. 이들 정재의 공연 원리와 미학

을 응용하고 재창조하기 위해서 더욱 많은 논의가 필요하다.

서울예술단의 〈청산별곡〉은 고려시대 속악 〈청산별곡〉을 복원하는 것
이 아니다. 전통적인 가무악의 흐름을 감지하여 형식에 접목하고, 고려
노래인 〈청산별곡〉의 사회적 배경을 토대로 예술 활동의 이념을 불어넣
고자 하였다. 마치 이 작품은 고려의 속악인 〈청산별곡〉이 만들어진 숨은
역사를 보여주는 것 같다.

필자는 이번 기회를 통해서 서울예술단의 작업이 추구하는 방향을 구
체적으로 감지할 수 있었는데, 학문적인 입장에서 견지해온 몇 가지 주장
들과 일치하였다는 점에서 매우 반가웠다. 예술가의 직관이 학문의 논리
에 앞선다는 입장을 다시 확인하였다. 형식적인 측면에서 예술단에서 추
구하는 가무악의 양식은 한국연극사의 발전 과정과 부합하는 가장 정확
하고 올바른 시도라고 할 수 있다. 또한 최고의 문화유산인 〈청산별곡〉과
고려청자의 이미지를 연결하고자 한 최초의 기획에 대하여 감탄을 금할
수 없었다. 그 자연스런 결합을 이제껏 아무도 생각할 수 없었다는 사실
에 대하여 의아하게 생각할 정도였다.

서울예술단의 〈청산별곡〉은 그 자체로서 고려시대 연극인 속악의 발생
과정을 보여줄 뿐만 아니라 당대의 공연 문화의 양상을 반영하고 있다.
주인공인 만경과 순이는 각각 도공(陶工)과 광대로 설정되어 있다. 당대
사회의 규범에 따라 장인(匠人)과 광대의 결합이 매우 자연스럽게 도출된
다. 순이와 같은 놀이패에 속한 광대들이 그림자극과 각종 잡기(雜技)를
보여줌으로써 고려시대 광대의 공연 양상을 재구할 수 있다. 물론 고려시
대 광대의 공연종목이나 그 기예의 수준에 대해서는 단편적인 문헌 자료
에 의존할 뿐이다. 그러나 고구려 고분벽화와 조선시대 탱화에 그려진 광
대의 잡기 공연이 크게 다르지 않다는 사실에서 착안한다면 조선시대 광
대의 공연 모습을 활용하여 고려시대의 공연 상황을 표현할 수 있다.

또한 〈쌍화점(雙花店)〉의 공연 양상을 극중극(劇中劇)으로 삽입한 것도

매우 흥미롭다. 〈쌍화점〉은
학계에서 가극(歌劇)의 형식
으로 재구된 바 있으나 논
란이 많아 정설로 굳어지지
는 못하였다. 이번에 공연되
는 극중극 〈쌍화점〉은 이
학설을 수용하여 표현한 것

으로 안다. 학문적으로는 논리적 한계가 있지만 예술적 표현은 그 한계를
넘어서는 상상력이 허용된다. 파편으로 남아 있는 연극사의 자료들을 분
석하는데도 개연성(蓋然性) 있는 상상력이 어느 정도 요구된다. 그러나
지나친 비약이 아닌지 의심스러워 곤란한 지경에 빠질 때마다 연극이나
영화와 같은 예술 양식으로 표현하고 싶은 충동을 느끼게 된다.

우리 연극의 전통은 우리가 만들어 가는 것이다. 수많은 노래, 놀이, 이
야기들이 모두 연극적 표현의 가능성을 지니고 있다. 사실 기록문학의 시
대가 시작되기 이전에는 시(詩)와 소설이 노래이며 이야기였다. 노래를
부르고 이야기를 연행(演行)하는 행위가 그대로 연극이었다. 우리가 전승
한 옛이야기, 옛 노래, 옛 놀이 속에 민족적 심성(心性)과 미학(美學)이 담
겨 있다. 문화재로 지정되어 보존되는 전통극의 수효가 적다고 하여 한탄
할 것이 아니라 스스로 연극의 전통을 창조해나가야 할 것이다.

웃음을 무기삼아 세상과 맞서는 풍자의 자유 '광대정신'을 드높여라[2]
 - 백영춘 · 최영숙 선생의 공연: 박춘재와 재담소리의 전통과 현재를 생각하며

영화 〈왕의 남자〉를 보면 공길과 장생이 임금 앞에서 신하들의 비리를 풍자하는 놀이를 보였던 장면이 나옵니다. 이처럼 서울에 살면서 궁중배우로 활동한 광대들을 경중우인(京中優人)이라고 합니다.

노래와 재담, 춤에 능했던 그들은 정기적으로 또는 왕실의 필요에 따라 수시로 궁궐 안에 들어가 임금 앞에서 여러 가지 광대놀음을 펼쳐 보이곤 했습니다. 구중궁궐(九重宮闕)에 있어 세상일을 모르는 임금에게 정치의 득실(得失)과 풍속의 미악(美惡)을 담아 웃음과 풍자를 전달했습니다.

조선시대 궁중배우였던 경중우인의 자취를 찾다가, 박춘재(朴春載, 1883~1950)에 주목하게 되었습니다. 그의 재담소리를 되짚어 조선시대 경중우인과 궁중 배우희(俳優戱)의 전개 양상을 확인했던 것입니다.

노래와 재담의 명인이었던 박춘재는 가무별감(歌舞別監)으로 고종 임금을 가까이 모시면서 말벗도 되고 우스갯소리도 하며, 조선 시대의 경중우인이 그랬듯이 왕실의 오락을 담당했습니다. 그런가 하면 근대적인 극장문화가 시작되자 재담소리와 재담극의 명인으로 서울지역의 극장무대를 장악했습니다.

그는 궁중배우의 전통을 잇는 동시에 근대 대중연예인의 시대를 여는 교량 역할을 해냈습니다. 어르신들이 기억하는 유랑극단 시절의 희극 배우부터 젊은이들이 열광하는 〈개그콘서트〉나 〈웃찾사〉의 개그맨까지 온 나라의 웃음을 책임진 재주꾼들은 박춘재의 존재를 통하여 궁중배우의 전통과 연결됩니다.

---

2 이 글은 서울시 무형문화재 제38호 백영춘 · 최영숙의 〈재담소리〉 공연을 축하하는 글이다.

그런데 정작 박춘재의 레퍼토리인 〈장대장타령〉, 〈장님무당타령〉 등 재담소리는 전승이 끊길 수도 있는 상황에 있었습니다. 백영춘 명인의 끊임없는 노력과 열정이 아니었다면 그 소중한 전통의 맥이 유지될 수 없었을 것입니다.

이제 재담소리가 서울시 무형문화재 제38호로 지정되어 새로운 출발을 합니다. 외로운 싸움 끝에 우리 문화의 불씨를 살려낸 백영춘 선생님, 그리고 한 길을 걸어온 예술가이며 동반자인 최영숙 선생님께 위로와 축하를 함께 드립니다.

박춘재의 작품을 비롯한 서울지역의 재담소리가 원형을 되찾아 전승될 뿐만 아니라, 현대의 관객이 즐겨듣는 동시대 예술로 거듭날 수 있기를 고대합니다. 웃음을 무기 삼아 세상과 맞설 수 있었던 풍자의 자유, '광대 정신'을 드높여 주시길 바랍니다.

봉래산 높은 달아 천년만년 살고지고*
- 2008년 국악원의 대보름 공연에서

"봉래산 높은 달아 천년만년 살고지고"

어디에도 없는 노랫말이다. 대보름날 국악원에서 거행하는 산대희(山臺戲)를 아우르는 의미로 한번 지어보았다. '봉래산'은 산대희를, '높은 달'은 대보름을 나타낸다. '천년만년 살고지고'는 대보름날 산대희가 우리에게 줄 수 있는 소망을 담은 말이다.

산대는 '신성한 산'을 상징하는 거대한 조형물이면서 공연물이었다. 신성한 산이란 신선이 살고 불로초가 난다는 신화 속의 산을 말한다. 아시아 대륙을 기준으로 동쪽 바다에 삼신산(三神山)이 있다면 서쪽 내륙에는 곤륜산(崑崙山)이 있다. 삼신산은 봉래(蓬萊), 방장(方丈), 영주(瀛洲)의 세 산인데 자라가 지고 바다를 떠다닌다 하여 '오산(鰲山)'으로 불린다. 곤륜산은 서왕모(西王母)가 다스리는 신성한 산으로 그곳에서 삼천년 마다 열매 맺는 복숭아를 먹으면 장생불사(長生不死) 한다고 전한다.

조선시대 이전에는 궁궐 마당이나 도성의 큰 거리에 산대를 세우고 불로장생과 왕조의 영속성을 기원했다. 광화문 앞처럼 큰 거리에 세우는 거대한 대산대(大山臺)가 있었고 바퀴를 달아 끌고 다닌 예산대(曳山臺)가 있었다. 산대 위에는 인형 등 잡상(雜像)으로 신화나 고사의 장면을 꾸며 놓았다. 산대 잡상들은 기관 조작으로 움직일 수도 있었다. 산대 아래 마당에서는 탈춤도 추고 줄타기도 했다. 산대잡상놀이를 산희(山戲)라 불렀고 그 아래 마당공간의 놀이를 야희(野戲)라 불렀다. 산희와 야희를 넘나들며 인형과 배우가 함께 어울리면 매우 흥미로운 볼거리가 연출되었을 것이다.

---

* 이 글은 2008년 대보름 국립국악원에서 거행된 산대희(山臺戲) 공연에 대해 축하하는 글이다. 사진실 교수는 이 공연의 기획 자문을 맡았다.

고려 때는 대보름날 연등회(燃燈會)를 거행하면서 궁궐 마당에 산대를 세우고 산대악인(山臺樂人)들이 공연을 하였다. 고려 말 이색(李穡)의 시에 그런 장면이 잘 나타나 있다.

산대 맺은 모양 봉래산 같고,
과일을 바치는 선인이 바다에서 왔네.
놀이꾼의 풍악 소리 천지를 진동하고,
처용(處容)의 소맷자락 바람을 따라 도네.
장대에 의지한 사내는 평지를 가듯 움직이고,
터지는 불꽃 하늘을 찌르니 날랜 번개와 같구나.
…(하략)…

천지를 울리는 풍악 소리 가운데 〈처용무〉와 솟대놀이, 불꽃놀이가 공연되었다. 바다를 건너 과일을 바치러 온 선인은 서왕모이다. 선도 복숭아를 바치러온 서왕모의 이야기를 담은 정재 〈헌선도(獻仙桃)〉를 보는 듯하다.

대보름날 연등회와 산대희, 서왕모의 만남은 어떤 의미를 지닐까. 대보름날은 그해의 첫 번째 보름달을 기리는 날이다. 보름달과 어울리는 형형색색의 등불을 달아 소원을 빌었다. 수박등과 마늘등으로 풍요다산을 빌고 거북등과 학등(鶴燈)으로 무병장수를 빌었다. 대보름날 세우는 산대에는 특별히 등불을 달아 '등산(燈山)'이라 불렀다. 수명을 주관하는 서왕모는 동아시아 최고의 지모신(地母神)이며 새해 첫 보름달 역시 여성성과 생산성의 상징이다. 풍요다산을 비는 소망으로 대보름과 서왕모가 만난 것이다. 대보름날 '신성한 산'을 세우고 그 산에서 내려올 법한 서왕모와 여러 신선들의 모습을 공연하는 전통이 그래서 생겨났다.

2년 전 국립국악원에서 대보름날 공연에 대한 자문을 하면서 대보름 연등회와 산대희를 결합하는 구성안을 제안하였다. 이번 공연의 목적은 산대희의 복원이 아닌 무대적 재창조에 있다. 산대희의 현대적 미학과 가치를 찾는 이러한 작업이 거듭되어 언젠가 종묘에서 광화문까지 산대희의 행렬이 이어지는 날을 기대해본다.

이 글을 쓰는 중간에 숭례문이 불타 스러지는 장면을 보았다. 2년에 200억이면 다시 세울 수 있다지만 600년 동안 쌓인 역사의 켜는 되찾을 수 없다. 그래도 건축 문화재는 눈앞에 보이는 까닭에 다시 세우고 보수하는 작업이 이루어진다. 형태도 없어서 잃어버린 줄도 모르는 공연문화 전통에 대한 안타까움이 더 커진다.

4. 미완의 작품들

누군가 나의 작업을 이어주길 바란다

사진실 교수는 조선시대 연희사에서 출발하여 고려·삼국시대 및 고대 연희사로 그 연구의 폭을 확장했고, 과거와 현대를 아우르는 동아시아 및 세계의 연희에 대한 비교연구를 해왔으며, 이를 바탕으로 한국·동아시아·세계의 연희 통사를 준비해왔다.

전통연희의 창조적 복원과 연극·뮤지컬을 비롯한 공연 창작, 그리고 누구나 쉽게 전통연희를 이해할 수 있는 대중서 등을 기획하였다. 특히 산대문화를 복원하고 재창조하는 것에 관심이 많았던 그는 관련 콘텐츠, 캐릭터, 공연 및 축제를 개발하기 위해 공연기획사 '꿈꾸는 산대'를 설립하였다.

창작과 소통의 커뮤니티

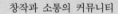

대표 사 진 실

중앙대학교 연희예술학부 교수
중앙대학교 음악극연구소 소장

자신이 발굴한 공길과 장생을 영화 〈왕의 남자〉로 이끌어 냈듯, 조선후기 광대인 달문과 조선말기의 재담꾼이자 예능인인 박춘재를 현대적 연희로 재창조하기 위한 노력 역시 부단히 해왔다.

전통연희를 중심축에 두고 기생, 왈자들, 양반들의 사랑과 당대문화를 풀어내는 소설이나 음악극 대본의 창작을 구상해 왔다. 허균, 박지원, 그리고 기생 계섬의 이야기를 담은 창작 작품, 〈허생전〉의 허생이나 홍길동을 실존인물로 재창조하는 창작물을 구상하기도 했다.

　여기에서는 그가 설립한 회사 '꿈꾸는 산대'가 추진한 박춘재를 중심으로 한 미완의 창작물 〈동대문연가〉를 소개한다. 또한 산대와 왕실 궁정문화를 바탕으로 한 미완의 창작물 '광화문 네거리에 산대를 세우세요', '궁궐의 뜰에서 코미디를 즐긴 임금'의 개략적인 내용을 소개한다.

　미완의 작품을 소개하는 이유는 고 사진실 교수의 작업을 누군가 이어가 주길 바라기 때문이다. 여기서 소개 못한 아이디어들은 다른 기회를 통해 언젠가 소개할 계획이다.

창작뮤지컬 〈동대문연가〉[1]

기획의도

조선시대 도읍지인 한양은 구한말 근대문화의 출발지인 경성을 거쳐 현재 세계적인 대도시 서울로 발전하였다. 서울은 중세와 근대가 교차한 격동기의 무대였던 까닭에 전통과 현대가 공존하는 독특한 문화적 위상을 지닌다.

뮤지컬 〈동대문 연가〉는 1900년대 동대문 밖 배오개 시장과 주변 상권을 중심으로 근대 초기 상업문화와 극장문화의 전개 과정을 그려내고자한다. 배오개 상권에서 시작된 포목점의 전통은 창의적 패션의 선두를 달리는 동대문 의류업계가 되었으며, 젊은 재주꾼들이 모여드는 대학로의 공연가로 발전하였다. 동대문 상권은 전통적으로 한양의 3대 상권의 하나였으며 현재 청계천의 복원과 동대문운동장의 해체 등 구조적 변화를 통하여 최첨단의 쇼핑가와 관광지로 도약하고 있다.

이 작품에서는 마지막 궁중광대이며 최초의 대중스타인 박춘재(朴春載, 1883~1950)를 주인공으로 근대적 극장문화의 발생과 근대 대중예술로서의 '웃음거리'의 탄생을 보여줄 것이다. 박춘재가 활동한 광무대 극장의 자본주와 후원자의 관계를 통해서 배오개 시장의 상업문화와 동대문 전차 거리 극장문화의 결합을 시도한다. 또한 박춘재를 매개로 연결되는 왕

---

1 사진실 교수의 개인용 컴퓨터 저서 폴더에 『창작 뮤지컬 동대문연가 기획의도』라는 제명 아래 저장되어 있는 글로, 동생인 사성구 작가와 공동 기획하였다.

실문화와 시정문화의 갈등과 조화, 궁중 정재(呈才) 등 왕실문화의 대중화에 따른 논쟁, 독자적인 근대 공영예술로 주목받은 '웃음거리'의 문제에 접근하게 될 것이다.

박춘재는 고종 황제의 어릿광대로 왕실의 가무별감(歌舞別監)이었으며, 미국 시카고 박람회에 출연하고 음반을 제작하는 등 우리나라 최초로 해외에 진출한 연예인이다. 그의 역정을 통하여 예속적인 신분의 중세 궁중광대가 대중적인 연예인으로 전환되는 양상을 확인할 수 있다. 19세기 말에서 20세기 초 나라 안팎의 정세가 급변하는 가운데 박춘재는 조선시대 궁중광대와 근대 희극 배우를 잇는 다리의 역할을 수행하였다.

무대 위에 펼쳐질 스펙터클의 차원에서는, 구한말 왕실의 모습과 궁중 잔치 장면을 비롯하여 전통연희와 신파극, 활동사진 등이 공존하는 근대 극장의 생동감을 보여주게 될 것이다. 그 전통을 바탕으로 100년이 지난 지금 동대문의 활력이 유지되고 세계를 향한 새로운 비전을 꿈꾼다는 메시지를 전달하고자 한다.

뮤지컬 〈동대문연가〉는 최초의 근대 대중 예술인 박춘재의 흥망성쇠를 통해 화려했던 근대 서울의 극장식 공연문화를 재구성해내고, 우리의 전통공연과 일본에서 유입된 신식공연 사이에서 갈등하고 고뇌하던 격동기 예술인들의 치열했던 삶을 부각시키는 동시에, 재담에서 만담으로 다시 코미디에서 개그로 이어지는 '한국적 웃음'의 정통성을 확립시키고자 하는 작품이다.

볼거리

근대 서울의 화려한 극장식 공연문화를 재현해 내는 것은 커다란 볼거리를 제공. 당대 서울 광무대 등지에서 공연되었던 각종 놀이패의 공연과 곡예, 권번 출신 기녀들의 화려한 춤, 그로테스크한 형상의 홍동지 인형극놀이, 독특한 발탈 공연 등이 한데 어우러진 모습은 브로드웨이 뮤지컬

못지않은 스펙터클한 장관을 연출.

들을거리

당대 서울에서 경쟁구도를 유지하며 유행했던 개성 넘치는 경기소리와 판소리, 고아한 음색의 정가(正歌), 화려한 기법의 삼현육각(三絃六角), 흥겨운 풍물소리와 타악 등은 관객들에게 전통음악에 대한 정보를 제공하면서 커다란 음악적 충족을 제공. 전통음악과 아울러 주요인물의 노래에 서양식 뮤지컬 음악을 함께 삽입하여 대중적인 서양식 뮤지컬에만 익숙한 관객들에게도 전통음악과 서양음악이 잘 조화된 음악적 감동을 선사.

웃을거리

마지막 궁중광대이자 최초의 희극배우를 다루는 만큼, 왕이나 대중 앞에서 행해졌던 박춘재의 극중극 형식의 재담공연을 통해 관객들에게 웃음을 선사. 그러나 단순한 웃음만을 전달하는 것이 아니라, 전통에 바탕을 둔 박춘재의 재담 레퍼토리와 그를 둘러싼 다양한 에피소드를 통해 재담에서 만담으로 다시 코미디에서 개그로 이어지는 '한국적 웃음'의 정통성과 진수를 드러냄.

이야깃거리

일개 소리꾼이었던 박춘재가 고종황제를 모시는 궁중광대가 되기까지의 성공과정, 새롭게 변화된 서울의 근대적 공연문화에 적응하며 판소리꾼들과의 경쟁관계 속에서 고난을 딛고 당대 서울의 최고 연예인으로 우뚝 서는 성공과정, 그 과정에서 기녀출신 소리꾼 홍도와의 이룰 수 없었던 애잔한 사랑이야기는 관객들에게 감동을 선사. 아울러 일본에서 유입된 신식공연과 전통공연의 충돌과 대립은 그 사이에서 갈등하고 고뇌하던 격동기 예술인들의 치열했던 삶을 보여주는 동시에, 전통의 계승이냐 혁신이냐 하는 그 갈등과 고뇌가 21세기를 살아가는 현대의 예술인에게도 여전히 유효하다는 메시지를 전달.

창작뮤지컬 〈동대문연가〉는 이러한 볼거리, 들을거리, 웃을거리, 이야깃거리를 통하여 자연스레 서울의 문화 즉 '서울성'을 부각시킬 수 있는 작품이며, 세계가 주목하고 있는 한국의 전통적 예술 성과물들을 두루 갖추어 뮤지컬 〈명성황후〉나 〈화성에서 꿈꾸다〉에 필적할 만한 문화상품으로 자리매김 할 수 있는 작품.

광화문 네거리에 산대를 세우세요[1]

서문: 효성이와 사무라이

우리 문화 알리기와 살리기, 문화콘텐츠를 위한 노력, 산대의 역사를 통해 본 문화사, 꿈속에서 사무라이가 될지도 모르는 아이에 대한 우려 등에 대한 설명. 문화콘텐츠, 새로운 발견과 재해석이 바탕, '산대'라고 하는 익히 알려진 말이면서도 잘 모르는 대상에 대한 탐구, 중세에서 근대로의 이행기에 이르는 궁정문화와 시민문화의 교섭과 발전 양상이 드러난다. 전통 문화의 현장을 가능한 생생하게 흥미 있게 서술, 현대 예술의 생산자들에게 지식을 전달할 뿐 아니라 영감의 원천을 제공한다.

본문

바다 위 신선이 사는 봉래산: 산대의 유래, 중세문화의 보편성, 불로장생의 보편적 본능과 중앙집권적 권력, 진시황 등에 대한 설명

과일을 바치는 신선과 춤추는 처용: 고려시대 산대의 풍습에 대한 설명

---

1 사진실 교수는 2000년대 중반부터 문화콘텐츠를 염두에 둔, 전통문화의 발굴과 해석에 상당한 관심을 기울여 왔다. 『광화문 네거리에 산대를 세우세요』라는 제명 아래 다음과 같은 목차를 구성한 데서 그러한 관심을 읽을 수 있다. 전통연희로 현대예술 창작들에게 새로운 지식과 영감을 부여하고 흥미진진한 스토리텔링으로 대중들에게 전통연희의 진가를 알리기 위해 이를 기획한 듯하다. 사진실 교수의 개인용 컴퓨터 저서 폴더에 아래의 목차만 있고 관련 글은 없었다. 따라서 여기에서는 목차만 제시한다. 서문을 아들 이름 '효성'으로 시작한 게 흥미롭다.

경회루 연못의 만세산, 영충산, 진사산: 연산군의 연출 감각에 대한 설명

산대잡상놀이를 아시나요: 만세산, 영충산, 진세산, 공자의 화상, 내농작 관계 기록에 대한 설명

왕실의 공연 오락을 책임진 의금부: 의금부와 나례도감의 관계에 대한 설명

봄, 여름, 가을, 겨울의 산대: 산대의 규모와 모양, 문헌 기록에 대한 설명

더 높은 산대를 위하여: 산대를 세운 뜻, 정도전이 쓴 '문'의 의미, 세종 때 산대 높이 논란, 그물망, 군사들의 고생, 무너져버린 산대 등에 대한 설명

임금님의 산대 구경: 광해군과 세종의 모습 설명

자라는 산을 이고 바다의 해를 안고: 동월의 조선부 설명, 화재 사건 등, 우리나라 사신의 중국 산대 구경에 대한 설명

산대 구경을 둘러싼 싸움의 전모: 정옥경 사건에 대한 설명

산대를 만들고 놀이꾼을 대령하라: 나례청등록에 대한 설명

불러도 오지 않는 놀이꾼들: 광해군 기록에 대한 설명

이제는 우리가 산대를 만들지요: 갑신완문의 기록에 대한 설명

잃어버린 문서의 행방: 공주 재인이 빼앗아간 문서, 채붕식방, 외규장각 도서에 대한 언급

바퀴 달린 기암괴석: 봉사도 설명

산희와 야희가 있었노라: 유득공의 기록에 대한 설명

남대문 밖 산대 구경: 남성관희자, 중세 궁정예술의 틀을 벗고 시민예술로 재창조, 포도부장의 힘 등에 대한 설명

산대 놀이꾼 광문의 이야기: 광문자전, 달문가 등에 대한 설명

서울 장안 왈자 무숙이의 풍류: 무숙이 타령에 대한 설명

금강산에 팔선녀: 기완별록의 산대, 중세보편성에서 민족중심적인 전환, 봉래산⇒금강산, 신선⇒팔선녀 등에 대한 설명

호랑이 사냥이 우습고 놀랍고: 기완별록의 사냥놀이, 산대의 '산' 이미

지와 호랑이, 지방탈춤의 서울 상경, 동래야류와 관계 등에 대한 설명

산대 구경에 패가망신한 일가족: 기완별록의 패가 사례에 대한 설명

산대도감패의 순회공연: 근대 신문기사 소재 산대도감에 대한 설명

탈놀이로 남은 산대: 산대도감극각본을 중심으로 탈놀이만으로 축소 전승된 산대, 말뚝이에 전해진 포도부장의 힘, 시민예술의 자극을 받은 민중예술 등에 대한 설명

박물관에 남아 있는 산대탈: 서울대 박물관의 탈, 일본 천리대 소장 탈, 산대도감 사용 퇴계원 탈의 정체 등에 대한 설명

임권택 감독님 잠깐만요: 시나리오 제안

광화문 네거리에 산대를 세우세요: 산대의 복원과 관광상품, 중세 동아 시아 궁정문화의 체험 등에 대한 설명

부록: 소중한 기록 유산

원문자료와 번역, 나례청등록 전문, 기완별록 등 부분

궁궐의 뜰에서 코미디를 즐긴 임금[2]

서문

경중우인의 삶과 예능, 배우의 뿌리 찾기, 웃음과 풍자의 전통, 연극사의 정통을 잇는 현대 코미디의 맥락에 대한 설명

본문

궁궐의 뜰에서 코미디를 즐긴 임금: 관나 설명

영감은 언제 당상관이 되었소: 당상관놀이 설명

벼 포기 아래 떨어지는 땀: 공결의 풍자에 대한 설명

요순 같은 임금, 고요 같은 신하: 공길의 풍자에 대한 설명

장님과 술주정꾼: 흉내내기의 달인, 함북간과 고룡에 대한 설명

신선이 된 배우 장생: 장생전 설명

당대의 최고 배우 귀석: 귀석과 경중우인 설명

임금께 진상하여라: 진상놀이 설명

충실한 종의 항변: 종실양반놀이 설명

무당이 내는 세금: 무세포놀이 설명

---

2 사진실 교수의 개인용 컴퓨터 저서 폴더에 『궁궐의 뜰에서 코미디를 즐긴 임금』이라는 제명 아래 다음과 같은 목차가 확인된다. 이 역시 전통연희 속 배우와 광대들을 통해 현대예술 창작들에게 새로운 지식과 영감을 부여하고 흥미진진한 스토리텔링으로 대중들에게 전통연희 속 배우와 광대들의 참모습을 알리기 위해 기획한 듯하다.

말안장을 산 탐관오리: 탐관오리놀이 설명

손을 바꿔 하는 일: 도목정사놀이 설명

배우를 놀린 임금: 세조가 길러낸 배우 안효례에 대한 설명

전라도 배우 박남의 서울 진출: 박남의 일화에 대한 설명

호랑이를 잡아 벼슬길로: 무예가 뛰어나 벼슬길에 오른 재인들에 대한
설명

서울 장안의 만능 엔터테이너 광문: 광문의 일생에 대한 설명

급제자의 말머리에서 으쓱대다: 삼일유가의 광대놀이 설명

이가 빠진 합죽이 재담꾼 외무릅: 오물음 김중진에 대한 설명

놀이판의 재담꾼 배우씨: 그림에 나타난 배우씨, 줄타기 재담의 묘미에
대한 설명

놀이판의 어릿광대 초라니: 그림에 나타난 초라니, 판소리 사설 속의
초라니에 대한 설명

극장무대에 오른 궁정배우: 배우의 전통과 박춘재에 대한 설명

장대장타령의 패러디: 장대장타령 소개, 영웅소설의 패러디에 대한 설명

부록: 소중한 기록 유산

'전통연희 시리즈' 출간을 기리며

아내 사진실 교수의 업적을 집대성한 저작집이 세상에 나왔습니다. 사진실 교수는 전통 연희사의 새로운 지평을 연 훌륭한 학자였으며, 제자들에게는 따뜻한 스승이었고, 인문학의 창조적 사회기여를 꿈꾼 행동가였습니다. 그 이름처럼 진실로 아름답고도 불꽃같은 삶을 살았습니다.

2002년 대표적 저서인 〈공연문화의 전통 樂·戱·劇〉을 출간하던 때가 떠오릅니다. '전통은 케케묵은 것이 아니라 켜켜이 쌓인 보물창고'라고 사진실 교수가 제게 말했던 것이 기억납니다. 한국 고전을 바탕으로 온고이지신(溫故而知新)하는 새로운 인문학을 정립시키고자 노력했고, 전통 연희에 근간을 둔 혁신적인 예술·공연들이 창조되기를 꿈꾸었습니다.

그 간절한 바람처럼 사진실 교수가 씨를 뿌린 전통 연희연구 방법론은 후학들에 의해 새로운 인문학의 꽃을 피우고 있습니다. 사진실 교수가 오래된 문헌을 탐험하며 찾아낸 보물창고는 연극 '이(爾)'로 다시 영화 '왕의 남자'로 이어졌습니다. 그토록 복원하길 염원하던 산대(山臺)는 2017년 국립국악원의 '산대희(山臺戱)-만화방창(萬化方暢)' 공연으로 화려하게 펼쳐졌습니다. 최근 한국 고전을 테마로 한 수많은 영화·드라마나 전통 연희를 혁신적으로 재창조한 공연들을 보면서 사진실 교수가 꿈꾸었던 변화가 현실이 되었음을 느낍니다.

사진실 교수는 인문학의 세계화에도 큰 관심을 가졌습니다. 그 인문학의 세계화는 우리 문화에 한정하고 집중하는 것이 아니라, 세계의 문화를 흡수하여 이전에 없던 인문학을 창조해 내는 것이었습니다. 전 세계의 가장 보편적 문화는 우주에 대한 문화로 파악했고, 대부분의 설화들이 우주에 대한 경외라고 해석했습니다. 그 우주의 문화를 선점하고 발전시키는 것이 21세기 인문학이 갈 방향이라고 주장했습니다. 세계 각국의 문화를 비교 연구하고, 아시아연극사, 세계연극사를 준비하는 한편, 국가가 나서서 창조인문학 프로젝트를 중장기적으로 추진할 것을 설파한 것도 그 때문입니다.

사진실 교수는 평면적인 학문적 연구에서 한발 더 나아가, 입체적인 공연을 창조하는 공연기획자로서, 무한한 상상력을 지닌 창작자로서도 활동했습니다. 조선시대의 대표적 왕실 전용 극장이었던 창덕궁(昌德宮) 연경당(演慶堂) 공연을 기획했습니다. '꿈꾸는 산대'라는 공연기획사를 설립하고 광화문과 한강에 산대와 선유놀음이 창조적으로 재현되길 바랐습니다. 중앙대학교 제자들과 동료교수들을 위한 수많은 공연을 기획하였고, 음악극 〈한양낭군 길들이기〉라는 대본을 창작하여 무대에 올렸습니다. 미완으로 그쳤지만 조선의 마지막 광대 박춘재를 주인공으로 하는 뮤지컬 대본과 연암 박지원과 광대, 기생을 주인공으로 하는 소설·희곡도 계획하였습니다.

사진실 교수는 병마와 싸우면서도 묵직한 학문적 업적과 창조적 결과물들을 남들이 부러워 할 만큼 만들어 냈지만, 자신의 천부적 재능과 꿈꾸던 원대한 일들을 채 절반도 다하거나 이루지 못하고 떠나고 말았습니다.

그러나 언젠가 광화문 대로에 거대한 산대가 복원되고, 한강 상류로부터 선상에서 화려한 공연이 이루어지는 것을 세계인들이 지켜보는 날이 올 것입니다. 누군가 뒤이어 뛰어난 아시아연극사와 세계연극사를 집필할 것입니다. 우주의 문화를 해석하는 인문학의 세계화와 창조인문학이 제대로 꽃을 피울 것입니다. 그녀의 보물창고에서 건져 올린 다양한 장르의 창작물들이 국민과 인류를 행복하게 만들 것입니다.

그 날, 나는 아내에게 "여보, 당신이 꿈꾸던 것이 이제 실현되고 있어!" 라고 조용히 속삭일 것입니다.

아내 사진실 교수의 저서들을 세상에 펼쳐 내놓습니다. 기존에 내놓았던 2권의 책을 재출간하고, 사진실 교수가 발표했던 논문들과 컴퓨터에 있던 저작들로 7권의 책을 더하여, 총 9권의 전통연희 시리즈를 출간하게 되었습니다.

사진실 교수가 살아있었다면, 완벽을 추구하는 성격상 훨씬 완성도 높은 책들을 세상에 내놓았을 것입니다. "누구 맘대로 내가 마무리하지 않은 글을 책으로 내 놓는 거야?"라고 아내가 화를 낼 것 같은 생각도 듭니다. 하지만 책을 출간합니다. 그것은 전통 연희 연구자를 비롯한 인문학자, 공연예술가들, 그리고 창작자들에게 큰 도움이 될 것이라고 확신하기 때문입니다. 그것은 사진실 교수가 꿈꾸던 것들을 누군가 이어주기를 기대하는 마음 때문이기도 합니다.

최원오 교수가 없었다면 총 9권이나 되는 전통연희 시리즈 출간이 더디고 어려웠을지도 모릅니다. 묵묵한 걸음으로 방대한 자료들을 규모 있는 책들로 묶어준 최원오 교수에게 깊은 감사의 말씀 올립니다.

아내 사진실 교수는 진실로 한평생 멋지게 살았습니다. 지금 모든 것을 내려놓고 그곳에서도 멋지게 웃고 있을 내 사랑하는 아내에게, 아들 효성과 가족들의 이름으로 이 책을 바칩니다.

남편 주형철